U0491374

直接投资、间接投资，投资都是为了获得收益
投资战略、投资决策，考验企业管理者的能力

企业投资战略管理与决策

张奇 著

企业管理出版社

图书在版编目（CIP）数据

企业投资战略管理与决策 / 张奇著 . -- 北京：企业管理出版社 , 2019.6

ISBN 978-7-5164-1780-5

Ⅰ . ①企… Ⅱ . ①张… Ⅲ . ①企业 – 直接投资 – 投资管理 – 研究 – 中国②企业 – 直接投资 – 投资决策 – 研究 – 中国 Ⅳ . ① F279.23

中国版本图书馆 CIP 数据核字 (2018) 第 209091 号

书　　　名：	企业投资战略管理与决策
作　　　者：	张　奇
责任编辑：	宋可力
书　　　号：	ISBN 978-7-5164-1780-5
出版发行：	企业管理出版社
地　　　址：	北京市海淀区紫竹院南路17号　邮编：100048
网　　　址：	http://www.emph.cn
电　　　话：	编辑部（010）68416775　发行部（010）68701816
电子信箱：	qygl002@sina.com
印　　　刷：	中煤（北京）印务有限公司
经　　　销：	新华书店
规　　　格：	710mm×1000mm　1/16　20印张　255千字
版　　　次：	2019年6月第1版　2019年6月第1次印刷
定　　　价：	68.00元

版权所有　翻印必究·印装有误　负责调换

目 录

第一章 企业战略与投资决策

第一节 企业投资与投资环境 …………………… 003

第二节 企业投资战略类型与误区 …………………… 016

第三节 企业投资决策范围与决策程序 …………………… 027

第四节 投资决策案例分析 …………………… 034

第二章 企业专业化投资战略与决策

第一节 专业化投资战略的价值导向、战略定位 …………………… 043

第二节 基于核心竞争力视角的专业化投资决策 …………………… 051

第三节 基于价值链视角的专业化投资决策 …………………… 056

第三章 企业多元化投资战略与决策

第一节 企业多元化投资战略与定位 …………………… 065

第二节　多元化投资目标与行业选择 …………………… 072
　　第三节　多元化投资的实现路径 ………………………… 080
　　第四节　多元化投资战略案例分析 ……………………… 089

第四章　投资决策的基础：管理能力
　　第一节　投资决策与企业管理 …………………………… 097
　　第二节　资源配置能力与投资决策 ……………………… 102
　　第三节　投资决策案例分析 ……………………………… 109

第五章　投资决策的基础：市场实现
　　第一节　投资决策的起点和落点 ………………………… 115
　　第二节　市场预测的几个关键环节 ……………………… 126
　　第三节　大数据时代的市场预测 ………………………… 132

第六章　投资决策的基础：技术与产品
　　第一节　投资决策中的技术选择 ………………………… 139
　　第二节　投资的产品定位以及产能 ……………………… 147
　　第三节　基于企业生命周期的投资决策分析 …………… 158

第七章　投资决策的基础：团队能力
　　第一节　投资决策需要团队合作 ………………………… 171
　　第二节　企业家与投资决策 ……………………………… 183
　　第三节　多维角度透视非效率投资决策 ………………… 188

第八章 投资决策的基础：财务管理
第一节 企业投资决策中的财务分析 …… 201
第二节 投资决策中的财务杠杆与资本预算 …… 206

第九章 投资决策评价体系
第一节 投资项目现金流量的计量 …… 217
第二节 项目投资评价指标的计算及运用 …… 228
第三节 投资决策的实物期权方法 …… 241

第十章 资本结构与投资决策
第一节 投资决策与企业资本结构的关系 …… 251
第二节 投资决策与融资决策、股利政策的关系 …… 255
第三节 企业投资对财务风险产生的影响 …… 261

第十一章 投资决策的困境与风险管理
第一节 投资决策与投资风险 …… 267
第二节 企业投资决策的困境和约束 …… 276
第三节 投资风险的管理流程与策略 …… 281

参考文献

第一章
企业战略与投资决策

本章导读

第一节　企业投资与投资环境
第二节　企业投资战略类型与误区
第三节　企业投资决策范围与决策程序
第四节　投资决策案例分析

第一节　企业投资与投资环境

一、企业投资和战略

（一）企业投资的界定

投资是一个复杂的系统工程，对于整个企业的生存与发展有着战略性的意义。对一个企业来说，投资是最重要的决策行为，投资形成的能力将决定企业未来的收益和可能遭遇的风险，以及能否保证企业的持续发展。就企业投资而言，就是企业将一定的资金或者资源投入某项事业，以获得其未来经济效益的经济活动，包括直接投资和间接投资。

直接投资是企业直接用于购买固定资产和流动资产形成实物资产的投资，比如购买设备、建造厂房、购买生产原材料等，形成企业资产，企业直接进行或参与资产的经营管理以便获得投资利润。直接投资是企业运用资金的主要领域之一，也是企业调整产品结构、实现产业更新换代、增强企业竞争力的主要途径。

间接投资则是企业用于购买各种证券或股权形成金融资产的投资。此外，融资租赁为投资人投资实业提供了一个新的投资手段。投资人通过投资于租赁基金、通过委托租赁或杠杆租赁的租赁形式，通过作为机构投资人出租人，采取多种租赁形式参与承租企业的投资，达到了间接投资实业的目的。

企业投资活动的成败，很大程度上取决于投资决策的正确与否。投资决策的导向必须从培育和拓展核心能力以谋取竞争优势的角度，对拟投资资产的先进性、资源的配套程度、相关产品的技术含量、发展阶段、政策导向、未来市场前景以及替代品开发研究情况等进行深入而系统的分析，是基于企业持久发展的战略性决策，其目标和企业的发展战略是相同的。因此，投资活动必须根据既定的投资战略来展开。企业在投资时要根据有效的资金以及战略目标来对投资的方案进行评价，从而选出一个最适合的投资决策，不能只看中眼前的利益，更不能不经过科学论证就冲动投资。企业的投资战略是为了满足企业发展战略制定的，企业投资过程就是对一个投资项目的各种方案进行分析对比以选择最佳投资方案的过程，主要包括确定投资方向、控制投资规模、把握投资时机、确保投资收益，以及衡量和降低投资风险等内容。

企业的成长依赖于投资，投资是企业持续成长的关键驱动力，投资效率的高低直接决定着企业成长的质量，甚至企业的生存。但是，投资并不是一件容易的事情。与一般的经营活动比较，企业投资的特性具体表现为投入金额大、花费时间长、影响企业的长期竞争优势、投资完成后结果就不易改变等。企业在投资时要慎重决策，做出最优的投资选择。企业为了在激烈的市场竞争中获胜，就必须具有一定的应对竞争的应变能力。因此，企业在进行资本投资决策时就必须关注市场供求状况的变化，及时调整产品结构，以积极应对复杂环境中的竞争，保持竞争优势。比如我国制造业的标杆性企业华为公司，在其发展过程中，通过提升市场竞争力为导向的对外直接投资，加速成长为世界一流的电信巨头。20世纪90年代末，华为公司在国内企业中已确立了行业领导地位，但在具有前景、迅速增长的移动市场上收获不多，几个主要产品的市场份额继续增长的空间已经非常有限。在这种局面下，华为公司确定了走向国际化、寻求市场新机会的战略方向，并对其人力、质量和财务等职能部门进行改革，成功地建立了一套先进、规范的研发管理体系，有效提高了以客户需求为导向、快速响应客户需求的持续高效的研发能力，极大提升了华为公司的国际竞争力，进一步巩固了华为的品牌和国际市场地位。

（二）投资决策目标与企业战略的内在一致性

企业战略是企业在市场经济竞争激烈的环境中，在总结历史经验、调查现状、预测未来的基础上，为谋求生存和发展而做出的长远性、全局性的谋划或方案。企业战略既然是企业长远性的、全局性的发展规划，事关企业未来的发展及生死存亡，就决定了其在日常经营管理中的核心地位，是整个企业经营管理的纲领，是企业一切经营管理活动的指南。企业的发展战略明确了企业未来的发展方向、定位和盈利水平，是企业项目投资决策及方案评估的准绳。项目投资须在符合企业总体发展战略的前提下进行，应符合企业未来的发展方向，能够实现企业预期的发展目标。若所投资的项目有悖于企业的发展战略，即使该项投资能暂时获利，也可能由于缺少长期资源的支撑而最终导致失败。

投资作为企业管理的一项重要活动，必须以企业战略为发展坐标，确定投资目的，进而确定投资方向。企业投资决策首先要分析洞察产业的未来，这样才能看清市场。其次，企业要有明确的战略意图，思路决定出路，定位决定地位。企业家要做好战略决策，核心因素就是要对产业有深入、透彻的研究，对产业的理解要深刻。

企业家应该提升自己判断大势的能力，具有清晰的大势判断才能把握住可遇不可求的投资机会。

投资决策是指投资主体根据总体发展战略规划、自身的资源能力、外部的竞争环境，以及产品所处的生命周期等因素，在考虑提高企业竞争能力和获取财务收益的基础上，做出是否投资或者采取何种方案进行投资的决定。企业在任何情况下都必须面对市场、服务市场。面对市场需求的变化，企业需随时调整生产的进度和相应的长期计划，要在投资上有必要的准备和安排。企业总体战略明确了企业发展的方向、定位和盈利水平等，规定了项目决策的基调。企业每一个投资决策的做出都和公司的发展战略密切相关，为什么投资、投资什么、怎样投资，企业都必须依据战略选择。投资于未来的经济社会发展趋势，一般会得到更高的投资回报。企业通过战略引领未来的发展，通过投资来积累核心竞争能力。同时，企业决策者对风险的态度会影响对投资战略的选择，有的企业决策者愿意承担风险，通常采用进攻性的发展战略，而回避风险的投资决策者则采取防御性的投资战略。企业在经营中需要大量的资金、人力和物力等一系列的资源，企业筹集这些资源的能力对企业投资战略的选择有重大的影响，决策者还应考虑竞争者对不同战略的选择可能做出的各种反应并制定出相应的对策。

在企业投资战略方案实施过程中，需要将整体方案进行分解，使其成为可操作性的具体方案。同时，还要对战略组织机构进行构建，确保战略决策方案的顺利实施。对于组织结构，还需要根据战略的实施情况进行不定期的调整，确保企业投资战略活动能够顺利进行。另外，还要对企业投资战略进行适当的修正，针对外界环境的变化来进一步完善投资战略，确保其具有较好的科学性，能够顺利实施。因此，公司内部管理水平也是每一个决策者在进行投资决策时必须考虑的企业内部条件依据。如果没有这方面的依据，或依据不充分便做出投资决策，生意做大了，前方很红火，后院却起火。如果投资公司拥有良好的管理机制，管理方法创新，并形成优秀的企业文化，从内部治理机制上保障投资项目的科学化、系统化，在项目实施前经过严密论证程序，在实施中监督和完善，项目建成后进行有效整合，这样就能保证投资项目达到预期目标，为投资公司的规模经营带来规模效益，并使公司的长远发展形成良性化趋势，从而构筑起公司的核心竞争力。

二、投资决策的环境分析

成功的企业是那些知道什么是最基本的事，如何才能创造性地、大胆地做这些事以应对瞬息万变的企业环境和经济形势的企业。任何投资行为都是在一定的环境下进行的，长期投资持续时间一般都较长，未来不可知因素变动的可能性也就会增多，导致长期投资受环境因素影响较大。环境因素可以分为内部环境因素和外部环境因素。内部因素包括企业所有制结构、企业资金实力、决策者个性特征、人才等资源的获得和储备，以及企业的管理、研究开发能力和建立起来的利益和监督机制等；外部因素包括政府政策、市场需求、金融政策、市场的容量、消费者的结构和倾向、融资条件和成本、竞争对手和信息传输方式等。内部因素对于企业而言是明朗的，而外部因素具有动态性，对企业而言属于非明朗因素。因此，企业投资决策中，企业必须对其所拥有的内部条件和外部条件进行认真研究，不同的条件最终将对一项投资战略的选择、推行和结果产生直接的影响。决策是理性人普遍从事的一种活动，是对未来活动的多个目标及途径做出合理的选择，以寻求最满意的行动方案。因此，投资决策作为创造性的管理活动，决策者需要面对新问题和新任务做出科学决策，具有多因素、多目标、不确定性与方案的多样性等特性。一般来说，投资环境波动性越大，长期投资的风险就越大，就越是需要慎重决策。

（一）企业外部投资环境分析

宏观经济环境变化对公司的投资战略会产生重大影响。

首先，宏观经济因素将对商业周期产生影响。经济周期是经济运行中周期性出现的经济扩张与经济紧缩交替更迭、循环往复的一种现象，一般分为繁荣、衰退、萧条和复苏四个阶段。经济的周期性波动对公司投资战略的制定和实施会产生重大影响。经济周期的不同阶段表现出不同的经济特征，这就客观上要求公司采取不同的投资战略。任何投资项目的使用寿命都是非常有限的，有的只有三五年，最长的一般也不过是几十年。对于那些使用寿命较短的投资项目来说，经济周期对其未来现金流量的总额具有非常大的影响。因此，公司在投资现金流上也表现出较大差异的特征。

繁荣阶段，由于可以较为容易地筹集资金，且对未来的经营状况具有较好的预期，因此，企业会采取扩张的投资战略，如扩建厂房、增加设备等。这一扩张性的投资战略将导致公司的直接投资现金流维持在较高的水平，而间接投资现金流则表现为相对较小的规模。

衰退阶段，企业由于对未来前景的看淡，筹集资金成本较高，则会采取收缩的投资战略，如可以出售多余设备或转产、停产等。此时，公司会减少直接投资现金流出，直接投资现金流入增加。

萧条阶段，企业一般维持现有规模，并适当考虑一些低风险的投资机会，如出于提高公司现金收益的目的，将现金资产投资于债券、股票等长期投资项目，间接投资现金流增加。

复苏阶段，企业需要对市场中新的投资机会进行分析，确定未来的投资战略。此时，出于未来不确定性的考虑，企业将转化已有的间接投资，为未来的投资战略筹集必要的资金。

例如，工程机械行业是中国机械工业的重要产业之一。其产品市场需求受国家固定资产和基础设施建设投资规模的影响较大，下游客户主要为基础设施、房地产等与宏观经济周期息息相关的投资密集型行业。2008年前后，国内工程机械行业吸引了大量投资，最终导致产能过剩，波及全行业的供需失衡在2012年爆发，行业步入寒冬直至2016年。中国工程机械行业于2016年年初逐步扭转了行业负增长趋势，从2016年下半年起，部分产品产能增长由负转正，行业整体触底反弹。受中国工程机械行业整体复苏影响，中国工程机械巨头三一重工的业绩大幅增长。2017年，三一重工实现营收383.35亿元，同比增长64.67%；归属于上市公司股东的净利润为20.92亿元，同比增长928.35%。三一重工在2017年经营活动获得的现金流量净额为85.65亿元，同比增长163.57%，为历史最高水平。三一重工净利大增的主要原因是国内外经济在2017年同步复苏。受基建投资增速、设备更新升级、人工替代、出口增长等多重因素影响，经历了近五年的持续深度调整后，工程机械市场高速增长，行业整体盈利水平大幅提升，市场份额集中度呈不断提高的趋势。全球工程机械信息提供商英国KHL在2018年4月9日发布的"2018年全球工程机械制造商50强排行榜"显示：三一重工以全球3.7%的市场份额，排名榜单第八位。2017年，三一重工的混凝土机械销售收入为126亿元；挖掘机械销售收入为136.7亿元，市场占有率逾22%，连续七年蝉联国内市场销量冠军。报告期内，三一重工全线产品销售亦大幅增长，挖掘机械、起重机械和桩工机械的销量分别增长82.99%、93.5%和145.52%；且其实现国际销售收入116.18亿元，同比增长25.12%。

其次，政府在商业周期不同阶段的经济政策将会对公司的投融资环境产生影响，这些影响将给公司的现金流带来不确定性。企业在不同的发展阶段都能充分地让行业尊重且不被淘汰，很重要的一点就是创新，这是企业和企业家根本的精神之一。这种创新体现在企业自身的发展和管理上，体现在产品的差异化地提升和发展上，体现在我们的企业家在企业经营和管理的过程中不断地去学习。

制度作为个人或组织的规则，旨在找到某种办法，鼓励个人或组织去从事建设性的活动，按照经济理性主义进行决策，精打细算，用较少的投入创造出尽可能多的产出。同时，还应当解决在复杂和不确定性的世界中给予较稳定的预期。因此，企业投资决策时，有必要在宏观经济环境变动对时公司投资战略的影响进行分析，以确保公司战略的制定与实施。优质的投资项目应该紧贴当地的政治、经济情况，而且能够符合当地文化传统和习俗的需要。比如，在沿海劳动密集型城市适合投资需要大量产业工人的项目；而在北京，一线产业工人过少，人工成本过高，低附加值的劳动密集型产业就很难取得发展，但北京聚集了大量的高端技术人才，针对这种情况，投资研发型、咨询型公司就更加符合现状。

曾有"投资不过山海关"的说法，不管是否夸张，但从一个侧面反映出东北地区与其他地区的差距。事实上，为了打破这个局面，近年来，整个东北地区都在为改善投资环境而努力。辽宁省出台了全国第一个《优化营商环境条例》，设立了省营商环境建设监督局；黑龙江省已取消或下放省级行政权力 942 项、权力清单精简 71.2%；吉林省的省级非行政许可项目实现"零审批"，审批时限整体压缩 50%。具体到各个城市，长春市分三批将行政审批项目精简 70%，本级非行政许可实现"零审批"；哈尔滨市则取消了所有市级自设的行政审批事项，建设项目审批时限最短的仅需 17 个工作日；沈阳市引入世界银行评价标准，对照企业全生命周期 5 个阶段、10 个方面、41 项指标，聘请第三方机构，每半年做一次营商环境评估。2017 年上半年，东北地区新登记企业数量 15 万家，同比增长 19.2%，增速居全国四大板块之首。一些城市表现得尤为抢眼，如长春市全市登记各类市场主体突破 60 万户，3 年翻了一番，平均每 3.3 分钟就新增一户企业。

企业在投资决策时应该谋定而后动。在投资决策时应充分考虑市场需求、企业的经济实力和竞争对手的动作等因素，超前半拍是企业战略。但是，过犹不及，如果超前太多，可能会在黎明前的黑夜里孤独前行太久，也可能会成为行业的"先烈"而过早地被市场淘汰。过度超前的代价有：漫长的等待、惨重的损失、巨大的机会成本、巨大的精神成本以及行业启蒙和培育的成本。比如，投资项目的财务分析过程建立在严格的市场调查分析基础上，从宏观环境、商业环境分析到行业发展、企业竞争能力分析以及市场需求规模、销售量、竞争与价格行为预测等。整个过程条理分明，步骤简单实在，缜密严谨。通过分析，认清问题关键所在，构造多种方案，根据企业的评价标准进行比较，为投资决策打下坚实基础。

宏观环境的分析不仅包括货币政策、财政政策以及产业政策等，还包括对技术变革的影响进行分析。企业只有准确地把握国家宏观经济政策和未来技术进步的趋势，才能做出正确的投资决策。否则，主观片面的决策往往会面临失败的风险。

以ATM机的使用为例，可以看到技术环境变化对产业发展以及产品市场的影响。从2017年开始，所有的银行都在撤销ATM机，因为现在现金的交易量完全不如以前了。占地不到两平方米的ATM机器，成本却不低。热门地段，ATM机在商场一年的场地租金要一万多元，以前有交易量和手续费等收入，现在机器流水达不到，银行只能撤走ATM机。一台ATM机，直接成本约10万元，日常的运营成本包括通信费、电费、安装装饰费、网点租赁费及雇运钞车、相关人力的费用和折旧费等费用。没有利润，ATM机的存在宛如鸡肋。2017年，当50岁的ATM机门可罗雀时，支付宝宣布：要用3到5年时间，带动中国进入"无现金社会"。与此同时，中国最大的ATM机企业——广电运通宣布加入"无现金联盟"。从"一卡在手，天下我有"到"手机在手，啥也不愁"。出门连钱包都不带的我们，只能朝着ATM机挥挥手再见。

由于各种支付手段的不断丰富，ATM 机现金交易量已经进入下降通道，2017 年的下降幅度超过 10%。与此同时，一台寿命在五到十年的 ATM 机出现了故障，大多会被收回，也不会有下一台机器接岗。ATM 机市场保有率在 2015 年增幅达到峰值，紧接着在 2016 年呈现出断崖式下跌的趋势。移动支付来了，ATM 机的滑铁卢也来了。按照国际 ATM 行业联盟的测算，ATM 机运营的盈亏平衡点是每台机器每 24 小时有效交易至少每 8 分钟发生一笔，每天有效交易 180 笔以上才能保本。然而，POS 机、二维码等电子支付业务代替 ATM 机成为银行的新宠。前几年，北欧国家如丹麦、挪威率先跨入了以银行卡为主要支付方式的无现金时代。在瑞典，现金交易只占经济活动比重的 20%，人们基本上使用信用卡或电子支付方式进行交易，大银行超过一半分行没有准备现钞，甚至不接受现金存款。

曾经，机器打败人工柜员。半个世纪后，二维码打败机器。

第三，一些宏观经济不确定性因素，如通货膨胀、货币供应量以及利率等宏观经济变量的非预期波动，给企业带来较大的不确定性，从而影响企业投资战略的制定和实施。宏观经济不确定性加大了企业的经营风险和财务风险。出于控制企业总体风险的考虑，企业会在未来采取措施降低所面临的经营风险和财务风险以保持较高的财务灵活性。另外，任何投资项目决策都会考虑该项目所处产业或行业的经济特征。行业环境对企业投资战略选择有着直接影响。波特的五种力量分析模型认为：企业的行业环境由买方、供应商、潜在进入者、替代品和行业中的竞争对手所决定，企业需要分析产品对顾客是否有吸引力，替代程度如何，供应商的数量、规模和实力怎样，行业内最强和最弱的企业以及潜在进入者是谁，从而判断行业的竞争程度和在行业平均利润率之上的盈利前景。对那些与投资密切相关联的特定因素进行深入分析，这些因素包括市场、资源、相关基础设施、技术发展水平、相关政策等和项目本身特点相关的因素。这些因素直接决定着项目的可实施性及可操作性，并且直接影响项目的收益率，也影响企业的对外投资合作方式。著名企业家任正非在谈到华为与外部伙伴的合作时，强调华为跟别人合作，不能做"黑寡妇"。黑寡妇是拉丁美洲的一种蜘蛛，这种蜘蛛在交配后，母蜘蛛就会吃掉公蜘蛛，作为自己孵化幼蜘蛛的营养。以前，华为跟别的公司合作，一两年后，华为就把这些公司"吃了"或"甩了"。现在，华为已经够强大了，内心要开放一些，谦虚一点，看问题再深刻一些。不能小肚鸡肠。否则，就是楚霸王了。一定要寻找更好的合作模式，实现共赢，更多地吸收外界不同的思维方式，不停地碰撞，不要狭隘。

（二）企业内部投资环境分析

所谓企业内部环境分析就是该项投资是否具有必要性，能够盈利的项目很多，为什么要在众多中项目选择这个项目？这时候就要确定该项投资是否符合企业的发展需要。企业的资金是有限的，需要最大限度地将有限的资金分配到合理的使用方向上来，这一点对其持久经营来说非常重要。对于固定资产投资这种占用资金庞大的投资项目来说，需要做如下两项必要性分析：第一，是否符合企业的发展战略；第二，该项投资完成后，企业的资产结构是否合理。资源配置体现了企业的战略意图。也必须符合企业的战略意图。因此，占用企业巨额资金的固定资产投资必须符合企业的发展战略，并和具体的投资决策结合，保证每一笔投资都能为实现企业的战略规划服务，确保资源配置符合战略意图，而不是只顾短期投资收益盲目投资、分散资源，这样只能降低战略目标的可实现性。

长期投资的决策主体，其心理与行为特征，对长期投资从制定到实施有着不可估量的影响。在日趋激烈的市场竞争中，每个企业都要接受优胜劣汰的考验。在这种情况下，企业投资战略越来越突出地摆到企业的议事日程上来。企业要发展壮大，必须敢冒风险，不断地进行投资。作为一名企业家，必须具备勇担风险的精神，敢于通过投资创造效益。但是，敢于投资并不是盲目投资，投资必须建立在科学预测和精打细算的基础上，要考虑投资的时与势，要善于捕捉投资机会，抓住能产生投资效益的良好条件。勇担风险、审时度势、善于投资，是每个企业家应该具备的投资战略思想。适度的成就动机，有利于帮助决策主体敢于正视并承担长期投资风险，把握投资时机，取得预期的结果。但是，过强的成就动机容易导致长期决策活动脱离客观实际，脱离企业的承受能力，只能落个破产的结局。比如，企业在进行投资时往往忽视固定资产的配置是否合理，从而造成企业固定资产过剩的问题。没做好前期的微观调研分析，将资源投向夕阳产业或者即将面临巨大变化的产业，是许多固定资产投资失败案例的重要原因。一般而言，行业的竞争程度越高，企业产品的同质性和可替代性就越强，企业在行业中的话语权就越小，企业的利润和产品的价格受市场供求关系的影响就越大，投资风险也相对较高；而垄断性越高的行业，企业的利润与产品的价格主要取决于企业自身的话语权和政府的管制，投资风险相对较小。固定资产投资过剩最明显的是会增加折旧费用，从而直接影响企业利润，并影响企业利用营业杠杆提高收益；另外，一个重大风险是：随着技术的快速变革，现有的固定资产有可能会被迅速淘汰，实际价值大打折扣。

综上所述，企业在进行固定资产投资决策时，应该在战略规划的指导下优化资产配置，最大限度上优化固定资产投资，提高资产使用效率，提高收益率并降低风险。企业在准备固定资产投资前，应该分析自身固定资产的现状，提高现有资产的利用率，利用各种方法，合理化配置固定资产，只对有必要的固定资产进行投资。此外，企业需要处理好与政府相关部门、同行、上下游客户的关系，以及选择合适的外部项目实施团队等。这些因素似乎与固定资产投资并没有直接的关系，但在一定的条件下和时间节点上对项目能否顺利实施有关键作用。固定资产投资涉及金额巨大，对企业影响巨大，企业应当把能够考虑到的因素都考虑到。

第二节 企业投资战略类型与误区

一、企业投资战略的类型

战略是成功的资本预算的保证,每个战略性决策本身都是一个概括性的资本预算决策,这些决策是以针对某一特定战略的资本投资能够创造的财富或实现公司目标所做的其他贡献的估计为基础做出的。将企业战略落实到日常管理当中,要有明确的企业发展愿景及规划,并以此作为指导,明确企业各项经营活动的方式方法。要正确处理战略需求、风险控制、效益最大化之间的关系,找到它们之间的平衡点。不仅要遵循企业战略优先的原则,制止没有目的的乱投资;而且,还要注意及时修正战略,不能因为既定的战略而忽视了出现的重大机会,要随机应变。只有这样才能保证固定资产投资的合理性、有序性及有效性。正确的处理它们的关系能够促使固定资产投资更加具有发展性和全局性,也只有这样才能对项目投资提供可靠的可行性研究报告。企业投资决策的目的是判断和选择正确的投资项目。投资决策不是数字游戏，更不仅仅是简单的技术方法问题，它必须有可靠的依据。主要的判断依据通常包括：明确而合理的企业发展战略定位、详细而深入的市场环境分析以及审慎而科学的市场需求预测。在这三者中，明确而合理的发展战略定位最重要。

企业总体战略包含两个方面：第一，决定应该从事哪些业务，第二，决定企业如何发展业务。总体战略确定投资项目发展的总体方向和目标，明确进入或退出的业务领域，以及进入或退出的时机，为企业发展提供明确的发展途径。企业如何发展业务，这就涉及如何进行资源配置的问题，而企业内部资源的配置正是通过投资战略的实施来有效拉动的。因此，投资战略具有导向作用。企业的投资战略是企业总体战略在投资管理方面的分战略。它决定企业资金的合理分配和有效利用，并具体规定企业资金投入的方向、重点以及投入资金的多少。投资决策属于战略性决策，它必须服务于企业的发展战略定位。企业的发展战略是关乎企业整体和长远发展方向的决策，是在充分考虑自身资源的基础上，结合自己所处的外部环境做出的。投资战略是企业寻找投资机会并对其进行评估时所使用的准则。寻找合适的投资项目所依据的是战略规划，它通过项目可能产生的生产线效率及项目所在地理位置的优劣甄别。企业投资战略应该既能反映企业的竞争优势，又能抓住日新月异的世界经济带给企业的新的发展机遇。

企业投资决策的得失，对于整个企业财务状况和资金流转都会产生深远的影响。企业投资决策时，应把企业资源合理分配到各个职能部门，协调企业内部各职能部门之间的关系，使企业经营活动有条不紊地进行。投资决策的关键是前期工作——现金流量分析，其核心是做好可行性研究，重点做到投资风险防范，切实搞好投资项目的技术经济评价工作。决策者应努力做到让投资决策科学化，即在科学理论的指导下，用科学的方法进行分析、论证，使所选取的投资方案达到技术、经济的统一与优选。现实经营活动中，有许多企业出现投资失败的情况，并且，这种现象十分普遍。究其根由，主要是投资管理者对投资项目并没有做周密的调查研究，而是基于个人非科学的片面理解，对投资的回报率过分高估。

项目投资决策可分为单个项目的评价决策和多个项目的比较评价。其中，单个项目的评价决策依次包括初始变量预测、财务预算、财务评价和不确定情况分析4个流程，多个项目的比较评价则包含互斥项目决策、资本限量决策、固定资产更新决策和投资开发时机决策等不同情况。科学的投资战略是投资决策体系构建的行动指南。企业投资战略是企业战略的一个重要组成部分，其一般包括投资目标、投资领域、投资时机、筹资方式等。高层领导是否称职，关键在于在管理上是否有创新。不然战略方案再完美，管理不到位，一切都是空谈。因此，管理者需要具备四重品质：梦想者、培育者、批判思想家和勇士。

战略决策之所以重要，是因为它考虑的变量多于讨论某一具体问题时的变量，这就意味着战略决策更全面。如果战略决策和业务决策之间有了冲突，应该以战略决策为准。因此，符合企业的经营目标并长期持续地为股东创造价值，源源不断地为自己创造现金收入，就是企业打造核心竞争力的目的。牢记这一点非常重要。如果时刻把为股东创造价值的目标放在第一位，对于多元化和扩大规模，企业就会十分谨慎，不会盲目行动，不会谋求短期行为，不会为短期的利益跟风。为了符合企业的经营目标，当企业误入多元化或规模陷阱时，就会知道什么需要放弃，把精力集中于发挥自己有利可图的优势上。符合企业的经营目标，也意味着在有多种优势的情况下，企业应选择能够带来最大化价值的优势作为自己的发展

第一章 企业战略与投资决策

方向。投资决策要服务于企业的发展战略,而这一战略应当有助于培育、发展、增强和提升自己的核心竞争力。因此,企业的每一项投资决策也应当起到同样的作用。这就需要企业或咨询机构在对拟建项目进行投资评价时,把核心竞争力因素纳入投资决策的考虑范畴。综观国内企业成功的经验和失败的教训,无不与在投资决策中考虑或忽视核心竞争力因素密切相关。从这个意义上讲,在投资决策中认真分析和正确判断企业的优势或核心竞争力,使其成为制定最终决策的一个重要影响因素,必定会进一步提高决策的科学性和合理性。

事实上,企业的投资战略还受到企业产品战略、竞争战略、技术发展战略等方面具体战略的制约和影响。企业投资战略可分为发展型投资战略、稳定型投资战略与退却型投资战略,具体比较参见表1-1。

表1-1　　　　　　　　　　　　　　　　　不同类型的企业投资战略

投资战略类型	投资战略的基本含义
发展型投资战略	企业在现有水平上向高一级迈进的战略。在国民经济高速发展的时期及企业经营状况良好的情况下,推行这一战略会收到良好的效果。这一战略的特点是增加对企业设备、原材料、人力资源等的投资,以扩大企业生产规模,提高产品市场占有率。
稳定型投资战略	企业的市场规模已很难扩大,因此,这种战略的特点是:在投资方向上不再将本企业的老产品作为重点,不再追加设备投资。而是努力寻找新的投资机会,不再扩大现有企业规模,但尽可能地保持市场占有率,降低成本和改善企业的现金流量,以尽可能多地获取现有产品的利润,积聚资金为将来的发展作准备。企业推行这一战略的要点是:企业决策者要切实把握企业的优劣势,选准新的产品或项目为投资对象。

续表 1-1

投资战略类型	投资战略的基本含义
退却型投资战略	企业内部存在着重大问题。如产品滞销、财务状况恶化，或政府对某种产品开始限制或企业规模不当，或无法占领一个有利的经营角度等情况时，可采取退却型投资战略。其实施的对象可以是企业，也可以是事业部、生产线或一些特定的产品、工艺。这种投资战略的特点是：从原先经营领域撤出资金，减少产量，削减研究和销售人员。这种退却型战略是企业家最不愿意采用但又可能扭转败局的战略。企业采用这种战略的关键是把握住时机，以退为进，不要错过良机。

二、企业投资战略的误区

战略投资决策与其他类型的决策的区别在于：企业必须考虑竞争对手的反应以及投资对自身价值可能产生的积极或消极影响。因此，企业投资决策是一项全方位的工作。从横向看，它包含了企业经济活动的方方面面；从纵向看，既涉及目前企业资源的运用，更着眼于未来对资源的配置合理优化。企业投资决策的核心内容是依据投资主体的发展方向及行动方针确定投资总规模。结构决策是根据投资总规模确定如何组织人力、物力、资金、时序，才能有效地将这些资源分配到各投资方向并确定相应的规模，以期最优地实现投资主体的发展战略目标；项目决策是确定在选定的结构下最有效地实现战略目标的投资项目和投资方案的组合。就企业投资决策系统而言，战略决策确定在既定的企业发展目标之下整个企业的投资规模。企业的失败，十有八九是由于投资决策失误而迷失了方向，最终走向了衰亡。因此，企业在实践中应避免下面这些投资决策误区。

第一，缺乏追求市场主动权支配地位的意志。企业实施投资战略应紧密围绕其核心业务。企业的投资，首先必须与企业的战略、核心业务、竞争优势相结合。在实施投资战略过程中，企业始终是市场资源的整合者，同时也是企业协调整合市场各个要素的过程——企业将客户、生产商、供应商、金融机构等社会资源组织起来，提供合格的产品或服务。企业通过输出技术、管理和相应资源，使市场资源得以优化配置，降低项目全过程的交易成本，实现自身的经济和社会效益。在高度集中的所有权结构条件下，大股东与小股东间的代理问题成为公司治理中重要的代理问题。大股东存在的后果有可能是利用其优势地位对中小股东的利益进行掠夺、侵占，即所谓的侵占假说。股权结构集中背景下，大股东与小股东之间的代理问题为现代融资理论和投资理论研究提供了新的视角。

第二，战略规划流于主观随意，决策中存在经验主义和形式主义。企业投资理念一旦形成，要一以贯之，不可轻易改变。投资战略的实施最忌讳两个问题：一是朝三暮四，今天说以利润为核心，明天则以产值为目标；二是说与行不一致，有的企业经常讲鸡蛋不要放在一个篮子里，经常讲风险控制，但具体项目决策时却发生了偏差。

第三，投资全过程大包大揽。投资战略的实施环节很多，企业在市场上有竞争优势的环节要充分发挥，不熟悉的环节要舍得外包出去。不要强求项目所有的环节全部由自身承担。更多情况下，可以将相应的子项分包给市场价格更优惠、质量更高的组织来实施，提高企业投资业务的整体利润率。否则，企业将为平衡各方利益支出额外的成本。企业规模大、实力强，往往是有资金充裕、产品成本低、市场占有率高的优势，抗风险能力强，为保证自己在行业中的强势地位，投资范围和规模也就可能扩大，且它的投资层次也相对高，往往注重技术含量高的投资，以提高企业的核心竞争力，以保证企业可持续的较大发展。相关研究表明，现金流量多寡与民营企业投资决策高度相关，当民营企业有过多的自由现金流量时，会使民营企业产生代理问题。经理人持有过多现金会倾向于做出自利行为，在进行投资决策时会偏离股东意愿，甚至进行过度投资。

第四，缺少从多种方案中选优的抉择。选择的项目应当长短结合，长期项目可以提供稳定的现金流和利润支撑；短期项目可以加速资金的周转。此外，在业务形式上也要有一定的配置，使资金来源多样化，从容应对经济周期波动带来的系统性风险。达到一定规模时，要建立合理模型，量化各种投资配置。

第五，战略缺乏执行系统强有力的支持，这主要分两种情况：战略没有落实到周到可行的战役行动计划与良好的战术方案上；战役级作业部门水平低。实施投资战略对技术和管理的要求非常高，开展投资业务，需要企业配备结构合理的能力，需要各种资源支撑，需要及时引进和培养相关人才，提高对新业务的适应能力。由于投资战略的实施，原有业务将通过企业内部的固定关系在内部进行发包，这不同于市场上的竞争行为，不会像外部那样讨价还价，内部激励会逐步弱化。

第六，投资选择失误和市场进退时机失误。要科学地设定企业的投资规模。企业投资应与资本市场、外部金融环境相适应。企业不可能凭自己能力改变经济周期，但在经济周期面前应学会调整。在规模和风险发生冲突时，应更多地考虑风险。公司应在一个合理的资产负债率、可承受的风险状态下运行。

第七，企业负责人缺乏超凡的决断力。胜败是兵家常事，关键是掌握成功机会的时候是否能够将战果扩大到最大，或在失败的时候能够做到及时使损失减到最小。企业投资战略实施过程中，很多运作权力可以放到基层，但决策权应保留在企业高层。必要时，公司要设立专业的决策参谋机构，做到科学决策，慎重实施。可以说，高层的能力、知识结构和风险意识是企业投资战略实施成败的关键性因素之一。

2010年8月12日，乐视在创业板上市，成为中国A股最早上市的视频公司。然而，经过几年的经营，乐视因无力偿还贷款纷纷被各法院冻结财产。2017年6月29日，应招商银行上海川北支行请求，上海市高级人民法院冻结贾跃亭、甘薇夫妇名下银行存款共计人民币12.37亿元。乐视公司层战略制定过高导致资金配置失效，导致资金链断裂。乐视被法院冻结资产，走上了经营困境，究其原因，在于乐视的公司战略目标制定太高，在资金严重不足的情况下铺设的子生态过多，而各个经营单位战略（子生态战略）基本上都是需要巨资投入的业务，投资周期长。比如，乐视造车，生产周期长，规模量产难，复杂程度高，投资金额是百亿级的，造成了乐视的巨额财务负担。体育业务严重缺钱，体育产业是需要长期培育巨额打造的产业，乐视体育先后A轮融资8亿，B轮融资80亿，但还是不得不裁员缩减开支。乐视战略制定过高、资金配置不当导致资金严重短缺还体现在了乐视股权质押上，贾跃亭的第一笔股权质押发生在2011年9月。当时，贾跃亭将个人名下2200万股股票质押给上海国际信托有限公司，占其个人持股的21.36%，从此股权质押不断。非上市公司部分，乐视致新23.42%股权被质押，乐视体育45.58%股权被质押，乐视汽车80%的注册资本被质押，从以上股权质押可以看出：由于公司层战略制定过高，资金配置失效，贾跃亭不得不经过不断的股权质押和解质押，一路支撑着乐视的经营，解决着乐视的资金短缺问题，直至资金链最终断裂。2016年11月，在乐视成立12周年之际，贾跃亭在乐视内部发出了一封全员信，他首次公开反思一直"蒙眼狂奔"的乐视扩张节奏过快，他表示过去那种一味疯狂烧钱发展的策略将停止。

乐视业务层战略制定错误导致资金配置失效也是资金链断裂的根源之一。乐视手机在2015年推出，当年就销售500万台，2016年出货量达到2000万台。乐视用了不到一年的时间冲进国内手机销量排行榜前十名，一度被业内誉为"黑马"。乐视手机以生态补贴硬件，低于量产成本销售，引领行业进入硬件负利时代，在手机配置和体验都与其他厂商并驾齐驱的形势下，带来全新的内容和服务体验，乐视时任移动总裁冯幸在很多场合都在强调：我们不是卖手机的！对于乐视来说，手机只是一个平台，主要是卖内容和服务，而不是硬件。乐视还为用户量身定制专属手机，曾推出乐1S太子妃版，让用户独享网络剧《太子妃升职记》第三版结局，还可以获得145元的3个月超级影视会员等权益。乐视手机的销售成功是以硬件负利为代价的，手机卖得越多，亏损越大，最终导致欠供应链资金过多。供应链危机爆发，乐视手机2017年的销量急剧下滑，缩至900万台左右，原因之一是无法支付供应链的订单费用，遭受供应商围堵催债，并且裁员达到50%。资金链危机严重、大规模裁人致使手机业务堕入阻滞，贾跃亭最终不得不放弃手机业务，寻求第三方接管乐视手机。乐视手机是乐视战略的子生态之一，是业务层战略。高配低价的手机优势被华为、小米等品牌牢牢把握，乐视手机只是行业的后来者，只能以硬件负利来博取销量。如果没有技术和产业链的支持，这样做是很难长期占有市场的。乐视手机业务层战略制定错误、资金配置失效导致其最终资金链断裂，手机业务失败。实际上，乐视集团为了打造生态圈，进行一系列多元化业务扩张，从当初的视频行业到进军手机、汽车等领域。但是，每个领域的进入壁垒都非常高，对资金的要求也特别大，尤其是对于汽车这种高科技产品的研发投入往往需要很长的时间周期才能回笼资金。对于乐视这样的"生态"企业，在没有核心竞争力保证稳定的企业资金流支持状况下，甚至只有个别产品盈利、其他产品处于亏损的现状下，盲目进军多个领域，造成企业剩余资金的大幅萎缩，加上投资需求所带来的资金增长根本无法维持企业的正常运转，"收不抵支"直接导致乐视的资金链危机。

三、企业是否存在过度投资现象

宏观上，一直存在着投资过热的讨论。企业高投资的事实，取决于两个前提条件：一是企业有高投资动机，另一个是企业可以获得投资所需的资金。关于企业的高投资动机，相关因素包括信息不对称、未来环境的不确定性、企业决策者的认识水平或乐观情绪等，也包括投资体制和政府的定位等影响。但是，将投资率的高低作为判断投资是否过热的标准，有待进一步商榷。投资作为社会总需求的构成部分，判断其过热与否的焦点应在于是否引发了通货膨胀或社会资源供给的紧张或短缺，核心在于对经济形势的判断上，不能简单地以投资率为准绳。对于微观上的企业投资而言，企业投资也需要对投资规模的合理性进行预判分析，其关注焦点应在于投资活动的市场实现程度以及企业各种资源的保障程度。在界定微观投资的规模时，重复建设基本上与企业投资过度相同。过度投资在经济上表现为生产或服务能力大大超过市场需求。由此引发的市场竞争会十分激烈，对企业而言是很残酷的。但是，在一定程度上，投资过度是优势企业脱颖而出、提升竞争力、发掘和利用市场潜力的必选题。可见，在竞争性领域中的过度投资有其必要性和重要意义，但要警惕行政性的过度投资，减少不必要的政府干预，避免有形的手越位和错位。

就企业自身而言，历史经验表明企业投资或扩张失败的根源有3个：一是企业扩张的战略目标定位存在偏差，片面追求高速成长和规模扩展；二是在扩张战略选择上，盲目紧跟市场热点，贸然实施混合多元化扩张；三是扩张战略实施准备不充分，企业制度和治理结构不能适应扩展张略的需要，管理水平滞后。机会导向的决策决定了企业仅在低层次上徘徊，管理上处于盲从、救火、浮躁和混乱。投资决策所需的管理能力，核心在于识别新市场机会和开发后续的新产品的管理能力，企业升级的核心在于竞争能力的提升，特别是技术创新能力和资源整合能力。

　　作为企业投资的决策者，企业家和其管理者过度悲观与其过度自信一样，过度投资首先会对企业的现金流产生影响，接着会影响企业的投资支出。管理者越过度自信越容易造成企业投资过度，而管理者越悲观越容易造成企业投资不足。过度投资就是指企业的管理者在进行投资活动时，选择了净现值小于零、对增加企业价值没有帮助的非最优投资项目，或者选用净现值小于零的投资项目而放弃一些低风险低收益的最优项目的一种非理性、低效率的不合理的投资行为。当企业面临良好投资机会时，充足的现金流可以保证投资项目顺利开展，现金流对于提升企业价值有积极作用。另外，当企业面临良好投资机会时，内部现金流短缺可能造成投资不足。在此情况下，内部现金流充裕对企业有利。当企业持有大量的自由现金流时往往不进行慎重考虑，管理层会忽略企业价值最大化这一目标进行盲目的多元化投资，并且会将资金投入并不熟悉的领域而导致了投资失败，影响了企业的长远发展，对可持续性发展产生不利影响。过度投资行为忽视企业长远发展的重要性，存在短视问题，只看重了企业规模的扩大，想当然的提高了投资规模，以致影响了企业的长期平稳发展的能力。

第三节　企业投资决策范围与决策程序

一、投资决策的范围与基础

每一个企业的投资活动，都是从选择投资领域或投资方向开始的。企业投资决策中的机会研究工作事实上也就是企业投资方向的确定过程。企业如何根据自身条件及外在环境确定合适的投资方向是一个不容忽视的、具有重要意义的现实问题。

企业投资方向是指企业围绕其自身的投资动因，使投资要素进入特定的生产或服务领域。确定企业投资方向的问题，也就是确定企业究竟在哪个生产经营范围内进行投资，为形成何种生产或服务能力而分配运用其经济资源的问题。如果企业投资方向确定得当，不但能够保证投资建设过程顺利，还能够优化配置企业内部的资源，使企业具备更强的市场竞争能力和发展活力，获得更高的经济效益；反之，投资方向确定不当，其结果往往比不投资更糟。就企业投资决策这一过程本身而言，投资方向的确定及其正确与否也具有特殊意义。因为它是企业投资决策中首先要完成的一项任务，是决策全面开展和深化的前提。企业投资决策包含着大量的内容，除了主要的战略目标——投资方向外，还包括项目的规模、投资额、技术目标、厂地布局、资金筹措方式、投资的期望收益等，而所有这类重要的决策内容，显然都必须在特定的投资方向下进行分析评价和抉择。以投资的项目规模而论，不同的产品，其市场需求情况和成本收益前景是不可能一致的。由此，对企业提出的规模经济要求自然也不会一致。只有初步确定了投资将在哪一方向、范围内展开，围绕何种产品生产能力的形成而进行的情况下，才有可能寻找到相应的项目最佳规模目标，包括估算投资额、项目建设区位、地点的选择等。

企业投资决策方法和既定的投资目标关系很大，如投资目标定位于新产品或扩大现有产品与占领更多的市场份额或者开拓新市场的投资决策就有一定的差异性。一般而言，越是与现在业务基础距离明显的投资决策，尤其是战略转型的投资决策，要求其投资决策方法应更科学和更好地能统筹各种企业资源。在选择方法体系时，形成正确的投资判断很重要。具体而言，需要从 6 个角度进行审视分析，做出相应的判断分析，参见图 1-1 和图 1-2。

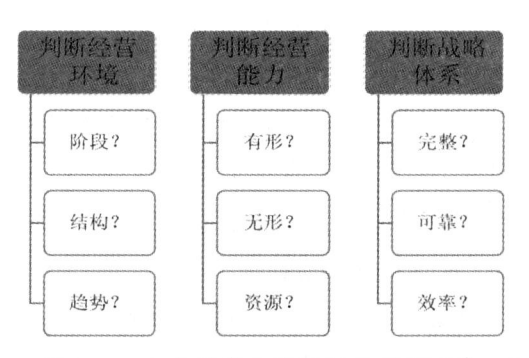

图 1-1　企业投资决策目标的判断因素

第一章 企业战略与投资决策

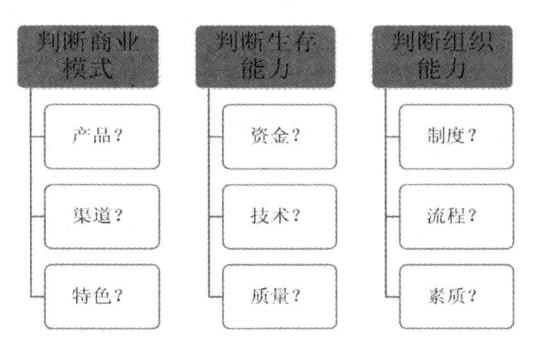

```
┌判断商业┐   ┌判断生存┐   ┌判断组织┐
│  模式  │   │  能力  │   │  能力  │
└───┬───┘   └───┬───┘   └───┬───┘
    ├─ 产品?       ├─ 资金?       ├─ 制度?
    ├─ 渠道?       ├─ 技术?       ├─ 流程?
    └─ 特色?       └─ 质量?       └─ 素质?
```

图1-2 企业投资决策的基础条件判断

企业家作为企业的最高管理者和最终决策者，拥有着企业的最高决策权。企业家是富有冒险精神和创新精神的高级管理人才，拥有着稀缺的、优秀的和高超的管理技能。作为企业经营的决策者，企业家的本质表现就是敢于冒险、善于创新。企业家是敢于求新标异的独立思想者，是商业世界中充满活力和竞争的关键人物，他们能够通过自己的创新力、洞察力和统帅力，有目的地识别并迅速抓住机遇，从而有效组织和管理土地、资本、劳动等生产要素，实现企业价值增值，并能够勇于承担风险，最终从这一过程中实现超额回报。在企业投资决策过程中，企业家有三大类决策领域，参见图1-3。

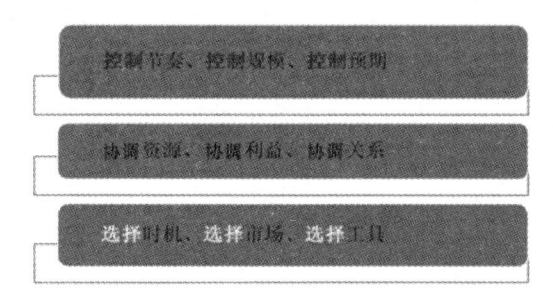

```
┌──────────────────────────────┐
│ 控制节奏、控制规模、控制预期 │
└──────────────────────────────┘
┌──────────────────────────────┐
│ 协调资源、协调利益、协调关系 │
└──────────────────────────────┘
┌──────────────────────────────┐
│ 选择时机、选择市场、选择工具 │
└──────────────────────────────┘
```

图1-3 企业家投资决策三大领域

二、企业投资决策的流程

投资是一项复杂的系统工程，具体投资过程又可分为事前、事中和事后三大阶段。

事前阶段又称为投资决策阶段，主要包括方案的提出以及对方案的评价和决策；事中阶段主要是为了实施方案并进行监控；事后阶段则是投资结束后对投资效果进行的事后评价。投资决策包括投资要素分析、投资原则掌握及对投资全过程的控制。投资项目决策阶段是项目建设之前的全部活动，即设想、提议、论证分析及决策过程，但不包括筹资。投资项目决策的阶段的任务是通过分析论证，确定项目做不做和怎样做。一个大型的投资项目，需要从投资方向、投资时间、投资规模等多方位考虑。显然，靠一个人的智慧是不够的。此时，由于个人能力的有限性，很难保证长期投资达到预期效果。根据决策论的一般原理，一个待决策的问题一般具备4个条件：一是有明确的目标；二是知悉将来面对的客观情况；三是有两个以上的可选择的方案；四是已知在不同条件下，各方案的损益结果。

对企业而言，特定的投资决策规则及其程序会形成特定的投资秩序，投资秩序与公司治理结构息息相关。通常来说，秩序是针对规则和程序而言的，秩序的机理内蕴于规则和程序之中。公司治理结构中的投资规则的基质，是投资决策秩序依据股权而采取投票制原则，它决定投资决策的运作程序及其机理构成；同时，投资秩序能否处于有序状态，则取决于公司治理结构的制衡机制。在股份制或有限责任公司中，投资决策提案由董事会做出，股东大会采取投票制来决定提案是否通过。总经理负责投资决策的实施但必须受到监事会的监督，总经理在执行投资决策时，会根据外部约束及时调整市场策略及行为，所有这些，均是公司治理结构在权责利上的机理规定。因此，要实现科学、高效的投资决策，就必须对投资活动的各个环节进行流程管理。流程管理的核心是：任何决策过程都必须遵循法定程序或正当程序，而每道程序都有人从技术、经济的角度进行决策分析，实际上是企业内部的协同决策，关键是确定决策选优规则。具体程序包括：诊断问题所在，确定决策目标；收集尽可能完备的资料，为决策提供充分的信息保障；依据尽可能完备可靠的信息对行业发展趋势做出准确预测；拟定各种可行的备选方案；对备选方案进行可行性与不可行性评价，从中选出最优方案。投资决策程序参见图 1-4。

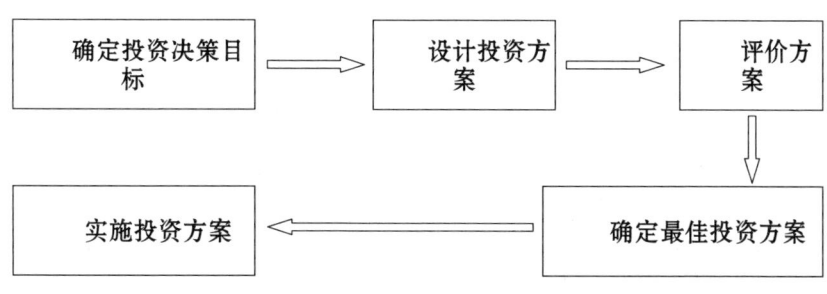

图 1-4 投资决策程序

（一）制定目标，明确企业组织任务及投资方向

企业投资决策作为企业管理的核心，从战略角度上讲，其可以分为 3 个层面进行分析：首先是战略投资层面分析，其次是管理层面分析，最后是业务层面分析。其中，业务层和管理层面分析集中体现在传统项目投资决策的具体实施分析。战略层面投资决策是从企业战略管理角度对企业的价值链、成本动因及竞争对手进行分析，为开展优化和整合企业的价值链、培育核心竞争能力从而赢得竞争优势而进行战略投资决策分析，即基于价值链的企业投资决策。企业在进行投资决策时要考虑影响企业持续经营能力的因素，如财务指标因素、宏观经济环境、行业竞争、企业的特征、管理能力、社会声誉等一些难以量化的因素。要积极研究对策，把握随时都可能出现的不确定因素以减少对企业发展的影响。这样，企业才能真正地具有可持续经营的能力，保证企业价值的稳步提升。

目前，大多数企业面临的一个非常大的挑战是如何应对复杂多变的市场环境，捕捉经济趋势中的投资机遇。信息是进行决策的基础，长期投资决策由于其不可逆转和风险大等特点，在决策的整个过程中必须建立专门收集、分析、传递、储存信息的系统。如果信息沟通不畅，决策主体不了解企业自身资源和条件，不了解长期投资的资金、人员、技术等实际情况，不了解决策客体的需求，没有相应的信息作为决策支撑，其结果只能陷入困境，导致投资失败。

通常情况下，企业可以通过投资兼并活动来增加自身的业务范围，从而实现多元化的经营扩张。在制定投资决策时如何去增加能为企业创造利润的项目、避免不稳定且效率低下的业务，是企业在投资决策制定程序中应首先明确的内容。

（二）根据企业实际情况，制定合理的投资方案

根据企业实际情况，制定短期的发展目标，并且合理安排进程。企业要想得到稳定的发展，就要明确市场需求、掌握自身在市场发展中的优势、明确企业所面对的竞争对手、清楚对方的竞争策略，采取相应的应对措施、制定合理的投资方案，提升自身核心竞争力，保证企业在激烈的竞争中占据一席之地。

（三）评价和比选投资方案

要想给企业营造更多的发展机会，就要明确客户需求，了解客户各项信息。根据客户需求，制定完整的投资方案，找出影响企业单独运作的因素，并采取相应的处理措施。评价、比选相应的投资方案，制定完善的企业发展战略目标，落实企业发展战略，促进企业稳定发展。该环节与企业投资的执行效率密切相关，决定着企业的投资环境。对于一些关键的环境因素进行评价、分析，如来自外部的机会和威胁以及来自企业内部的优势所在，会为企业的投资策略带来积极效应。

（四）确定最佳投资方案

企业长期投资生产出来的产品，必须符合决策客体的需要，才能保证最大限度地获取收益，达到预期目的。对企业来说，其决策客体是客户，企业长期投资的方向必须与客户的需求相符，得到客户的认同，形成客户价值。否则，很难实现投资效益。所以，我们要针对企业投资情况，确定最佳投资方案。对潜在和外在的问题进行分析，找出影响企业投资目标的因素，制定相应的应对措施。

（五）实施投资方案

企业投资决策的制定，需要有相应的支持性计划方案以及执行安排来完成整个投资活动过程。在投资项目实施过程中，定期进行后续分析，找出实际情况与预期的差异，分析这种差异的原因，并视不同情况做出处理。另外，投资项目的事后评价可以有效地对投资管理部门进行绩效考核，并据此建立相应的激励机制，提高经营管理效率。

第四节　投资决策案例分析

一、复星集团的发展概况

1992年11月,郭广昌与梁信军成立广信科技咨询公司,主营市场调查和咨询业务,这是资本原始积累阶段。1993年,郭广昌将公司最初积累资金全部投入基因工程检测产品的开发中,开始生产乙肝诊断试剂,广信更名为复星,这是复星的创业阶段。

1994-1998年,郭广昌先后斥资近5亿元,坚持以市场为导向,在现代生活医药产业、信息产业、房地产业领域里积极参与了一批国有大中型企业的合资合作和改造嫁接,整合资源、发挥优势,这是复星的发展阶段。

1998年,复星实业改制上市,成为上海第一家成功上市的民营企业,开始多元化经营,复星集团迈开了高速的并购、扩张步伐。1998年上市后,仅复星实业自身控股、参股的企业就有32家,投资额达

23.4 亿元。之后，复星集团分别在 2001 年和 2003 年前后出现两次投资高潮，投资额高达 7.5 亿元和 23.5 亿元。投资领域除传统的医药及房地产两大主业外，还不断扩张到其他多个非相关产业领域，规模迅速膨胀。复星集团通过医药产业深度扩张及产业多元化扩张，先后进入钢铁、矿业、金融、零售、媒体等行业，完成了五大核心产业架构的搭建。

自 2004 年至今是复星集团的证券化及整合阶段。复星集团的发展史即为一部收购史，除一手建立的医药、地产外，其他业务的扩张均采取收购模式。截至 2016 年 12 月 31 日，复星集团总资产达到 4867.8 亿元，同比增长 19.5%；归属于母公司股东之权益达到 923.7 亿元，较 2015 年增长 1.9%；近 5 年净资产年均复合年增长率达到 23.7%；2016 年度归属于母公司股东之利润 102.7 亿元，较 2015 年同比上升 27.7%，近 5 年复合年增长率为 24.7%。突破百亿元利润，意味着复星又进入了一个新的发展阶段。截至 2017 年 6 月 30 日，复星总资产超过 5000 亿元。

从 2016 年初开始，复星大力推进"独角兽"战略。复星认为，除了过去的互联网企业，未来在财富、健康、快乐和创新制造等行业中，通过推动传统产业主动嫁接移动互联网及人工智能，通过成熟的产品或模式聚集闲散的、低价的资源，也同样可以打造出一批极具竞争力的独角兽企业。因此，复星首先在新增投资上大力推进"独角兽"战略，包括通过 VC、PE 投资于独角兽，如挂号网；包括从头发展"独角兽"，如浙江网商银行、菜鸟网络等；也包括在公开市场投资"独角兽"，如分众传媒；还包括积极参与国企重组打造"独角兽"，如国药控股。其次，复星大力推动存量项目转型成为"独角兽"，如复星医疗、复星旅游。除此之外，复星还持续加大与"独角兽"企业的合作，最终将复星自身变成"独角兽"。

二、复星集团的投资模式分析

复星集团的创始人郭广昌在总结复星的发展过程时,认为复星的发展是抓住了中国经济发展的各种周期。复星在创业初期被称为"三无"企业,无资金、无人才、无技术。但是,复星抓住了产业的周期,包括矿业、钢铁、房地产和医疗医药行业等,以及参与到国有企业体制改革之中,从而发展壮大。

(一)"主业 + 私募基金"发展模式

复星集团出资组建专业公司管理运作基金,以产业股权投资为投资方向,投资参股国内的成长型企业,促进其上市并分享其上市后带来的高收益。复星成立了"复星创富",专门从事私募股权投资,其前身为上海复星产业投资有限公司,是上海复星高科技(集团)有限公司的主要成员企业,是复星集团直接投资和对外开展资产管理的实体。其具体做法是复星集团出资,由复星创富管理,也就是由复星创富去投资。为了打造专业化的私募品牌,复星创富通过持续发现有投资价值的成长型企业、持续优化管理提升所投资企业价值、帮助所投资企业持续多渠道低成本的融资来实现股东财富最大化,与企业家共同创造价值,分享成长机会。从复星的"主业 + 私募基金"发展模式来看,私募基金的出现和发展是多元化的优势所在,积极发展私募基金可以极大地提高资本市场的资源配置能力和分散风险能力,且能为产业创新和转型发挥巨大的推动作用。

复星集团自上而下搭建了3个投资平台。① 资本平台,即以复星集团为核心开展投资业务,主要是判断哪些行业处于上升期,哪些行业属于下降期,哪些受到资本冷落,通过"反周期"理论,观察并发现投资价值(多元化投资平台)。② 上市公司平台,即以包括复星医药、复星房地产等在内的一批上市公司为核心,一手推动产业发展,一手紧紧与资本市场对接,每家上市公司都努力寻找产里最好的资源,围绕企业的生产和销售形成核心竞争力(上市公司群体平台)。复星主要构筑产业和资本的互动平台,从而掌握和整合各产业领域的资源,积极推动有核心竞争力的企业在其产业链和互补的领域内重组并购,强化竞争力。③ 专业公司平台,寻求好的产品、服务客户、创造价值。该平台的企业发展到一定程度,就可能直接上市,上升至第二个平台。该平台主要是形成具有核心竞争力的产品经营体系,形成具有专业化拓展和管理能力的专业企业群体,提升产品核心竞争力,实现品牌经营,提供性价比最优的产品和服务,获得更大的市场份额和利润,努力提升专业公司的个体竞争力,在各自领域内做到充分专业化。

(二)现金为王——增资收购为主要投资模式

翻开复星的发展史,就会发现这是一部收购的历史,复星产业上的每一次成长都是借助收购完成的。复星国际现有的钢铁、地产、医药、零售、矿业和金融及战略投资六大产业,除地产业务外,其他都是通过收购与整合而发展壮大的。据初步统计,在复星的发展历史中,大小不等的收购共计大约一百多次,收购规模在 3 亿元以上的投资或收购就达到 5 次以上(天药集团、唐山建龙、南钢股份、国药控股、投资成立德邦证券等)。复星主要采取增资收购模式,收购控股权或参股权,确保收购现金留在企业里而不被老股东拿走,真正让企业获得持续发展的资金支持。

在前期收购过程中,复星集团大量增资收购了大中型国有企业,主要是国有企业收购价格相对较低,管理基础好,股权改制后容易激发管理层的潜力。同时,尽量让管理层持股,最大程度地激发管理层的经营动力,最终实现企业投资人、原股东、管理层三方共赢。复星在并购扩张、构建多元化集团过程中,其产业布局始终围绕着扩大资金来源这个动机,其收购的目标企业要么是资产规模大、融资能力强、现金投资收益高的钢铁企业,要么是经营性现金流充沛、有大量现金盈余的商业流通企业，再者就是有助于维持集团资金运转以及能提供融资便利的证券公司。复星内部资本运作的最终目的也都是为了放大融资能力，扩大集团可控现金流，缓解集团在高速扩张过程中的资金约束。

（三）反周期投资模式

全球没有只涨不跌的市场，更没有只跌不涨的市场，反周期投资即是在市场行情不被看好的情况下进行投资。每开辟一个新领域，复星都选择在行业低谷时进入。例如，复星 1994 年进入房地产、医药产业；2000 年涉足商业零售业；复星集团对建龙钢铁投资时，正是中国钢铁行业的低迷时期及建龙本身的发展阶段，因此，复星得以极低的成本投资建龙；2003 年投资德邦证券时，证券业也正处在低潮期；2004 年投资招金矿业时，行业产品价格也处在历史低点……这样的投资理念使复星以低成本获得了高收益。

复星通过多元化经营建立了庞大的复星系，伴随着企业的集团化步伐，运用股权融资解决融资问题是企业进一步发展的基础。复星集团共拥有 8 家控股上市公司，并且相互之间存在交叉持股（如复星医药持股复地和国药控股，豫园商城持股招金矿业），可通过在资本市场的融资或资产在上市公司间的转让解决资金问题。

三、复星集团的战略投资要素分析

复星目前有 3 个搜索引擎，通过在 3 个不同的维度搜索，来决定投资方向。第一个维度是有产业深度的"保险＋投资"双轮驱动的模式；第二个维度是"中国动力嫁接全球资源"；第三个维度是复星所做的一切都是围绕着"富足、健康、快乐"的生活方式，致力于提供一站式解决方案。复星永远强调最基本的投资逻辑就是做"对"的事情。投资和收购的目的一定要清晰，复星要做的事情是为客户"富足、健康、快乐"的生活方式提供解决方案。当提供不了或者提供方案的速度太慢时，复星会用投资或者收购的方式，将内外部资源打通，为客户提供"令人尖叫"的产品和服务。复星所有投资的最终目的是形成对应的产业地位，特别是形成产业的领先地位，去打通产业链，整合生态圈，为客户提供更好的解决方案。如果产品和服务没有内容，没有产品力，不能让客户"尖叫"，复星是不会投资的。如房地产项目，复星将特别聚焦于旅游地产、养老地产等以服务为核心的项目。再如旅游项目，复星要将地中海俱乐部、亚特兰蒂斯、太阳马戏团和Thomas Cook等旅游资源整合与打通，打造以旅游目的地和内容为核心、旅游渠道为纽带、旅游综合体开发能力为支撑、具备多层次协同效应的旅游生态圈。将客户留在其中，让他们形成消费惯性，有一种想去旅游就去寻找复星提供的旅游产品的消费习惯。

第二章
企业专业化投资战略与决策

本章导读

第一节 专业化投资战略的价值导向、战略定位
第二节 基于核心竞争力视角的专业化投资决策
第三节 基于价值链视角的专业化投资决策

第一节 专业化投资战略的价值导向、战略定位

一、专业化投资战略的价值导向

企业专业化的投资战略是企业在总体战略的指导下，根据对各项条件的分析和对未来情况的预测所作出的资源组合与运用方案。即根据企业使命和目标的要求，对在一定时期内为获得与风险成比例的预期收益，而运用企业资源购买实际资产的根本性谋划。企业专业化投资战略由投资目标、投资地点、投资方向、投资领域、投资方式、投资时机、筹资策略和投资规模等组成。专业化投资战略以公司战略及业务战略为基础，旨在从宏观上对投资这一增长引擎进行系统规划与部署，包括：① 企业增长速度与投资规模统筹；② 投资或成长路径选择，如项目新建或外部并购；③ 投资决策程序与规则，如投资决策与授权规则、财务决策标准、项目排序等；④ 资本

支出预算及其控制；⑤ 项目后评估与审计等。专业化投资战略部署得是否合理可行，直接关系到企业经营主业的兴衰成败，其实质是研究与企业总体战略相匹配的经济资源的配置方案和经济资源的分配方向。由于专业化投资战略最终要落实到项目上才能实现，所以，它决定了任何一级投资主体的投资决策系统都将分为3个层次：即投资战略决策、结构决策和项目决策。

投资战略决策依据投资主体的发展方向来确定投资总规模；结构决策则是依据投资总规模将人力、物力、财力、资金等资源有效地分配到各个投资方向；项目决策则是在确定的投资结构下如何有效地实现战略目标所确定的投资项目。例如，在技术进步投资战略下，其投资规模确定之后，即可确定企业内部技术开发、技术创新、技术进步、技术改造等各项投资比例，进而通过每一项技术项目的实施来保证技术进步投资战略的实现。

企业专业化投资战略类型选择依赖于3种因素：企业的地位、市场时机和市场占有率。对于一个企业来说，应该对企业现状和行业前景做出分析，准确确立自己的核心能力，按照其发展战略，通过资本运行来增加内部资源存量，通过资源重组，积累并巩固起更强大的核心能力，建立竞争优势，使企业可持续发展。很多企业的问题都是因为缺乏战略重点而引起的，企业应该首先明确主营业务是什么，然后通过授权员工和使客户满意达到持续提高的目的，并成为客户驱动型的企业，放弃不盈利或盈利低的产品，通过聚焦主业增加获利能力和速度。根据投资方向及规模等在产品的投入、产出、销售不同环节上的侧重，企业专业化投资战略又可细分为：① 资源开发型。这种类型的投资战略侧重于对企业内部资源的开发，包括原材料资源、人力资源和企业的文化建设。② 技术开发型。在这种类型中，企业投资侧重于产品的设计水平和生产技术水平的提高，包括为提高产品质量增加品种、提高生产率和降低成本而开发技术。

③ 销售开发型。一是对原有产品市场的深度和广度进行开发；二是对新产品市场进行开发。投资一旦形成，其变现能力就随之降低。实业资本的经营一般是通过变换资本的物质形态来取得收益的，最典型的方式是根据市场需求加工既定的产品。当实业资本的经营不能带来满意的效果时，可通过租赁、拍卖等形式，将其变现，转化为价值形态的资本。

二、专业化投资的战略定位

企业专业化投资项目要根据企业生产发展的整体战略目标来制定。投资经营的专业化是指将企业的投资与业务经营重点放在某一特定的生产领域或业务项目上，投资通常伴随着生产经营规模和市场规模的扩大，而不会引起经营结构和商业模式的巨变。企业投资项目的基本战略有两种：一是基于企业创新业务和创新领域的创新发展性投资战略，二是基于企业稳步发展、健康运行的稳定发展性项目投资战略。企业专业化投资战略的选择，首先需要科学合理的选择产品与市场，从投资方向上来保证投资战略的科学性。其次，要合理地进行项目竞争力和优势的分析，保证投资战略具有良好的发展前景。只有在确定了企业项目投资的战略基础上，才能够合理优化投资项目，合理的选择投资项目，进行有效的投项目选择和决策。在专业化投资活动中，创新发展型为主导的战略核心能够使企业规模、经营领域、产品品种、经营利润等迅速扩大和增加，从而大大缩短企业从小到大、由弱变强的发展进程。企业投资规模选择包括单个项目投资和企业总体投资规模确定两个层面。企业的物质技术条件决定着企业能够达到的规模，社会需要决定着投资项目所需要达到的潜在规模，而经济效益则决定着投资项目预期达到的规模。专业化的投资项目以企业投资能力为前提，以企业的核心竞争力为主导，目的是切实保障企业投资战略与企业发展的整体性战略目标相一致。

专业化投资更多地体现为进取型发展战略，它是将企业从现有水平推上一个更高发展水平的战略。

根据企业投资方向重点的不同，内涵发展型战略强调发挥企业潜力，利用企业现有资源和能力推进企业的发展。具体地说，内涵发展型战略又有其侧重点。首先，内涵发展型战略侧重于资源开发，它涉及3个方面：一是原材料等资源的开发，企业要搞好原材料、主要配件及能源供应的投资，力求得到质量高、数量充分、成本低、有保证的原材料、零部件和能源供应，加强对市场（特别是原材料市场）的控制能力，使企业走向稳步、高效发展的道路；二是人力资源的开发，它包括对企业职工进行文化和技术培训、提高其文化素质和技术水平、提高其管理能力和创新能力，从根本上提高企业素质；三是社会关系资源开发，它是指加强同与企业经营有关的各部门、各机构和各企业的沟通联系，建立良好的工作关系和感情，以保证企业在发展过程中能得到各方面的积极合作。其次，内涵发展型战略侧重于技术开发。企业的发展以不断改进技术、提高企业生产技术水平，从而提高产品质量、增加产品品种，提高劳动生产率为促进企业发展的主要出发点。技术开发本身又可以有多种途径：既可以从国内外其他企业引进和消化吸收先进技术，迅速提高企业技术水平，加强竞争能力；也可以加强企业自身的科研活动，自行研制开发新技术、新产品，适应市场需求，实现产品的更新换代。再次，内涵发展型战略侧重市场开发，即通过有效的市场开发战略来扩大产品的市场占有率，从而为企业扩大生产、增强实力打下基础。实行销售开发既包括扩大原有产品的销售额，也包括扩大新产品的销售额。在买方市场的情况下，搞好销售开发、扩大市场份额对企业的发展起着非常重要的作用。企业需要根据现有的产品和市场进行横向或者是纵向的选择，延伸产品的功能，扩展产品的市场，细分产品的市场，促进产品的丰富多样性。

　　投资活动是企业经营必不可少的，它是企业生存发展、创造财富的基础，长期投资更是企业持续经营的前提。企业要持续保持在价值创造上的成功，主要应基于企业的核心竞争力。专业化投资也包括外延扩大再生产的战略——以扩大企业生产规模、提高企业生产能力为投资重点，即以某种产品和服务作为企业的核心产品，以此为中心进行发展。例如，汽车制造企业以汽车产品为中心，通过扩大生产规模、提高生产能力（其前提是能保证足够的市场占有率）来实现企业的发展。这种以某一产品、服务、技术或市场为中心的发展战略并不是要企业放弃其他生产经营活动，而是指其他生产经营活动要围绕这一中心来进行。比如，汽车制造企业可以通过前向一体化向汽车工业的原材料行业发展，也可以通过后向一体化向汽车销售、服务、维修业发展等。这种单一中心发展战略的制定与实施的难度较低，使企业的战略目标容易确定，力量容易集中，效果也易于评价和衡量。同时，由于企业对这一中心的特性非常熟悉和了解，较易判断投资的价值，能够充分发挥竞争优势。这种战略的实施，要求企业对企业规模的扩大有较强的驾驭能力；同时，企业要有足够的能力保持充分的市场份额，并对前向发展与后向发展的领域有足够的了解。

　　企业在投资项目的选择时，必须切实的考虑到企业的投资能力。只有在企业投资能力范围之内，才能够有效的选择项目和有效的进行投资决策。企业投资能力主要是指企业现金流能力、企业的资金实力、企业筹集资金的能力等，企业的投资能力是企业投资项目选择和决策的基础，也很大程度上决定了企业投资的方向和规模。企业的投资能力决定了企业发展的宏观投资规模，决定了企业投资的界限。企业不能够超过自己的投资能力去投资。否则，就是不切实际、不能够实现的。在企业有投资能力的情况下，还要充分考虑到投资项目的可行性，充分做好投资项目的风险评估。尤其是对单个项目的投资时，要切实把投资项目的规模构建在投资能力基础之上，切实的考虑到分散投资风险的需求。

2017年8月19日，同洲电子董事长袁明在深圳机场被"债主"推搡的视频在互联网上广为传播。对于这场纠纷，袁明称主体为同洲电子，纠纷起始于同洲电子的龙岗物业租赁项目。一时间，昔日机顶盒巨头、被称为"数字电视第一股"的同洲电子再次成为舆论的焦点。在业务发展上，同洲电子曾在机顶盒市场有过短暂辉煌，但不合时宜的转型又将其推入"泥沼"，将一副好牌彻底打烂。值得注意的是：2008年~2016年，同洲电子的净利润是-7.9亿元，而袁明个人在此期间却套现24亿元。

同洲电子曾是一家明星企业。在有线电视繁荣的时代，依靠机顶盒业务迅速起家，并成为我国专业性从事数字视讯产业的第一家上市公司。过去，同洲电子多次中标广电系统的工程，依靠电视机顶盒业务迅速崛起，在2005年时已实现营收8.65亿元、利润超过7600万元。2012年，同洲电子营收更是超过21亿元，净利润增长近7倍。然而，同洲电子的辉煌并没有持续太久，随着OTT和IPTV的崛起，有线机顶盒的市场需求越来越小。

目前，市场上主要有3种类型的机顶盒，分别为DVB、OTT和IPTV。DVB指数字视频广播，对应传统的广电系统广播网络，由各地有线电视网络运营商运行；OTT指基于开放互联网的视频服务，代表产品有小米盒子、乐视盒子等；此外，中国电信等电信运营商也早已涉足客厅端的"战场"，IPTV机顶盒进军市场至少已有10年。相比之下，有线电视盒子几乎没有优势，一直呈萎缩趋势，毕竟有线电视运营商的业务过于单一。

2013年9月，同洲电子和兆驰股份发布公告称：将筹资100亿元，以满足单向DVB机顶盒用户升级为DVB+OTT用户的投资需求，促进同洲电子签约的10个省份尽快推广"四屏合一电视互联网户户通工程",将用户传统单向DVB机顶盒升级为同洲DVB+OTT的机顶盒,提出了实现两年1亿用户的目标。照此计算,同洲电子每月在设备租金上的收入将达到8亿元,年租金收入将达到96亿元,所谓的百亿元投资也将在3年内收回成本。投入太大,其实并不一定是好事。同洲电子当时认为,该产品可以实现电视直播和互联网点播视频的自由切换,推动广电网、互联网的融合,给广电运营商带来新一轮发展机会。但同洲电子的升级战略并没有取得太大功效,反而丧失了行业巨头的地位。该计划仅在2013年11月传出过有辽宁地方运营商愿意参与试运行,之后再无声息;而合作方兆驰股份已将主要投资方向转向LED项目,甚至直接生产销售智能云电视。

同洲电子终于决定彻底转型。为了跳出狭窄的机顶盒产业,同洲电子数次提出多个转型概念,其中涉足手机也不下3次,但都不了了之。2013年上半年,同洲电子提出以首创的"摸摸看"多屏互动技术为基础,推出一系列智能终端,其中包括飞Phone手机、飞看盒子等。2014年1月9日,袁明突然宣布,将会在当年2月推出全球首款"960安全操作系统4G手机"。2014年2月,同洲电子的"960安全手机"跳票,但同洲电子豪掷3000万元赞助费成为2014中超赛季官方供应商,以推广其品牌手机等产品。2014年3月25日,同洲电子在北京发布筹划数月的"960免疫手机"。袁明当时对外表示,未来同洲电子将有两个中心:一是以电视为中心的"1+1电视互联网",一是以手机为中心,而且,手机中心的权重会大一点儿。另外,袁明对外透露,同洲电子将更名为同洲互联科技,因为原名已经不能确切体现该公司进军互联网的战略布局。但是,事实证明,同洲电子的所有转型布局均以失败告终。

数据显示,立志"第一年5000万用户"的飞看盒子一年之后仅实现了目标的4%;承载同洲电子梦想的飞TV共计售出1088台;至于肩负同洲电子"以手机为中心"转型路线的"960手机",在市场上也只是因为炒作掀起了一朵浪花而已。同洲电子飞看盒子的商业逻辑没问题,一旦成型的话或许能改变有线电视网络运营商被设备商绑架的传统,关键还能争取到地方广电系统站队支持。不过,从实际效果来看,收效甚微。再如手机,无论是进入的时机,还是资金、渠道、产业链、人才等方面都不是同洲电子的强项。进入手机领域,同洲电子是自寻死路。数据显示,同洲电子2013年、2014年的营业收入分别下降7%、18%;2013年净利润虽然同比下降74.64%,但尚能盈利3415.65万元,2014年则亏损4.2亿元。2015年上半年,在大幅裁员的情况下,虽然营业收入下滑幅度扩大到20.58%,但同洲电子实现净利润1147万元,勉强扭亏为盈。2016年,同洲电子再次亏损4.9亿元。

第二节 基于核心竞争力视角的专业化投资决策

投资决策要服务于企业的发展战略，而这一战略应当有助于培育、发展、增强、扩展和提升企业自身的核心竞争力。据此，在投资决策分析时应提出这样的问题：企业的优势在哪里？什么是企业的核心竞争力？该项目如何才能提升企业的核心竞争力？综观国内外企业成功的经验或失败的教训，无不与投资决策中考虑或忽视核心竞争力因素密切相关。核心竞争力是企业长期以来形成的、融入企业内部的、企业特有的、处于核心地位的竞争能力，是企业持续竞争优势的源泉。

普拉哈拉德与哈默提出了树形理论来描述企业的核心竞争力：将企业比作一棵大树，大树的果实是企业的最终产品，树叶是企业的最终服务，树枝是结合产品与服务的业务单位，树干和主枝是核心产品，为大树提供养分维系其生命的是埋在地下的庞大的根系——企业的核心竞争力。竞争优势是企业核心竞争力的表现形式，是企业在竞争中制胜的关键。

对于企业竞争优势的评估，可以从两个维度进行。一个是顾客基准的优势评估，即从顾客角度出发对竞争优势进行评价，其核心在于对顾客和最终用户的相对满意程度与利益进行分析，常用于竞争者数量众多、顾客偏好复杂的行业。顾客价值及其影响因素对战略制定具有最大决定作用。另一个是竞争基准的优势评估，采用此方法是建立在与一些目标竞争对手的管理直接比较的基础上，适用于顾客偏好相对稳定的、资本密集的行业，应用时主要集中在产品策略和成本策略方面，管理者主要借助于市场占有率和合同数量的变化来观察企业的竞争地位变化与否。因此，确定企业核心竞争优势和市场竞争能力的过程，就是沿着时间的维度，不断审视生存基础，不断进行创新和投资活动以增强持久发展的动能的过程，参见图 2-1。

图 2-1　企业建立核心竞争优势和能力的途径

核心竞争力价值实现包括核心竞争力的确定、培育、应用、市场接受等 4 个过程；相应地，核心竞争力价值实现过程中的决策包括确定、培育、应用、市场接受 4 个环节的决策。专业化投资决策导向强调根据企业的自身特点，把有限的内部资源配置到其最有竞争优势的核心价值链环节上，专门从事某一领域、某一专门业务，在核心环节上形成自己的竞争优势，而把其他功能借助于外包——利用外部最优秀的资源予以实现。这样，企业内部最具竞争力的资源和外部最优秀资源的结合，能产生巨大的协同效应，使企业最大限度地发挥自有资源的效率，获得竞争优势，在日趋竞争激烈的市场经济中立于不败之地。

企业核心竞争力价值实现是一个系统的战略规划，注重长期效应，是阶段价值的实现和长期的、可持续的价值实现。因而，投资决策方法主要注重阶段性、可持续的长期性；同时，还要考虑系统的连续性。选择何种投资规模不仅仅取决于项目要求、生产能力设定和资金保障程度等方面；同时，从竞争战略的角度出发，投资还具有一定的战略博弈作用。投资具有事前承诺的效果，即在位企业的大规模投资或者超过生产能力的投资规模可以阻止新进入者进入市场，投资在这里发挥着预先承诺的作用。企业核心竞争力价值实现的投资决策与企业自身的经营特色和发展情况紧密相连。企业在针对核心竞争力进行投资决策时，其投资决策应具备如下功能：首先是管理柔性分析功能，管理柔性指企业管理者可以根据外界经营环境的变化及投资项目不确定性的进一步明确，相机更改初始的经营战略，运用灵活的管理手段，利用良好的投资机会，避免损失、提高投资收益的一种性质；其次是对决策的战略性、动态性、序列性、关联性进行判断；再次是对该项目是否适合本企业，即本企业是否有能力保证核心竞争力价值实现做出判断。

企业核心竞争力归根到底是产业组织问题，形成有效竞争的市场结构和产业组织结构是培育和增强核心竞争力的根本途径。在核心竞争力价值实现判断过程中，其判断方法运用上要能体现整个决策程序，决策程序包括发现问题、确立目标、确立价值准则、拟订方案及对方案分析评估、择优、试点、普遍实施等环节。

核心竞争力价值实现过程充满着决策，并且决策是动态的，决策过程的各阶段是环环相扣的，前面一个环节正确与否直接影响到下一个环节的正误，任何一个环节的错误都会导致最终决策的失误。因此，企业的投资项目选择必须切实地围绕着企业核心竞争力来进行，在核心竞争力的基础之上考虑投资战略、进行投资项目的选择。企业的核心竞争力是其生存发展的基础，也是企业进行投资项目选择的核心。企业投资项目的选择必须切实地构建在核心竞争力的基础之上，围绕核心竞争力进行市场的开拓及产品的创新和改进。根据这些核心竞争力进行投资项目的选择是比较有效的策略。以稳定发展性专业化投资战略为例，其要点在于围绕品牌影响力，在现有的业务领域内加强产品和服务的创新，而不能过度偏离原有的业务领域。否则，企业的品牌影响力无法实现有效的辐射作用。再如，假设企业的核心竞争力是人才资源，那就必须加强内部人力资源的优化配置，不断开拓市场，可以适当地把投资项目延伸到其他领域，充分发挥企业人才资源的优势，促进企业的发展。

在投资项目的厂址选择上，也需要综合评估各种建设和运营成本以及如何保持竞争优势。目前，产业集聚已经形成了区位指向集聚、横向集聚和纵向集聚3种模式。产业集聚的根本原因在于集聚效益可以给区域内的企业带来较高的投资回报，而且，企业更容易获得供应商的专业信息、公共服务以及专业化技能和工作经验丰富的员工，从而增强企业的竞争优势。这是一种由协同效应而获得的竞争优势，具体的优势内容参见表2-1。

表 2-1　　　　　　　　　　　　　　　　　　　　　　　产业集聚的竞争优势

网络优势	产业集聚区内的企业之间建立起密切的合作关系，可以进行技术、管理、制度、文化等方面的交流，减少不确定性。网络结构包括市场网络、技术网络和社会网络三个层次。市场网络处于集聚区网络的最表层，它是通过产品、技术或服务的交易活动形成的企业间的经济关系。技术网络是以技术为基础而形成的联系，形成的原因包括技术、工艺之间的衔接、拥有同源技术和存在技术组合和交叉性创新的可能性。社会网络是社会协作的基础，也是产业集聚区内较深层次的联系。
成本优势	首先是生产成本。支撑产业集聚区的物资资本和人力资本的投资巨大，集聚区内的企业可以通过分摊的方式共享各种服务，有效降低了产品成本。集聚区内供应比较充分的各层次劳动力市场为企业调整员工规模和结构提供了低成本的外部环境。其次是交易成本。产业集聚有利于集中市场信息，减少了信息的非对称性；同时，有利于企业间建立互信的争端解决机制，以及通过各种担保机制来降低融资成本。
市场优势	主要体现在制定标准和议价能力上。技术标准在产业集聚区内更容易被认同，随着技术标准的普及和规模化生产，就会导致对配套设备和相关耗材的需求增加，进而扩大了市场需求。当集聚区内的企业对外销售时，其往往在价格、质量和交易条件上获得较好的谈判地位，尤其是涉及集聚区内企业的大批量采购时更是如此。
品牌优势	对单个企业来说，品牌的建立需要大量投入和较长的时间积累。比较而言，集聚区所形成的"区域品牌"则是众多企业通力合作的结果，更具有广泛性和持久性的品牌效应。共享品牌，能够产生巨大的规模经济效应和范围经济效应。
产品优势	集聚区内的产业环境有利于企业更加适应市场变化和需求。利用产品差异化和市场占有率之间的交互反馈机制，容易形成市场势力。和单个企业比较，集聚区内的企业拥有建立在产品质量基础之上的差异化优势，能够获得较好的收益。
创新优势	在创新资源优越、创新系统高效和创新效益明显的区域，人的创新潜能往往更容易发挥。产业集聚区的核心企业、知识中心、地方政府和园区环境等是集聚创新的根本要素，也是推进创新成果产业化的载体。

第三节　基于价值链视角的专业化投资决策

一、价值链管理与专业化投资的关系

美国学者迈克尔·波特（1985）在其《竞争优势》一书中首次提出价值链的概念并对其进行深入研究，这一经典论述成为价值链研究的基础。他认为企业的竞争优势来源于企业的每项生产经营活动，即设计、生产、销售、交货以及对产品起辅助作用各种活动的集合。所有这些不同且相互关联的生产经营活动便构成了企业创造价值活动的动态过程，即价值链。企业的每项生产经营活动在创造价值的同时也消耗企业的资源——构成了成本，也相应地形成企业的利润。

随着社会经济和科技的发展，人们对价值链的认识也在不断深化。杰弗里·雷鲍特和约翰·斯维奥克拉于1995年提出了开发虚拟价值链的观点，旨在以新的信息技术对价值链进行结构上的改造。他们指出，进入信息时代，价值链中的每一项价值增加活动都可以

分为两部分：一部分是在市场场所中基于物质资源的增值活动，而另一部分是在市场空间中基于信息资源的增值活动。物质增值活动构成了传统价值链，而与此相对应的信息增值活动则独立出来构成了虚拟价值链。企业在市场空间中的竞争优势体现在比竞争对手更有效地进行信息的增值活动。虚拟价值链在为顾客创造价值的同时也开辟了全新的竞争领域，从而超越了传统意义上的竞争。

对企业内部价值链进行分析是企业进行投资决策的基石。通过对企业内部价值链的分析可以对一个企业内部的价值增值活动有更明确的了解，从而为企业正确做出投资决策提供强有力的依据。对企业内部价值链进行分析，确定企业基本的内部价值链，并确定各价值链环节投资对企业价值贡献。企业投资决策的最终目标是实现企业价值增值和企业价值最大化。要实现这一目标，首先要满足顾客的需求。因此，应该把顾客的需求作为整个价值链条的起点，并按照链条的上下游关系将顾客的需求在链条的每个环节逐步转化为每个环节的行为的具体目标，价值链条的每个环节都按照成本最低、流程最短、效益最大的原则运行。其次，按照每个环节的具体目标做出相关投资政策。价值链条的每个环节可以用价值单元来表示。价值单元就是能为企业创造价值、实现价值增值的活动单元。其分析框架如下所述。

首先，对研究对象从组织结构、产品结构、生产能力等方面进行全面综合的分析。其次，从战略角度对企业进行社会价值链、行业价值链、内部价值链分析及竞争对手价值链分析，制定企业可持续发展的战略定位选择，将收入、成本、资源分配给价值链上的各作业模块。再次，利用价值—成本分析对每个作业价值影响较大的成本动因进行成本动因分析。成本动因是指影响产品成本的因素，成本动因分析将产品成本因素分为结构性成本动因和执行性成本动因。结构性成本动因是从战略角度分析决定企业基础经济结构的成本动因，如资源、环保、企业规模、技术等；执行成本动因从微观角度分析影响企业作业链的成本动因，如产品结构、生产工艺流程等。最后，通过上述分析后提出基于培育企业核心能力、赢得竞争优势的战略指导思想，提出企业价值链优化和整合的投资决策方案。最后，从战略层面对优化方案进行综合评价和分析。

基于价值链管理的角度，企业应该从总成本的角度考察经营效果，而不是片面地追求诸如采购、生产、分销等功能的优化。其目的是通过对价值链的各个环节加以协调，实现企业最优绩效，从而增强整个公司业务的表现。高效的价值链设计、价值链成员间的信息共享、库存的可见性和生产的良好协调会使企业库存水平下降、物流作业更有效。基于价值链的管理模式，企业与供应商的关系建立在战略性的设计基础上，其合作焦点就是一切为用户着想，开发新产品，不断改进供应关系，共同实现战略目标。在进行价值链分析时，首先识别企业价值活动，确定价值链。其次是对价值链的联系（内部价值链联系、横向价值链联系、竞争对手价值链）进行分析，确定企业战略选择定位，赢得竞争优势。目前，全球市场日益卷入由跨国公司主导的整个生产体系之间的竞争，而不是单个厂商或企业之间的竞争。在形式上独立的中间商——供应商、生产商、分销商，通过各种关系，如特许权、许可证、转包合同、销售协议、共同技术标准或稳定的以信任为基础的商业关系等联系在一起。全球价值链的范围从技术开发到生产制造、产品分发和市场销售，无所不包。当企业的职能发展到更加专业化的活动时，价值链也在被分解，价值链中知识更加密集的、无形的职能，如产品的定义、研发、管理服务、销售及品牌管理等，引发了更多的竞争和资本介入。

二、纵向和横向价值链对投资决策的影响

按照价值链所包含的范围的大小以及联结关系的不同，可以将价值链分为企业内部价值链和企业外部价值链。企业内部价值链一

般可以按照组织层次分为企业价值链、各业务单元价值链和各业务单元内部价值链。所以,企业内部价值链就是从价值创造角度理解的企业内部作业链。企业外部价值链是指与企业具有紧密联系的外部行为主体的价值活动,主要包括行业价值链、供应商价值链、购买商价值链和竞争者价值链。企业外部价值链就是从价值创造角度理解的企业外部活动链。所以,企业价值链有3层含义:一是企业各项作业活动之间都有密切的联系,如原材料供应的计划性、及时性和协调性,这些都与企业生产制造有密切的联系;二是价值链上的每个作业都能给企业带来有形或无形的价值;三是该价值链不仅包括企业内部的各种链条的作业活动,还包括企业上下游之间各种链条上的作业活动,如与供应商、顾客之间的联系等。一般而言,价值链两端往往是价值增值的重点,产业发展的高级阶段通常会表现出哑铃型的价值增值分布状态,价值链的研发端和销售端增值能力强、增值量大,而中间的生产部分增加值小、增值能力弱。

企业投资的目的是实现企业价值的最大化,因此,企业在投资决策前应该了解企业各个环节,即研究企业的价值链过程,发现企业投资价值中的优劣势,从而达到资源的优化配置和企业竞争能力的提高。在产品生命周期过程中,由于消费者需求的不同也决定了投资的重点会有所差异。因此,在企业投资决策时,价值链分析法能在一定程度上改进传统投资决策方法的不足。传统的投资决策方法只针对项目本身的可行性,并没有将项目的执行与企业的资源及资源配置问题相联系。价值链投资决策模型将分析对象转换至企业价值链的各链环,以整体价值链为主体,利用数理的方法,使得项目投资与企业主体有了更直观的联系。因此,价值链分析方法涉及整个企业的运营和资源的优化配置。企业的价值创造是通过一系列活动构成的,这些互不相同但又相互关联的生产经营活动构成了一个创造价值的动态过程,即价值链的创造过程。企业对价值链进行整合等一系列活动就称为价值链优化。企业为追求利益最大化，就必须不断地通过投资，优化和整合企业价值链，提升公司的竞争能力，维持持久的竞争优势。企业投资决策方法的运用要依赖一系列决策的程序来进行，整个决策程序就是由各阶段运用各种不同的决策方法对项目的评价过程组成的。因此，企业投资决策方法就是由投资决策的基本程序和整个决策过程中各种不同的评价方法综合反映而来的。基于价值链的企业投资决策就是从战略角度出发，通过对企业价值链分析，为企业培育核心竞争能力、赢得竞争优势所开展的各项投资活动的决策。

基于纵向价值链的企业投资决策是把企业自身放在一个纵向视角链条下的决策，它是从企业主营的经济业务或生产的产品出发，向上追溯到企业所需的原材料等的供应问题，向下追溯到企业所生产产品的销售问题。因如何选择上下游的合作伙伴涉及企业竞争优势的培养和保持，所以，企业如何依据自身能力做好纵向价值链的投资决策对企业价值增值有重大的影响。基于纵向价值链的企业投资决策主要是采用定性与定量相结合的方法对企业所处的纵向价值链进行分析，通过分解对各价值活动环节的资产报酬率和利润分享所占比例的分析，可以看出纵向价值链上各企业的获利水平，再结合企业实际进行定性分析后就可以帮助企业进行投资决策的更全面的分析，从而做出正确的投资决策，参见图2-2。

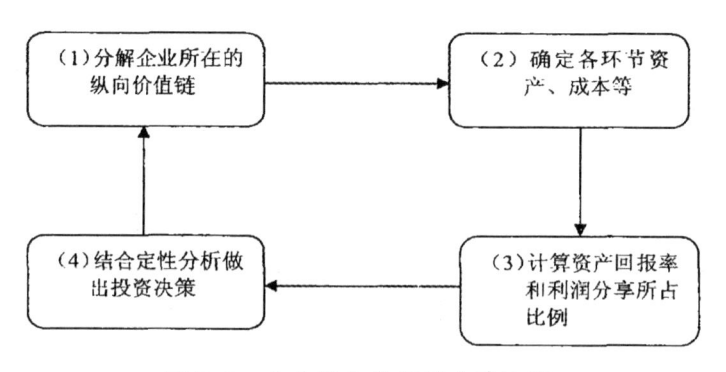

图2-2 企业纵向价值链决策流程

基于横向价值链的企业投资决策首先是借助于行业生命周期理论确定企业所处行业现在所在的生命周期阶段，然后，再分析企业与竞争对手的关系问题以及企业与竞争对手的竞争领域问题，通过以上两方面的分析来选择企业投资决策的方向以及投资的规模。基于横向价值链的企业投资决策的内容主要涉及两方面的内容：一是确定企业所在行业所处的生命周期，从而帮助企业确定正确的投资策略；二是对竞争对手进行分析，从而帮助企业最终做出投资决策。基于横向价值链的企业投资决策，首先，根据企业所处的行业生命周期确定投资策略；其次，通过对竞争对手和企业自身进行全面的审视，对比后找出差异；再次，通过对差异的分析，确定企业自身的竞争优势和劣势，从而做出适合企业自身发展的竞争战略；最后，对企业所做出的竞争战略进行全面的分析，帮助企业在生产经营过程中做出正确的投资决策。

第三章
企业多元化投资战略与决策

本章导读

第一节 企业多元化投资战略与定位
第二节 多元化投资目标与行业选择
第三节 多元化投资的实现路径
第四节 多元化投资战略案例分析

第一节　企业多元化投资战略与定位

一、多元化投资战略

企业的多元化投资战略选择，也是国内外理论界和企业界争论最多的战略选择。自混合兼并于20世纪60年代盛行美国以来，多元化战略日渐受到大企业的追捧。战略管理的鼻祖安索夫也曾指出：多元化是发展到一定阶段的企业寻求长远发展的一种成长或扩张行为。然而，20世纪80年代以来，鉴于许多企业多元化的绩效不理想，西方企业逆向掀起了归核化的潮流。因此，如何比较和判定多元化与归核化战略的绩效，是企业进行战略选择必须正视的关键问题。

多元化是指投资产品或业务经营分散于不同的生产行业或不同的业务项目，多元化必然伴随着经营结构与市场结构的改变。多元化意味着企业面临不同的进入壁垒，需要将资源优势分散于不同的产业或项目。近年来，我国一些大企业为实行大集团战略，大张旗鼓地进行规模扩张、企业购并、资产重组，走多元化经营的道路。其中，大部分搞多元化经营的企业都走了弯路，有的甚至身陷困境或惨遭失败。因此，有人就认为多元化经营对企业利少弊多，只有专业化经营才能在强手如林的世界竞争格局中立于不败之地。实际上，多元化与专业化是社会化大生产和市场经济发展过程中自然产生的两种趋向，并因此成为现代企业最主要的两种经营战略选择，它们各有特点，本身不存在正确与错误之分。我国的企业实行多元化经营多数失败，其原因既有认识上的偏差，也有实践中的误区，大多是由于多元化投资决策失误所致。因此，我们有必要重新认识多元化经营战略，探讨多元化投资决策的思路。我国大多数企业的多元化投资呈现出盲目性、不确定性和不成熟性，具体表现为：多元化投资最初动因是摆脱行业的低利润率；多元化投资进入的行业具有明显的盲目性；多元化投资未建立在规模经济的基础上，过分注重跨行业数的增多，而不注重单位产业的资金和销售要素强度的增长。以上这些表现都是由于多元化投资决策思路错误造成的。

  多元化投资的企业通过投资不同的产品、不同的行业及向不同的市场进军来求得企业的发展。这一投资战略的投资方向相对分散，其目标是使企业成为一个多方位经营的综合性大型企业，它又分为两种情况：一是以市场为基础，即在一个合理的市场范围内实行产品和技术的多元化，如某企业以华北农村市场为自己的市场范围来提供不同的产品和服务，这种战略的特点是产品可以千差万别，但市场只有一个；二是以技术为基础，以一种共同的技术为基础追求市场的多样化，比如以电子技术为基础，企业可以进入家电、工业设备、航空航天器、医疗设备等许多市场，虽然市场千变万化，但基础技术却万变不离其宗。与中心发展战略相比，多元化经营战略要求企业有更雄厚的实力和各种类型且经验丰富的管理人才，要能迅速地适应新行业的新特点和新要求，因此，实施起来难度大、成功的概率小。实行外延型发展战略的手段有两类：一类是直接投资办厂，扩大经营规模；一类是收购和兼并其他企业来增强自身的实力。后者所用时间短、见效快，尤其适用于多元化投资战略实施者进入新领域时采用，这样可以充分利用被兼并企业在原行业内的市场份额、技术经验、管理经验，弥补自身的不足。收购、兼并这种方法的缺点是将一个老企业改造成为一个适合自身要求的新企业难度较大，特别是要改变和删除被兼并企业多年来形成的管理文化，与本企业的管理文化接轨不易，有时甚至会因这种改造的失败使被兼并企业不能发挥出预想的优势，导致投资战略的失败。企业在盲目多元化时，不考虑自身情况和各种约束而进行多元化经营，这种投资不仅不能通过多元化分散投资风险而增加企业价值，还会适得其反。

二、多元化投资的方向

可持续成长是企业追求的核心目标，就是企业在一个较长的时期内由小变大、由弱变强的不断变革的过程。支撑企业不断成长的内在机制，一是追求持续成长的核心价值理念和实施的战略体系；二是认同这一理念的团队。企业成长有内部路径和外部路径两种。内部成长主要是通过横向延长企业寿命曲线的各种措施来实现，包括降低成本、提高生产效率、开拓新市场、开发新产品、加强广告宣传、调整组织架构、加大员工培训力度等。外部成长则是通过纵向托升企业生命周期曲线的各种措施来实现，包括组建合资公司、吸收外来投资、开展技术转让、兼并与收购、长期融资等。内部成长聚焦企业的核心能力，外部成长集中体现在资本运营方面，以实现突发式和跳跃式的成长。企业成长时，同时进入新产品和新市场领域就是多元化发展。

根据不同产品之间的关系，多元化发展可分为相关多元化和非相关多元化。相关多元化，即利用现有的生产设备、技术经验、销售渠道和客户群，增加与现有产品或服务类似的新产品或服务。这是企业在资金不充足，但生产、技术能力过剩时最容易被想到也最容易实施的发展战略。尤其是当企业处于一个上升行业时，相关多元化能够巩固企业在这个行业的竞争优势。非相关多元化，即增加与现有产品或服务没有关联的产品或服务，进入一个全新的行业。非相关多元化通常是为了避免产品或服务过于单一和集中而增大企业的经营风险，但企业受利益驱动不加选择地进入有着丰厚获利机会的任何行业，反而加剧了经营风险。作为战略取向，多元化意味着企业面临不同的进入壁垒，需要将资源优势分散于不同的产业或项目。多元化在理论上被认为是通过不同产业或产品实现盈亏互补、平滑收益和整体经营风险的战略举措，但是也极易出现"狗熊掰棒子"的投资结局。

三、多元化投资的条件

1. 原有产业在同行业中已有一定的优势，拥有稳固的产业地位。企业进行多元化投资应建立在企业原有产业优势的基础上。进入新领域之初，企业还不大可能迅速站稳脚跟，也不大可能迅速取得高额回报以平衡新领域的风险。企业在开始进行多元化投资时，需要原有业务提供雄厚实力和稳定保障来支持。例如，海尔集团首先坚持了7年的电冰箱专业化经营，在管理、品牌、销售服务等方面形成自己的优势且市场占有率处于领先地位之后，逐渐进入了空调、洗衣机市场，凭借原有产品提供的资金、管理、市场和技术的优势，迅速占领了市场。因此，多元化实际上是在专业化的基础上发展起来的，多元化经营必须以专业化生产为基础，它不是对专业化的简单否定，而是改变了专业化实现的形式，是专业化的发展，是更高层次专业化的体现。我国很多企业多元化投资失败就是没有处理好多元化和专业化的关系。很多企业不仅资源不足，而且原有业务经营一般均未实现规模效益，根基不稳，或贪多图快，或因原有的产业和产品没有前途，盲目进行多元化投资。例如，巨人集团在康柏、惠普、IBM 等国际著名电脑公司大举进军中国市场、原有的产品站不稳脚跟的情况下进行多元化投资，进入保健品行业和房地产业，招致了失败。

2. 进入新领域的资金、人才、管理经验和技术力量必须有保障。企业在进行多元化投资时，必须有多元化领域内相应经营管理和技术等方面的支撑，多元化投资才能成功，否则，就可能受阻。企业进行多元化投资，不仅要把原有产业形成的竞争优势和战略资产运用到新领域，产生协同效应，而且要拥有新领域的知识技术、管理经验等。如果企业不熟悉新进入的产业，多元化投资存在着很大的风险，这样的多元化投资是不容易成功的。

例如，可口可乐公司曾经在 20 世纪 80 年代凭借其对顾客认知的把握、营销和商标管理经验以及其高超的分销能力将其业务活动扩展至葡萄酒的生产和销售领域。然而，该公司很快便意识到，其缺乏关键能力，即关于葡萄酒酿制的知识。尽管可口可乐公司具有进入新行业确保成功的 90% 的知识和能力，但仍不足以使其获得成功，因为它仍缺乏 10% 的酿制高质量葡萄酒的能力，而这种能力却恰好是它进入该行业并取得成功所不可缺少的重要战略资产。

我国很多企业在多元化投资决策时，往往忽略了进入新领域的资金、人才、管理经验和技术力量必须有保障这一相关条件，在企业走向快速发展之后，为不断扩大规模，在多个领域四处出击。一个企业的资源与优势是有限的，能够支持该企业经营的产业也是有限的，合理而科学的多元化经营策略应保持产业之间的高度关联性，以充分发挥原企业的资源优势并节约经营资源（包括资金、技术、人力、品牌、市场网络等各方面的资源）。若盲目涉足与主业无关的领域，以致产业之间跨度过大，缺乏关联，往往会造成无法发挥企业原有的资源优势，而且难以降低经营风险和企业内部交易费用。如果企业没有根植于核心能力的企业多元化经营，又不能在外部扩张战略中培植新的核心能力，最终的结果可能会把原来的竞争优势丧失了。

3. 对自身资源和能力分析是企业多元化投资决策的起点。理性多元化标志着绝不是无行业机会，而是企业自身必须掌握一定的核心技术，能有掌控产业经营的实力、较强的资金承载能力和资源配置水平。既然企业在决策者的知识、所掌握的信息、社会关系资源、决策和控制能力以及企业的资金准备等方面存在一定的限制，企业的多元化发展就应该在维系企业核心竞争能力的基础上。因此，在实施多元化的投资经营项目或业务管理时，要针对企业环境的整体把握以及相关竞争力的整体考虑。制约企业综合内部资源体系的因子着重表现在对投资资源数量以及质量的掌握上，它并不是企业各类型资源的加减结合，其突出的表现在企业内部各个运行机制在同一的利益驱使下所形成的高度协同体系，从而有效地实现目标项目的市场定位以及制定出合理的潜力发展项目。如果企业在资金、技术、管理等方面不能形成坚强的支持的情况下不切实际地进行多元化投资，多元化投资存在着种种风险，结果只能是陷入困境。

4. 多元化经营是企业发展到一定阶段时的一种战略选择，需要一定的管理团队和较高的管理水平及足够的资金。企业发展到一定规模时，在原有产业内扩张已无更大空间，进一步向纵深发展已无太大可能，必须在原有产业之外寻找新的经济增长点，扩大经营规模，提高企业竞争优势。多元化经营并不适用于每一个企业，企业在进行多元化投资决策时，应该通过对自身资源和能力的分析，判断企业是否具备了多元化投资的相关条件：一是企业具有开拓新产业所需的足够的资金、资源、团队和人才储备；二是企业目前的生产经营活动稳定，管理基础较好，企业决策者有足够的精力对多元化业务进行决策和管控。如果在不满足上述充分必要条件时开展多元化投资和经营活动，企业不仅得不偿失，还有可能招致灭顶之灾。

第二节　多元化投资目标与行业选择

当企业开始考虑多元化的经营模式时，应该对经营目标进行选择，使得企业的经营更有目的性。企业选择经营目标时，应该首先结合自身企业的经济情况与原有行业的关联性考虑，再对该行业的核心竞争力进行调研观测。行业间的关联性越大，那么，企业进入新行业成功的可能性越大。我国的企业大都存在盲目的弊病，不能理性地看待新行业。当看到某企业在某行业干的成功，就匆忙进入，根本不结合自身的实际情况和原有行业的协调效应，这也是导致企业多元化失败的重要因素。企业的核心竞争力是企业从开创到发展过程中所积累的经营经验，是由企业的核心技术、管理经验和企业文化组成的重要因素，这些都是企业在经济竞争中击败对手的有效武器，这3个要素更是别的企业不能模仿的。企业的核心竞争力缔造了企业的行业优势和经验基础，但也是限制企业多元化发展的重要因素。因此，多元化投资目标行业选择的依据是企业的战略资产及其特征，而不是相关或投资收益率高的经营业务范围。企业实施产业链投资经营战略一直是极为时尚的，但有3个问题需要明确：第一，"归核"在战略理论上一般是指"一元化"，所以，"打造产业链"不属于归核战略，而是属于多元化战略中的"纵向多元化"；第二，"打造产业链"很容易使企业陷入"大而全或小而全"的境地；第三，从管控上看，产业链肯定引发公司内部复杂的关联交易。频繁交错的关联交易会增大集团内部摩擦，增加协同成本，从而递减掉产业链经营中的"边际利润"。企业的财务资源投向何方、何时投入，企业尤其是集团企业一元化与多元化的投资战略之争可能是投资决策中的永恒谜团，围绕它有不休的理论纷争和多变的决策安排。

企业在启动多元化投资模式时可以大力运用经济战略协同，利用企业原有的公共资源，带动新进入领域的运转，形成行业的战略协同，让企业进入新行业的成功性更高。要做到这点，就要求该企业的管理人员，对企业即将进入的行业进行科学的分析，做好进入前的准备，做到进入新行业能与原本行业结合的地步。企业的经营模式是由企业管理者长时间总结出来的企业工作系统，它对企业的经营管理、企业制度和管理方式都起到制约作用。当企业从单一经营模式向多元化经营模式转变时，其企业原本的经营模式也要随之改革，让原本的经营模式能够快熟的适应新的环境。多元化投资是希望通过协同效应来实现价值最大化，目标行业选择的一个基本标准是多种经营业务之间是否能够分享或转移企业有形与无形的战略资产，重点是战略资产及其特征，而不是经营业务，到战略资产能有效发挥的领域去选择企业的目标行业及具体的产品市场。

实施多元化既有企业内部需要，但更需要内在的能力。在实践中，如果多元化管理能力不够，多元化也会影响新业务进程，因为管理能力、市场体系的保障程度、人力资源的综合能力以及财务资源有限，会使得每一个新业务都得不到应该得到的资源保障，进而影响到了核心业务发展，使得核心业务同样也面临着非常严峻的考验，使得企业的营业规模、利润增长受到限制。可见，多元化投资决策还应正确确定企业的主导产业。企业实行多元化经营，绝不是要搞自成体系的大而全、小而全，而且也不可能对其所发展的投资领域一视同仁，搞平均主义。多元化经营的企业应有自己的主业，将更多的资本投向主导产业，保证投资目标明确、重点突出。企业多元化带来的比较优势将更多地体现在协同效应上。多元化所产生协同效应的强度及范围与多元化类型密切相关：相关多元化企业的各业务单元之间由于业务上的相关性而更容易产生经营协同，协同效应随业务的相关性增加而逐渐加强，也更利于产生财务协同和管理协同；无关多元化企业由于各业务单元经营上相对独立，经营协同效应会逐步减弱，但同样有可能获得财务协同和管理协同。

一、基于战略协同的必要性

企业开展多元化投资与经营的动机归根到底是为了稳定的发展及获利。首先，是为了适应技术进步和人们的需求等迅速发展变化的新形势，这些新变化带给企业新的投资机会，企业就不能再囿于传统市场和既有产品，必须开阔视野，在多变的市场机遇中开拓新的投资机遇；其次，为了避免现在的老产品被淘汰而使企业陷入结构化衰退或不景气。表面上，多元化经营和专业化原则有矛盾，但这种企业规模的多元化扩张不仅能稳定经营，具有灵活的市场响应能力，而且在规模经济上还具有独特的优势。企业生产单一产品，经验成熟、利润较高，但这样做风险很大，特别是在生产技术单一或较高集中度的行业更是如此。一旦该产品的社会需求减少或几个大企业操纵市场，实力较弱、技术水平较低、抗市场震荡能力较差的企业将面临巨大风险甚至遭遇灭顶之灾。因此，分散风险成为企业选择多元化战略的原动力之一。企业如果存在可以发挥协同作用的公共资源，如技术、营销或分销渠道等，则当它进行多元化经营时就能够充分利用这些资源，从而节省大笔成本和费用。企业采用多元化战略后，新老产品、新老业务、生产管理与市场营销等各领域，具有一定的内在联系，存在着资源的共享性，能起到相互促进的作用，产生协同效应。战略协同作用一般在相关多元化经营中效果比较明显，如果行业间关联度不大，则很难达到共享资源的目的。

非相关多元化主要优势在于投资风险分散效应，是财务导向的多元化。这要求企业决策者或管理者有很好的理论和实践经验，或者说有非凡的经营能力。这样，既能降低风险，又能增强企业的实力和竞争能力。企业发展战略主要是规划企业发展方向、目标和可持续发展问题，是一种全局性、长远性的决策。目前，相当一部分企业缺乏整体战略意识，无明确的发展战略规划，对日益加剧的竞争环境估计不足，没有拟定企业各层次目标体系，具体表现在：没有明显的优势产品，缺乏核心技术能力和核心经营管理能力；生产经营项目繁多，生产经营转向频繁；投机思想较重，普遍存在急功近利现象。企业的投资决策过程实质上就是制定企业的发展蓝图，进行战略规划。如果决策制定正确，将对企业的长远发展起到推波助澜的作用；如果决策制定得有偏差，带给企业的将是财富和时间的损失。

二、多元化投资的核心能力

一般而言，多元化经营分低、高和极高三个层次。低层次多元化指超过70%的收入来自某一项业务中；高层次多元化指超过70%的收入来源于主导业务，各项业务在一定程度上共享产品、技术和分销渠道等；极高层次多元化指不到 70% 的收入来自主导业务，事业部之间通常无联系。多数成功实施多元化经营的企业都是遵循着低层次到极高层次的过程。企业切忌急于求成，忽视多元化经营的一般规律，盲目加快多元化进程，应根据企业情况和行业发展状况及前景有层次地推进多元化。因此，企业在选择多元化经营时，应先在原有行业进行技术、管理等方面的革新，大力培育自身的核心竞争力；然后，根据自身能力选择进入关联性高或低的行业，充分发挥原有资源的战略协同作用，并不断调整原来的企业模式，使它能够适应企业在由单一化转向多元化过程中的要求。

多元化投资决策的根本依托是核心竞争能力。即使企业拥有了所需的全部战略资产和能力并对其实现了有效配置，但多元化经营仍有可能失败，根本的原因在于：通过多元化投资而进入新的产业之后，企业还将在这一产业中与已有竞争对手展开激烈的竞争。而为了在竞争中取胜，企业不得不创造出新的、具有唯一性的特有资产和能力，并由此而获得在新产业领域经营的新竞争优势。如果竞争对手能够在新的产业领域很快地模仿该企业的活动，或者在市场上便宜地购买所需的战略资产，或者能够发现更有效的替代物，那么，该企业的竞争优势将是短暂的，由此，其多元化经营也可能会失败。这就要求企业多元化投资后要形成核心竞争能力。一方面，把核心产品和主导产业做大做强，集中力量把企业培育成有较高知名度、具有核心优势、处于市场领导者地位、充分享受核心产品规模效益的企业，为多元化经营聚集足够的实力。另一方面，管理要跟上多元化步伐。企业应加强高层管理人员能力的提升和科学管理机制的建立，重视企业战略规划与管理，塑造企业共同的价值观和企业文化，为实施多元化经营打下扎实的管理基础。

核心竞争能力是企业具有的开发独特产品、独特技术、独特营销的能力，它通过产品和服务给消费者带来独特的价值效益，是其他企业难以模仿的能力。企业的多元化投资应围绕核心竞争能力的培养和扩张而展开，进行多元化投资后，必须花时间去开发企业集团级的战略结构，制定核心竞争优势的目标，形成企业集团层次上的发展战略，不能让多元化的事业部门各自为战，只有将战略资产有机地重新组合，才会形成企业的核心竞争能力，才能在与新产业竞争对手的竞争中确保一定的竞争地位。现在，企业多元化投资主要是通过资本运营，运用收购、兼并、控股等手段直接接手现存企业，一些人片面地将企业并购重组简单地等同于规模扩张，进而将规模扩张等同于经济规模，决策者往往忽视了这种战略资产重组的重要性和困难性，忽视了对企业核心竞争能力的培育，形成一种不顾企业和战略资产之间的内在联系而"盲目求大"的倾向，导致多元化投资失败。在开展多元化的发展过程中，必须警惕"X非效率"问题。

企业多元化投资决策除了上述问题外，在资金有限的条件下，企业进行多元化投资必须充分考虑合理解决资产结构与资本结构的有机协调、盈利性与流动性的有机协调等财务问题。资产结构管理的目的在于确定一个既能维持企业正常的生产经营活动，又能减少或不增加风险的前提下，给企业带来尽可能多利润的流动资金水平。

以通化东宝为例，从通化东宝多元化与股东自制投资组合的绩效比较发现，通化东宝多元化并没有为股东带来因协同效应产生的价值增值，反而造成了一定的价值损失。对通化东宝无关多元化绩效最有可能造成干扰的，就是随着多元化而加剧的代理问题。具体原因如下。

1. 无关多元化：经营与管理协同效应弱化

通化东宝的多元化战略由于医药、生物制品与塑料建材之间缺乏必然的业务联系而无法形成规模效应及信息共享，难以实现生产、销售等经营方面的协同，但仍然有可能借助多元化建立起的内部市场，实现管理上的协同。然而，管理协同需要苛刻的条件，不但要求企业自身拥有先进的管理理念、强大的文化基础，还要求企业文化和管理思想能渗透并服务于各业务单元。通化东宝实施多元化战略以后，公司治理结构并未进行适当调整，高管人员仍然多是医药行业出身，缺乏建材行业的管理经验，在医药、生物制品行业积累的管理经验也难以渗透到塑料建材业的管理中，不但管理协同很难实现，更由于多元化带来的企业层级和部门的增加导致协调困难、管理混乱，增加了管理成本。

2. 资产负债率偏低：减弱多元化战略的财务协同效应

多元化企业的财务协同效应能够有效增强企业的举债能力，降低筹资成本。相比于业务专一化的公司，多元化公司理论上应该有更高的负债率，股东投资于无关多元化企业不在于分散风险，因为股东完全可以在资本市场利用自制投资组合来分散系统风险，股东是为了获得无关多元化企业的财务协同效应以获得溢价收益。对比通化东宝与行业的资产负债率可以看出，通化东宝的负债率一直显著低于药业、生物制品和塑料建材行业的平均负债水平，这说明通化东宝并没有借助多元化的财务协同效应来充实现金流。

3. 金字塔型股权结构：控制权与现金流权的分离

通化东宝的股权结构一直保持典型的金字塔控股结构，其最显著的特征就是现金流权与控制权的分离，公司偏向于股权融资，管理者可以借助少量的资金控制大量的资源。当控股股东与中小股东之间存在利益冲突，现金流和控制权的分离就为控股股东谋求私利的行为提供了诱发因素。通化东宝一股独大的股权结构使公司缺乏有效的外部制衡机制，内部人控制的领导权结构又为管理者和大股东谋求私利的行为提供了便利，容易加重通化东宝的控股股东和中小股东之间的冲突，导致多元化折价。

4. 吝啬的股利分配政策：企业积累大量自由现金流

自 2000 年以来，通化东宝的每股自由现金流一直比较充裕，但公司并不倾向于发放股利，而是将自由现金流截留。2007 年以来，通化东宝出于拓展医药市场的需求，自由现金流持有量与以往相比有所下降，但每股自由现金流仍较高。自 2008 年以来，通化东宝逐渐开始配股，直到 2011 年出售子公司获得大额货币资金才分红。与此同时，药业、生物制品的大投入为通化东宝带来的收入大幅度增长也是刺激公司进行分红的原因之一。然而，即使是分红，其每股自由现金流仍维持在较高水平。

第三节 多元化投资的实现路径

一、新建还是并购

作为企业的投资方式，并购或新建投资都可以使企业生产规模扩大，资产总量增加。然而，是进行并购，还是进行新建，对于企业决策者来讲，并不是一件轻松的事情。尤其是并购投资，由于其对外部的影响要远大于新建投资，因此，在经济活动中占据越来越重要的地位。并购被称为企业超常规发展的必由之路，原因在于见效快，易于进入新领域，并能有效地规避行业风险和生产经营风险。并购投资决策的质量首先取决于所占有的决策信息上。企业并购的可行性研究是在实施并购前对企业并购所应具备的各种条件及并购后的企业的发展前景及技术、经济效益等情况进行的战略性调查和综合性论证，它是保证企业并购的科学性、提高企业并购效益的重要环节，它既能论证并购的可行性，又是优选并购方案的手段。高质量的决策一定是立足于良好的决策依据，而不可能盲目偏信。所以，企业做出并购投资决策不应是押宝碰运气，而是应当建立在充分掌握投资决策依据的基础上。这就要求企业树立重视投资决策依据的意识，形成规范化的依据搜集、筛选、整理、储存、提炼升级、运用反馈等制度，努力提高决策依据的时效性、准确性、可靠性和系统性。作为并购投资的决策者，在对下级管理人员和其他专家、专业机构提供的信息进行分析后，再结合自己已经掌握的信息及知识，提炼并形成投资决策依据的集合；然后，选择其中的一部分依据作为并购投资决策的支持点，帮助自己做出良好的决策。

并购交易是把企业当作特殊的商品，通过外部市场交易行为扩大或者优化企业的内部组织。新建投资则是利用企业的内部组织能力和资源从市场购买土地、机器等生产资料组建或扩建新的生产能力，使企业的规模和能力获得扩张。新建投资以企业内部组织交易方式替代市场的交易行为，虽然消除了部分市场交易的成本，但企业的内部管理也同样存在成本——内部组织成本。企业所具有的能力和资源决定了内部组织成本和市场交易成本之间的差异。因此，并购和新建投资就是企业在市场与内部组织之间成本与效益的选择。要做出决策，企业家需要对收购一个企业的效率和新建一个企业的效率之间做一个权衡：如果企业的内部组织效率高于并购交易的市场效率，企业就会倾向采用并购的方式进行投资；相反，企业就会倾向采用新建投资的方式进行并购。

并购和新建投资作为企业两种主要的资源配置活动，是企业战略的重要实施手段。并购和新建投资的选择就是在企业规划实施过程中资源配置方式的选择，并购和新建投资同时也是企业经营活动范围选择的实施手段。当企业战略规划确定了要进入的行业和时机后，并购和新建投资为企业提供了选择：并购为企业实现快速进入或扩张的战略目标提供了速度优势；而新建投资则使企业有更多的机会充分发挥内部资源和能力的优势。企业在选择投资方式时，要根据企业所要实现的战略目标综合考虑企业所处的竞争环境、企业的特质等因素做出决策。企业为了实现长期的战略目标，将会综合考虑不同的投资行为的影响和所带来的效用，最终还是要围绕企业的发展战略来进行。战略性地运用并购和新建两种投资方式成为企业实现战略目标并获得竞争优势的重要资本工具，二者虽然有替代关系，但对于企业的发展却是相辅相成的。因此，面对复杂、多变的市场，企业采用并购或新建方式，既受到外部市场环境的影响，也受到企业内部组织能力的制约。

在影响企业并购或新建投资的外部因素中，市场竞争程度对企业投资决策影响最为显著。在市场集中度较高的行业环境下，行业发展相对较为成熟，企业间竞争激烈。因此，企业在行业内的投资意愿会减小。而多元化程度较高的企业会利用自身多元化的优势，及时向其他行业转移，企业投资活动反而会加强。市场竞争程度往往也是一个行业开始整合的信号，较高的市场竞争程度往往伴随着行业产能的过剩，大的生产商为了避免激烈的竞争，不再增加新的产能，而小的生产商会因为不具有规模优势而退出行业，行业内的新建投资活动会停止，并购活动会增加。在这种情况下，外部因素在企业投资方式的选择中占据主导地位。市场增长是企业增加投资的重要外部因素，市场增长率越高，企业增加投资的可能性越大。所以，高速增长的市场会刺激产业内新建投资和并购同时增加。而对于企业来讲，由于能力和资源等内部条件的不同，市场增长的影响是不同的。在增长的市场条件下，专业化的公司更倾向于通过新建投资增加企业的生产能力，而具有并购经验的企业会利用自身的能力运用并购投资实现快速的扩张。

在影响企业并购或新建投资的内部因素中，并购经验对企业投资决策的影响要强于其他因素。当外部投资条件具备时，企业首先会选择并购方式进行投资，以便获取时间上的优势。企业并购整合的能力往往需要多次的并购实践才能逐步形成。具有并购经验的企业，其并购能力要高于没有进行过并购的企业，管理层也会因此形成并购偏好。研究一些企业的历史，我们也可以发现：一些企业在发生过一次并购以后，其后的并购投资就会多次发生。同样地，在一些技术能力较强的行业，比如水电行业，新建投资所需的技术壁垒非常高，对于没有水电行业经验的企业来讲，以新建投资的方式进行投资是一件非常困难的事，并购则为较为理想的选择。在这样的行业内，新建投资的经验同样也影响了企业并购还是新建投资的选择。

二、选择并购方式的注意事项

1. 企业应首先进行行业战略形势分析、竞争战略形势分析和企业自我分析。通过行业战略形势分析，帮助企业把握整个行业的发展趋势，找到引起这一趋势的动因，预测它对企业未来的发展带来什么样的影响，决定并购进入这一行业的发展机会如何，转移退出会不会丧失机会等，这是企业是否实施并购战略的基本依据之一。竞争战略形势分析主要分析企业现存的竞争力量及其强度、主要竞争对手在行业中的相对地位和竞争地位，为企业并购的产业选择、并购成本的预测、并购成功的估计等提供理论依据。企业自我分析则是指企业正确地进行自身定位分析，找到并分析自身的优势、劣势，扬长避短。

2. 要预测和控制并购过程中定价方面、融资方面和支付方面的风险。如果是通过收购上市公司借壳上市，选壳时应考虑壳资源的规模大小、市场价格、行业状况、财务状况、增长潜力等。理想的壳资源应具备如下3个条件：一是与收购企业的主营业务相关联，以减少收购困难和提升收购后的整合与协同效率；二是股权结构和负债比例合理，不至于造成收购障碍和过于沉重的包袱；三是壳资源的资产质量相对较好，受相关政策限制较少，可在比较短的时间提高获利能力，减少交易成本。

3. 要对并购后能否有效地整合目标企业有充分的认识和估计，包括并购后的人事问题、文化整合问题、管理模式的整合问题以及经营的整合问题等。并购交易是把企业当作特殊的商品，通过外部市场交易行为扩大或者优化企业的内部组织。

三、影响并购投资决策的外部因素

（一）市场的竞争程度

并购与新建投资的区别之一就是并购是对市场存量的一个调整，而新建投资新增了市场中的供给。在行业初创和发展阶段，市场的竞争程度较低，新建投资是这一时期的主流投资行为。随着行业的不断成熟，竞争逐步加剧，企业开始追求规模效应，产能逐步过剩，企业的投资行为由并购代替了新建投资，行业竞争影响下的并购将会成为主流。市场的竞争程度也会影响到政府的宏观调控，而政府对某一行业的政策倾向往往也会左右投资决策。政府对某一个行业的管制可能对某种投资方式有倾向性，或是更加有利于某种投资方式的实施。例如，对于某些实力较弱、缺乏竞争优势的行业，可能会制定优惠政策，鼓励向这一领域新建投资；而对于某些趋于饱和或重复建设严重的行业，为了避免过度竞争，可能会鼓励其进行并购整合，以期进一步优化资源配置。相应地，行业中的企业在进行投资时，很大程度上会考虑政府的政策倾向性，以使得企业的投资决策更具合理性。

在市场化环境下，竞争较弱的市场往往伴随着较高的行业利润，此时更倾向于通过新建投资进入市场。市场上有效的需求远没有满足，新建投资或者扩建产能可以为企业抢得一席之地，在这样的市场上先发优势可以转变为竞争优势。由于市场前景看好，将会吸引大量的投资者进入，合适并购对象非常稀缺，并购的成本往往很高。因此，这时的并购并不是一个非常好的方式。

随着市场供应能力的增加，市场竞争逐步加剧，市场趋向饱和，产能开始过剩，新增的产能只会使市场雪上加霜。为了生存，企业降低价格以争取市场份额，或将竞争对手挤出市场。此时，并购使市场获得重新洗牌的机会，大鱼吃小鱼、快鱼吃慢鱼，并购使企业快速增加市场份额和生产能力，在降低成本的同时消灭竞争对手，起到重新配置资源的作用。

市场的竞争程度往往伴随着行业发展周期经历由弱到强的过程。大多数行业经历初创、发展、成熟、衰落的发展周期，新的产品和新的技术出现以后，行业又开始经历一个新的发展周期。

（二）资源的限制

企业的核心竞争力在于它的主要产品，而产品的形成依赖于特定的资源。根据资源特点的不同，企业的投资偏好也有所不同。从另一个角度讲，投资的选择受到客观条件的制约，而这一制约正是由于资源的特殊性质造成的，好的资源往往给企业带来特殊的竞争优势。对某些资源来说，数量上或是位置上的自然约束，会使企业获得资源的可能性受到限制。在这种情况下，为了获得优势资源，并购可能是企业唯一的方式。

（三）资源可转移性

新建投资和并购活动实质是企业能力和资源的扩张。企业通过新建投资的方式，使其核心能力在企业内部得到扩展和传播；而通过并购方式，企业获得并购企业或部分企业，通过整体移植的方式获得并购方的核心能力或核心资源。能力和资源是否具有可转移性，决定了企业能力和资源的扩张和获取的方式。

物质资本集中的企业倾向于新建的投资，人力资本集中的企业倾向于并购投资。

物质资本集中的企业更大程度上拥有显性知识（显性知识可以通过语言、手册等手段传播转移），知识转移是有效的，所以，选择新建投资。

人力资本集中的企业主要拥有隐性知识（隐性知识需要理解和经验吸收，不易转移），由于"内部黏稠"，传递这种知识即使在同一国家，也是非常困难的。人力资本集中的企业采用并购方式可直接获得被收购企业的技术、专利及有关的专业技术人员，这将有利于并购企业向陌生领域的扩展，节省研发费用，减少技术开发中的时间风险和失败风险，或迅速实现技术的升级和赶超。此外，人力资本集中的企业要想形成核心产品，必须花费很大精力战胜已有的品牌忠实度、商标等，而并购可以帮助它迅速建立起经营优势，回避风险。

（四）行业需求变化

一般来说，如果要进入需求多变的行业，企业往往更倾向于并购投资。需求多变的行业中新入者的经营风险高，并购可以使新入者迅速占领一席之地，能够更好应对需求变化。相反，对于需求稳定的行业而言，企业往往能够形成更有效的预见和计划，可以通过新建投资进入市场。

四、影响并购投资决策的内部因素

（一）进入市场的速度

并购相比于新建投资具有进入市场的速度优势。通过并购，公司可以大大缩短项目的建设周期或投资周期，迅速进入当地市场，在激烈争夺市场的竞争中抢得先机。新建投资一般涉及项目论证、政府审批、基础建设、设备安装、人员配置等不同阶段的工作，建设周期长，不确定因素多。并购可促进企业的快速成长。目前，技术突破和重大创新越来越依靠学科间和产业间的交流与合作，原先那种有明确边界的学科划分和产业部门划分被打破。一个企业所具备的能力和资源极其有限，仅仅依靠自己内部的研究与开发工作很难进行有效竞争。再者，产品生命周期日益缩短，技术变得日益复杂，研究与开发费用也由于人工成本和资本成本的提高而大幅增加，这既增加了时间的紧迫性和风险性，也降低了大量研究与开发的潜在回报价值。与新建投资相比，并购方式具有速度上的优势。当企业扩张时，并购通常是达到目标的最快捷的方式。在经济全球化的今天，速度往往会关系到企业的生存和发展。对于追求快速进入市场或者快速扩张的企业来说，并购往往是决策者的首选。

（二）企业的战略导向

以短期投资作为企业战略的企业，并购方式可以为其提供快速进入和退出市场的可能。然而，以防御性模式理论为指导的战略模式的企业，由于要保持自身在某一领域的竞争优势并规避风险，往往采用新建投资来完成扩张，且要尽量避免企业过快发展导致的高风险。

（三）主营业务多元化程度

投资企业为了稳定追求地域区别与产品区别的多样化，更多地采用并购作为投资方式，其目的之一就在于实现产品的多样化。具有广泛的子公司网络的、可提供多种产品的企业，更加倾向于选择并购作为投资方式。主营业务单一的企业，专注于某一领域，往往在该领域积攒了大量的经验和资源，企业形成了专业化的能力，新建投资更有利于其能力发挥。

（四）企业文化

企业文化是企业的制度、行为和物质等外在表现的内核。虽然企业文化是无形的，但它是驱动企业的活力并由企业活动所反映。企业文化是企业在运营中长期积累形成的，一旦形成就难以改变，而且难以复制和难以转移。当一个公司并购另一个公司时，由于两个公司之间的文化差异，进行整合是十分困难的。这些文化差异既可能是不同国家产生的，也可能是不同行业产生的。从企业文化角度来讲，企业的文化特质越强，越适合采用新建投资的方式。由此，企业可以将企业的特有文化注入新的主体中，使之保持与投资方的高度一致。企业文化越具有包容力，特质越不鲜明，越可能实现多元化，也就越倾向于选择并购投资的方式，而不是新建投资。

（五）企业并购经验

企业如果曾经进行过数量相对较多的并购决策，以后的决策也往往会倾向于采用并购发展企业，从而形成自己的企业组织惯例。企业组织惯例一旦形成，如果没有较强的外界影响，是很难改变的。因此，企业在不断的并购过程中，可以积累到相应的经验，吸取失败教训，从而为以后的并购决策提供有力的支持。

（六）企业管理水平

企业中广泛存在着非配置型低效率现象，优势企业与劣势企业在管理效率上的差异成为企业并购的重要内在动因。由于组成每个企业的管理层不同，每个企业的管理效率也是不同的。管理层的构成是影响冒险行为的重要因素，高层管理者理论指出了决策者特征、战略选择与业绩之间的关系。高层管理者的构成及知识结构，反映了其对所从事的经营业务领域竞争规律和发展规律的认识能力和对公司发展的驾驭能力。管理层的个人特征和历史背景、决策偏好直接对决策行为产生影响，并最终影响公司某一特定发展阶段的经营业绩。决策者性格和偏好不同，导致决策的风险程度不同。根据风险决策理论的研究成果，高风险决策可能带来高额的回报或更大的损失。因此，管理层对于投资方式的偏好也可能影响到企业最终决策的形成。

第四节　多元化投资战略案例分析

20世纪90年代，高露洁和佳洁士两大外资牙膏巨头进入中国，中国牙膏行业进入了快速发展时期。云南白药于2004年首次突破单纯的药品行业，跨入日化领域寻求多元化发展，并推出云南白药牙膏，依靠"大广告、大终端、大品牌、高价位"的操作模式在进军牙膏市场中获得巨大成功。2014年，云南白药主营业务收入为188.14亿元，同比增长18.97%。首先，其核心产品云南白药膏及云南白药气雾剂由于品牌认知度高，维持稳定增长势头。2014年，云南白药药品事业部实现销售收入接近40亿元，同比继续增长约13%，为公司其他业务的发展不断提供现金流支持。

2010年，云南白药正式进军云茶产业。此后，开始了"树品牌、造平台、建基地"的"三步走"战略。在树品牌方面，云南白药的全资子公司——云南白药天颐茶品有限公司旗下的红茶品牌"红瑞徕"已成为中国高端红茶品牌的标杆。从品牌塑造，到渠道、终端建设，"红瑞徕"品牌都在国内获得了广泛认可。建立茶庄园，是云南白药进军茶产业实施的第二步战略。据悉，在临沧，由云南白药投资建立的超五星生态茶庄园——云南白药天颐茶源临沧茶园，已成为集种茶、采茶、制茶、储茶、品茶、食茶、茶 SPA 高端休闲于一体的"玩茶天堂"。临沧茶园自 2014 年 9 月试运营以来，已接待茶人、茶商、茶客等千余人次。茶园基地建设，是云南白药进军茶产业"三步走"战略中最重要、最复杂的一步。目前，云南白药已拥有 5 万亩的茶园基地，并正按步骤继续开展茶园建设。到目前为止，云南白药在茶产业项目上累计投资已超过了 4.5 亿元，已上市产品累计实现销售 2.4 亿元，并呈现快速增长的态势。项目运营团队目前正在巩固第一二步战略成果，并积极推进第三步战略，力争在 2 至 3 年内完成企业从传统制造商向茶叶服务商的转型。

贵州百灵 2015 年 5 月 9 日发布公告称，与云南白药集团中药资源有限公司根据国家相关规定，签订了《集团战略合作协议书》。据贵州百灵发布的公告，云南白药集团中药资源有限公司利用自身于云南省的医药配送平台优势，协助公司将其直接生产的医药品种全面提升销售能力并加大市场开发力度；双方利用各自的种植优势及区域优势，在中药材及原料的供、采方面形成互补互助。

由于尝到云南白药牙膏的甜头，云南白药乘势推出洗发水、面膜、沐浴露等产品，并紧随潮流做药妆。2012 年，云南白药还为养元青洗发水组建了独立的销售团队，现阶段主要通过营销推广提升产品认知度。日化类用品显然已经成为云南白药目前发展的重点。近几年，药妆已成为化妆品行业的潮流趋势，正当大家都认为进入药妆领域的云南白药又要大放异彩之时，2014 年底，云南白药主推的药妆采之汲面膜相继在天猫商城、京东商城及自有商城中下架，这无疑让消费者及业界都产生了疑问。云南白药在 2015 年 6 月 3 日披露的《投资者关系活动记录表》中表示，养元青产品今年的市场销售情况比去年有所增长，总体发展速度较为平缓；另外，洗护产品面临的终端拦截问题较为突出。要打造成"中国强生"的云南白药开拓日化领域10年，相继推出了不同系列的产品，唯有云南白药牙膏的销量经久不衰，而其旗下的采之汲面膜、养元青洗发水、千草堂沐浴露等却未见起色。

2006年，云南白药集团花费1000万元注册了全资子公司——云南白药置业有限公司。云南白药置业有限公司主要业务为房地产开发、城市建设投资以及相关项目开发。然而，自成立时起，云南白药置业公司的业绩就一直令人担忧。云南白药年报披露，2007年，白药置业无营业收入、净利润；2008年，无营业收入、亏损41万元；2009年，亏损455万元；2011年，亏损111万元。云南白药置业仅2010年实现了563万元盈利，5年间累计亏损44万元。2012年12月19日，云南白药位于大理苍山东麓旅游度假区的双溪健身苑项目动工，号称要打造成国际高端养生度假基地。凭借明星产品白药中央产品、白药特色产品畅销并于1993年上市的云南白药，2013年主业市场低迷。为集中全力解决主业市场上的难题，2013年7月11日，云南白药对外挂牌转让全资子公司云南白药置业有限公司100%股权，并退出房地产业务。

一、审慎选择多元化投资类型

相关多元化与不相关多元化的效用存在差异。相对于不相关多元化企业，相关多元化企业更能给企业带来正的效应。云南白药的功能特色是消炎止血，这点可以很好地用到牙膏上，这是云南白药和牙膏这个产品的交集。然而，扩充到洗发水、面膜，其特色难以突出。对于进军药妆市场，云南白药采取的战略是有瑕疵的。在功效方面，消费者希望药妆富含营养的同时具有医学效应。比如，对于面膜应该以滋养和保养的效用最为凸显,而白药主要是止血效用。因此,单纯地依靠云南白药品牌影响力并不能使消费者接受其药妆产品。除此之外,化妆品市场竞争激烈,各厂商在推广产品的方式上也是各显神通,而药品与日化产品的分销渠道相去甚远,没有进行有利的整合和相互利用,在一定程度上又会加大产品成本、降低收益。多元化绝不是简单地复制品牌就可以获得成功的,它需要不同的经济业务之间进行有效渗透。

成功的企业往往都是抓住了时代给予的机遇,云南白药2006年投身房地产行业就是想要抓住这样的机遇。当时,国家出台一系列政策,房地产行业迅速升温,让云南白药看到了机会。但是,市场的发展与预期并不相符,由于房价疯狂增长,房地产行业整体调控基调日趋严厉。与此同时,云南白药的主业也面临挑战。对于半路出家的云南白药而言,是回归主业还是相信房地产行业会有好前景而继续兼顾房地产,这是摆在集团面前的难题……

如若考虑实施多元化发展投资,企业应该在抓住机遇的同时进行缜密详细的行业规划,尽可能准备好一切问题的应对措施。云南白药在相关多元化的成功与非相关多元化上的失败,给正在选择多元化投资战略类型的企业提供了前车之鉴。企业多元化发展取得成功的基本前提是企业能够自主地面对市场,以市场为依据,根据市场形势的变化和客观经济规律制定公司发展和经营的战略。每个企业的情况并不相同,不能盲目模仿,更不能单纯追求企业规模扩张,尤其是进入陌生领域,风险大、竞争强,围绕主业进行行业扩展和产业延伸是刚涉足多元化经营企业首先应当考虑的问题。

二、理性分析多元化对企业价值影响

理论上认为,多元化对企业有价值增加和价值减少两种效应。多元化的潜在收益主要体现在3个方面。首先,多元化企业可以形成一个内部资本市场,提高资源配置效率,减少投资不足问题。其次,多业务可以平滑企业的盈余波动,这种共同担保效应提高了企业的偿债能力。借债的增加可以增加利息的税盾效应。最后,多元化企业具有所得税优势。因此,多元化企业可以利用内部亏损部门的亏损抵减盈利部门的应纳税额,从而减少总的应纳税额。在白药的声誉拥有广大群众基础的情况下,云南白药选择进行多元化无疑会给它带来以上收益,多元化发展无可厚非。然而,多元化也可能产生3方面的成本。首先,多元化企业更可能对投资机会较少的商业部门进行过度投资。其次,盈利部门对亏损部门的交叉补贴。由于存在交叉补贴问题,多元化企业的亏损部门会对企业造成更大的价值损失。最后,多元化企业如果实行分权制,部门经理之间的信息不对称成本更高。显然,云南白药并没有充分规避这些不利影响,这也就导致近年来其主业发展受到阻碍,品牌信誉度也遭受挑战。为了占领更广阔的市场,并且合理有效运用自由现金流开拓新市场,企业选择分散风险本是明智之举。选择有效的多元化战略,不仅可以扩大企业规模、提高企业利润;同时,可以提升企业价值,良性循环,使企业得以稳步发展。因此,寻求多元化投资,成为成长较好企业的努力方向,也是企业内部进行激烈讨论的战略问题。

第四章
投资决策的基础：管理能力

本章导读

第一节　投资决策与企业管理
第二节　资源配置能力与投资决策
第三节　投资决策案例分析

第一节　投资决策与企业管理

一、投资活动是企业发展的引擎

宏观上,投资作为中国经济增长的主引擎,在需求和供给两个方面发挥着重要作用。一方面,投资活动具有当期的投资需求效应,即通过对各种投资品和资源的需求(包括人力资源),构成社会总需求的一部分,拉动经济增长;另一方面,投资活动的成果将成为社会总供给的一部分,满足将来社会可能的消费需要,这就是投资活动的供给效应。对一个国家来说,投资的作用非常重要,投资水平的变化对国民经济的稳定运行具有重要影响,决定了国民收入的水平和社会财富的大小。通过投资可以强化工业化力量,形成国民经济的完整体系,提高国民经济的竞争力,为社会提供更多的消费品。按照全要素生产率(TFP)来衡量投资对我国经济增长的贡献,不同时期的研究者在生产函数的设定(目前最常用的是CD函数和超越对数生产函数）、要素产出弹性的确定和要素投入等方面存在差异，但基本方法就是两种：一种是增长核算法，其理论来源是新古典增长理论，是一种非参数的经验估算法；另一种是经济计量学方法，一般将总产出或增加值作为因变量，将不同的投入变量作为自变量，通过参数估计的方法来研究。不同方法的研究结论表明：自1978年以来，资本投入是我国经济增长的最主要的推动力，其贡献率高达50%左右。

在企业投资决策权充分的条件下，企业投资的经济领域是相当广阔的。它既可以围绕着扩大原有生产经营内容的目的，遵循其既有的生产经营方向进行增量投资或存量资本改造性投资，也可以在本行业内甚至跨出本行业进行新生产经营内容的投资。不同的投资方向的确定，企业投资的效益会大不相同。企业今天生产经营状况的好坏很大程度上取决于过去投资方向确定的合理程度；同样，今天的投资方向又会改变企业现有的生产面貌，塑造出企业明天的生产格局。企业要想在投资活动中最大获利，使投资活动更顺利地开展，必须优化资源配置，具体包括投资项目目标的确定，项目建设规模和产品（服务）方案的确定，场（厂）址、技术方案、设备方案、工程方案、环境保护方案以及融资方案的确定等内容。投资项目决策的内涵是按照一定的项目目标，根据投资方向、投资布局的战略构想，充分考虑国家有关的方针政策，在广泛占有信息资料的基础上，对进行拟建项目进行技术经济分析和多种角度的综合分析评价，决定项目是否建设，在什么地方和什么时间建设，选择并确定项目建设的较优方案。也许今天的一些投资可以决定企业今后几年的战略地位，这些投资项目对企业未来的现金流量以及现金流的风险也有相当大的影响。因此，投资预算决策影响企业价值和股东财富。

投资战略的科学合理性，不仅可以对资源进行优化的配置，还能够在一定的程度上保证企业的经营活动，同时还能够对企业发展进行超前谋划。所以，企业的投资决策的过程中，要对企业自身的实际情况深入分析，要对外部投资环境评估，要对市场需求及其发展趋势预判。客观上，要求企业家决策时坚持实事求是，注重对数据资料的分析和运用，不能靠拍脑袋来决定事关重大的投资决策方案。因为投资决策决定了企业资金的运用方向，从而决定了企业未来的收益状况，而恰恰是这种投资的未来回报决定了企业的价值。从价值创造的角度看，一个企业之所以具有一定的价值，就在于企业能够通过投资活动选择购买所需要的生产要素，并将这些生产要素有效地结合起来，充分发挥其效益，进而不断创造新的、更高的价值。决定企业价值的关键不在于企业为购置所需生产要素付出的代价，而在于企业的经营者利用这些生产要素创造现金收益的能力。创造现金收益的能力越强，企业的价值就越高；反之，企业的价值就越低。企业创造价值的能力，主要是通过投资活动来实现的。投资决策权在企业自身，因而其投资的范围和时机完全由企业来决定。项目投资一般都具有投资金额大、期限长、风险高等特点，一旦失误，将给投资主体造成莫大的经济损失。因此，在做投资安排的时候必须对资金的安全性、投资的效率等因素进行充分的考虑，融合兼顾投资决策活动与财务管理。决策失误是最大的失误，而投资决策的失误则是最大中的最大。投资决策失误，轻则资金打水漂，重则断送企业发展前途，甚至毁掉一个企业。因此，如何最大限度地降低企业投资决策的失误率，确保预期投资回报，是每个企业在进行投资决策时首先要考虑的问题。

二、投资决策的管理基础

企业在高度竞争的市场中获得成功的能力，在很大程度上取决于企业做出与经营战略相一致的能够创造财富的投资决策。项目不应该孤立起来考察，而应该放在企业总体中，结合企业的目标和战略方向进行考察。

在企业中，要想使投资达到最大化的效益，就需要企业在很多的投资机会中选出一个适合自身的项目，以及能够做出正确的投资决策以及投资的策略。企业的投资活动需要科学合理的投资理念作为理论指导，正确的企业投资理念要根据企业的发展目标与企业当前经营状况，在企业的总体发展战略方针基础上制定，是对企业投资决策方向的科学规划。科学的投资理念能给企业的投资经营活动提供有力的理论支持，帮助企业优化资源配置，确定投资方向，制定合理投资预算，保证企业投资决策的正确性。

企业在投资决策制定时，必须对经济形式、市场需求、国家政策、企业经营状况等进行全面综合的分析评测，形成符合企业经营与发展的科学投资理念，为企业投资决策提供理论指导。科学的投资指导思想是保证企业投资的正确性和合理性的依据，是对工作人员进行投资前期的准备工作的指导，对于企业的持续发展有着重要的作用。

企业的科学投资指导思想的树立需要充分地掌握企业的发展情况，与企业的长期发展的战略目标相契合。要树立科学投资指导思想，首先，要做好企业经济活动的预算，整体地把握企业的发展情况。其次，要明确企业的发展目标，根据企业的发展目标制定科学的投资指导思想，确保企业内部资源的优化配置。最后，在进行投资决策的过程中，要在制定的投资指导思想的指导下进行投资决策。建立与企业的发展情况相符合的投资思想之后，在平时的工作过程中要时刻将其贯彻其中，确保投资决策的正确性，保证企业经营活动的顺利进行。

企业投资决策的选择行为是在有限理性约束、信息不对称、环境不确定性等复杂因素下进行的，企业制度和投资规则在形成投资

第四章 投资决策的基础：管理能力

运作机理的同时，也在很大程度上影响或决定着企业的投资决策及其选择行为。从现实层面来看，企业的投资选择会受到企业投资秩序、规则和程序等的约束，但从主体的行为属性来考察，企业的投资决策及其选择行为也可以通过理性和非理性来描述。在面临投资决策时，必须在不同方案之间做出某些选择。不同的投资决策结果会对企业的正常运行产生影响，为了选择出最为科学合理的方案，企业的决策者要充分认识到企业投资决策的重要意义，以科学严谨的态度对待最终的决策，以期降低企业的投资风险。

在实际投资过程中，投资项目的盈利能力是不相同的，如果将资金完全投入到一个项目中会影响企业的最终收益。所以，企业要详细地评估各投资项目的盈利能力，严格按照一定的比例投入到各个项目之中，通过组合投资的形式来降低企业的投资风险，提高企业的经济效益，确保投资组合资产之间的管理性，为投资者提供最佳的收益率。理性的投资理念是投资决策体系构建的核心关键。树立理性的投资理念必须贯穿3个环节。一是在投资决策的起点，重点是克服投资冲动。二是在投资实施的过程中，重点是防止过度投资。过度投资的显著特征是：当一项投资项目已投入了大量资源且预警提示前景堪忧时，企业决策者不仅没有果断终止，反而继续增加投资，从而造成更为严重的损失。企业应该对投资项目定期分析、排序，慎重部署投资退出机制，在投资的进入与退出之间取得较好的平衡，避免在市场竞争中陷入被动。三是在投资活动的结束时，重点是及时处置失败项目。投资总是伴随着高风险是客观规律，企业投资活动不可能百战百胜，部分项目出现失败也是客观规律。投资项目一旦失败，就一定要及时处置。

企业在投资过程中应找准目标市场，不断提高技术和管理创新水平，从而形成自己的核心竞争力。

第二节 资源配置能力与投资决策

一、投资决策需要创新与系统谋划

企业制定决策包括4个重要阶段,即找出制定决策的理由、找到可能的行动方案、在诸行动方案中进行抉择、对已进行的决策进行评价。上述阶段对应的就是情报活动、设计活动、抉择活动和审查活动。企业决策者需要花费大量时间和精力来调查政治、经济、社会、技术等外部环境,并在不同的环境下创造性地设计活动方案。

在决策的种类上,包括程序化决策和非程序化决策。程序化的决策可以通过制订出一套处理这些决策的固定程序,当出现需要决策的问题时,不需要重复进行决策处理。非程序化的决策表现为新颖性和无结构等特征,处理这类问题时没有灵丹妙药,需要用"现裁现做"的方式处理。企业管理者在进行非程序化决策时除了借鉴自身的管理经验和智慧外,还需要采用"格雷沙姆定律",即要通过建立一种特定的组织职责和组织单位来管理非程序化决策的制定。

企业的投资决策就是一种非程序化的决策活动，其直接决定了企业的现金流向和资金周转速度，因此，它也就决定了企业的经营风险、盈利水平以及企业的可持续增长能力。从价值创造的角度而言，投资决策是公司三大财务决策中最重要的决策。投资决策是企业实现盈利和增长的基础，各个投资项目的价值直接决定了企业的总价值。只有当一个投资项目的现金流入量超过初期的现金投入，即净现金流量为正值时，才会为企业创造价值。而一旦企业的投资决策失误从而导致投资项目失败，则之前的投资都将损失，从而导致企业盈利下降或亏损，而且会直接影响企业的资金周转速度，导致企业陷入财务危机。对于一些长期投资来说，由于其投资金额大、周期长、变现能力差，一旦决策失败，将会使企业陷入十分被动的局面，轻则企业亏损，重则企业破产倒闭。融创的孙宏斌在2018年2月27日召开的"亚布力中国企业家论坛"第十八届年会上坦言：企业家精神就是要承担风险，因为风险和机遇是共存的，要坦然看待失败，因为失败是很正常的一件事。

投资决策是通过对投资环境、投资信息、投资收益等一系列数据信息的分析而制定的决策活动。投资决策是企业管理的核心组成，其实质就是企业资源最优配置的选择问题。企业投资决策的系统思考包括3个方面的要素，具体参见图4-1。

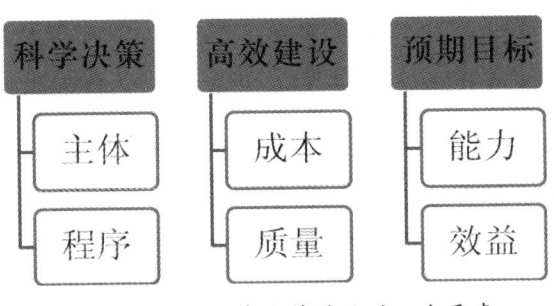

图4-1 企业投资决策系统的3个要素

在投资决策的流程中，其关键在于4个方面：即把握市场、投资行业发展前景的展望、市场经济的科学预测与企业资金链的了解。受宏观经济及企业管理能力等因素影响，企业投资存在着一定的风险。如果对于市场把握能力和企业自身能力掌握不足将导致投资风险的扩大，进而影响投资收益，严重时还将导致企业因投资失败引发破产。投资决策的科学性能够使企业获得高额回报，能够促进企业的健康发展。根据现代企业投资决策理论研究结果，投资决策需要通过投资方向的确定、投资规模的控制、投资时机的把握、投资收益的保障以及投资风险的掌控实现科学的投资决策。提高企业投资绩效的关键，就在于科学的投资决策。在现代企业制度中，企业投资决策机理受资产专用性投资的影响较大。企业无论在融资渠道选择、契约联结、投资项目选择方面，还是在收益分享、风险承担等方面，都会考虑到资产专用性投资的约束。

在进行固定资产项目投资时，投资决策又称为资本预算，即详细列示未来一定时期内某一投资项目现金流入量和流出量，是未来一定时期内投资支出的大致计划。在选择不同的决策方向和方案时，实际上是受不同的投资驱动而决策。比如，在打造核心竞争力为主要利益诉求的投资决策中，可以通过投资活动在扩大投资规模、提高市场份额以及优化投资结构来实现。

根据企业的生命周期理论，一般企业都要经过成长、成熟到衰退的过程，企业必须不断发现新的有价值的投资机会，持续不断的给企业注入新的动力，才能使企业一直保持在成长阶段。

当企业找到了有潜力的投资机会以后，紧接着就要对项目进行评估，评估的结果将直接决定项目是投资还是放弃。对投资项目的评估涉及预期寿命周期、现金流量以及贴现率等内容，这些评估都会运用到复杂的财务技术和企业经营管理理念，这一切都是企业正确进行投资决策的关键环节。

第四章 投资决策的基础：管理能力

企业在进行投资项目的选择时，一定要围绕增强企业核心竞争力、保持企业的长期竞争优势等方面来考虑，从战略的高度进行科学的投资决策，以确保企业的可持续增长。投资决策的过程是对投资决策的执行与补充。随着项目的实行和推进，所得到的信息会不断增加和完善，在这个过程当中必须对现金流量的大小和时间进行监控，要及时反馈。

在短时期内，一个准确定位的技术或产品及其价格性能，或许可以支持企业获得一时的丰厚利润与竞争优势，但从长远来看，竞争优势最终将来源于用比对手更先进的技术、更低的成本、更佳的质量以及更快的速度与更高的效率去发展自己的能力，来源于能够生产出大量的具有强大竞争优势的核心能力，来源于通过内部管理的实施能力而将先进的技术与技能融会到核心能力中去，以使企业能够迅速地洞察、捕捉并有效把握变化中的机会的能力。固定资产投资正是这种能够将市场需求与资源配置、生产技术和管理技能聚集融合的媒介，它不仅是核心产品赖以创造的工具，而且也是核心产品更大规模与更高效率运行的强大的物质推动力。企业价值的创造直接受投资决策的影响，而高管人员的投资决策会由于经营权与所有权互相分离，导致投资不足或者过度投资行为。此外，部分管理者也存在职务消费的嗜好，这种嗜好导致当企业拥有大量的自由现金流时易出现过度投资现象，因为充足的现金流可以为企业投资带来足够的资金支持。而非效率投资和自由现金流的相关性正说明了现金流对企业投资存在影响，现金流充裕的公司更易出现过度投资现象。股权激励制的制定与实施是否合理又直接影响着企业高管人员的投资决策。代理成本理论认为，由于监控成本的存在，使管理者具有将资源投入到非盈利最大化项目的能力。由于内部资金处于管理者控制之下，减少了外来融资带来的对管理者的关注和外部约束，管理者同样偏好内部融资，而增加内部资金的方法是减少股息发放。

二、投资方向取决于企业的综合投资实力

每个企业的投资活动都是从选择投资方向开始的。确定投资方向就是企业围绕其投资动机，组织其投资要素进入特定领域的过程。企业投资决策的能力要素参见图4-2，包括企业的资金实力、企业的资产基础、企业的人才团队能力以及企业的技术能力。

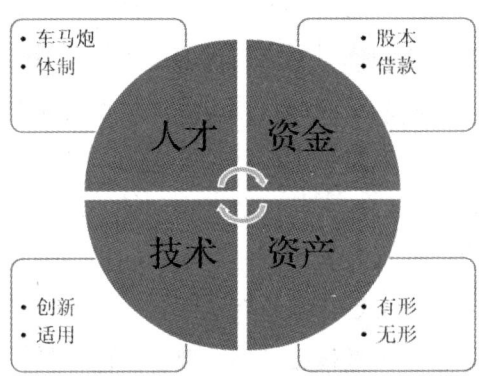

图 4-2　企业投资决策能力要素

在企业若干要素的组合过程中，如果选择得当，企业不仅能够保证投资过程顺畅，而且能够优化配置资源，提升企业的市场竞争力。对产业投资而言，速度往往成为企业制胜的关键因素之一。高速度的投资实施，意味着需要强大的财务资源作为后盾，尤其是强健的现金流支撑。

企业投资决策内容丰富，包括战略目标、项目规模、投资预算、技术选择、市场定位、产品规划、组织实施以及风险管理等内容，显然都必须在企业特定的投资方向下进行分析和评价，否则，就是无本之木。企业投资方向既不能违背国家产业政策，又必须符合市场实际需求，尤其是要考虑不同市场需求的时间特征和演变趋势。对于多样化的市场需求，企业也不可能提供所有的供给能力。企业无论是选择

本行业还是跨行业的投资目标，都会受到企业自身条件限制和风险制约。一般而言，选择本行业的相关领域作为投资方向，企业现有的装备、产品、技术无疑是最熟悉的，并且还积累了大量宝贵经验及技术与人才。多元发展要受到许多客观因素制约，如人力、财力、技术、装备等。就技术来讲，主业之外的行业技术，企业虽然可以通过购买专利获得，从成本上省去了人力成本、设备等开发费用，是纯投资行为，但买回来的专利技术要靠技术人员去消化、吸收利用，有时要花双倍的钱才能实现。因而，对企业来讲风险相当大，且从经济上也未必划算。再从人才问题看，企业非专业技术人员多半要靠引进，相关配套人员必须重新培养，这样不但花时费力，结果可能根本无法在市场上与同类企业抗衡。所以，明智的企业在多元化投资时必须三思而后行，不能一味地好高骛远、盲目逐利。

具体而言，投资方向包含两层含义：一是指企业投资选择的领域或行业，二是指企业用什么去投资。

企业投资于什么行业，往往取决于企业的整体发展战略。一般来说，按行业划分实体投资主要有3种类型：水平型、垂直型和混合型。水平型投资也称横向型投资，是指企业将资金投放到与本企业生产经营方向一致的公司，通过规模的扩大提供更大的竞争优势。这种类型一般适用于机器制造业和食品加工业企业。垂直型投资也称纵向型投资，指企业投资与本企业产品生产有关联的公司，并在投资企业和被投资企业之间实行专业化分工与协作。这种方式常见于汽车、电子行业、资源开采和加工行业等。混合型投资是指企业投资与本企业生产和经营方向完全不同、生产不同产品的公司。这主要是一些实力雄厚的大企业，为了充分利用被投资企业的某种优势资源而进行的跨行业的经营活动。

企业用于对外投资的形式主要有：现金、实物、工业产权、非专利技术和其他财产权利，采取哪种投资形式与投资的目的密切相关。

企业为了实现上下游一体化经营或多元化经营进行对外扩张，主要是以货币作为投资形式；而在原有的经营领域对外扩张，主要是以先进技术、设备、商标、品牌等实物资本或无形资产作为投资形式，这是企业集团实现低成本扩张最宝贵的经济资源。当然，企业在发展成熟时期，向其他经营领域扩张，也应充分利用自己的品牌优势，减少货币资本的投入，以实现低成本扩张目的。

第三节　投资决策案例分析

安彩是改革开放以来中国制造业自主创新的先驱和翘楚。20世纪80年代初，电视机开始进入中国家庭，彩色电视机更是短缺经济下的紧俏货。当时，包括彩色玻壳在内，生产彩色电视机的一些关键部件还没有国产化，大量依赖进口。1984年，国家决定大力推进彩电工业国产化，在全国建立6个彩电玻壳生产线，其中一个放在安阳。被称为"扭亏能手"的李留恩被从安阳自行车二厂厂长的位置上派过去，在一片荒芜土地上建设一个全新的工厂。

1990年，安彩建成点火。听说中国要造玻壳，安彩试产成功的第二天，当时排名世界前三的日本NEG公司就将彩电玻壳价格调低30%，预言"安彩不出三个月就要倒闭"。随后，安彩从进口设备中发现了"地雷"：一项关键技术被隐瞒，居然少了一道精磨的程序，当时大批不合格的玻壳堆满了仓库，广场和马路边上全是玻壳。价格战、技术封锁逼出了自主研发的道路。引进、消化、吸收、再创造，1991年至1993年，安彩人以近乎拼命地状态完成了258项技术改造，解决了40多项工艺问题，填补了8项国内空白。还研发出了当时国际先进的21英寸、25英寸大屏幕彩色玻壳。安彩执行严格规范的"安彩36条"和"自我技术总承包"的管理方式，国内市场占有率很快就达到并长期保持在50%以上。企业的效益直接体现到工人收入上：1997年，安彩一个普通工人的月工资就能到5000元，一个中层干部工资上万元，而当时公司所在地河南安阳的人均月收入只有700元。

1998年到2000年，安彩先后兼并了成都红光玻壳厂、天津市津京玻壳厂和河南新乡美乐集团，成了销售收入60亿元、利税7亿元、资产80亿元、年产玻壳3000万套的中国彩电玻壳行业老大。2004年以前，安彩曾经是河南工业战线上的一面旗帜，取得过"全国电子功勋企业"等众多荣誉称号，是众多企业学习的榜样。当时，到该公司参观学习的企业络绎不绝。安彩集团2003年拥有成员企业19个，职工1万多名，资产总值74亿元，共完成工业总产值354.6亿元，实现销售收入322.6亿元，创造利税45.6亿元，已成为国内电子行业生产规模最大、产品品种最多、技术装备最先进的彩玻生产企业，在全世界居第三位，企业效益辉煌，很快发展成为安玻集团公司，并拿出核心资产组成安彩高科股份有限公司，成功在上海证券交易所上市，成为上市公司中的绩优股。

由于安玻集团公司取得了规模扩张的辉煌，再加上有了上市公司的融资平台，安玻集团更是加快了规模扩张的步伐，一心想做世界第一大玻壳制造商，便无视液晶平板电视对CRT电视构成的严重威胁，又接二连三地上了第四期、第五期工程。2002年，从美国考察归来的安玻集团公司主要领导觉得CRT电视至少还有10年的市场，安彩信益工程计划投资11亿元，设计建造屏炉2座、锥炉1座，年产25英寸以上玻壳600万套，投产达标后年销售收入可达16亿元，年利润2.8亿元。2003年5月，安玻集团公司和美国康宁公司达成协议，以4990万美元整体收购的方式，收购了美国康宁公司在宾州大学城的9条可生产63厘米到86厘米的各种规格的大屏幕玻壳生产线。但进入21世纪后，等离子电视、液晶电视这些平板电视在技术上取得了突破，产品进入成长期，是传统CRT电视的理想替代品。平板电视迅速增长，价格不断下降，并不断进入百姓家庭，对传统CRT电视构成了严重威胁。收购完成，安彩果然坐上了"世界第一"的宝座，2004年即实现产品国内覆盖率95%，出口创汇达1.7亿美元。在中国平均每三台电视机里就有一台使用安彩生产的玻壳。没多久，世界玻壳业的新科"状元"——安彩发现："天气"变了。从2004年至2006年，似乎遥不可及的液晶电视在中国年销量增长率在300%以上，价格下降的速度更是惊人。与2004年相比，2005年国内玻壳降价幅度达到35.4%。2005年，安彩高科亏损1.8亿元。2006年，安彩高科亏损达18.5亿元。2006年4月17日，《华尔街日报》报道：卸下玻壳滞销包袱后的康宁公司致力于液晶显示器LCD用玻璃的生产，2005年销售额达45.8亿美元，利润5.85亿美元，不仅走出了困境，而且还成了世界最大的LCD用玻璃生产商。

安彩投资失败的主要原因有三。首先是缺乏必要的投资市场研究和需求分析。项目投资逆产品周期而动，错误地分析了传统的CRT玻壳在中国的寿命周期，失去了产品和产业升级的最佳时机，反而大搞项目投资、上马信益工程。其次，缺乏项目的可行性研究。安彩的信益工程在实施前既没有对与项目有关的市场、资源、工程、技术等方面进行全面的分析论证和综合评价，也没有对其项目的现金净流量和经济寿命进行科学合理的估算。第三就是盲目决策。盲目决策在投资决策中表现为投资的随意性、主观性、盲目性和独断性。盲目决策将导致投资失败。当时正是为了争得世界第一，安彩在传统的ＣＲＴ玻壳市场衰退之时，在集团领导人的独断专行下贸然决定投资信益工程，从而开始了安彩的不归路。

规模化不等于效益化，最大不等于最强，昨天的辉煌可能就是明天的陷阱。百年老店不是靠规模支撑，而要用不断提升的企业核心竞争力打造，片面追求规模扩张只能是自己酿造苦果自己吃。

第五章
投资决策的基础：市场实现

本章导读

第一节　投资决策的起点和落点
第二节　市场预测的几个关键环节
第三节　大数据时代的市场预测

第一节 投资决策的起点和落点

一、市场定位：是什么和为什么

投资决策来源于决策者获取的投资信息。在市场经济条件下，信息对于决策者的重要性是不言而喻的，决策者只有全面掌握投资信息，才能做出正确的投资决策，并有效确定调控方法和手段。获取信息的渠道不畅、不完备，甚至获取的是错误的信息，则会使得投资决策缺乏科学性，这可能造成重复建设及影响资金的使用效率和最优投资方案的选择，从而导致投资效率的降低甚至失败。

市场容量是有限的，投资决策时不能夸大市场容量，应在考虑市场竞争的情况下进行市场细分，找准市场定位。企业投资决策是否正确，关键在于企业产品的价值实现多少。只要投资活动增加的价值超过投资进入的固定成本，企业就会进入；否则，企业就会退出。如果对进入市场的障碍认识不清，对竞争对手把握不清，会给投资决策带来致命的影响。因此，企业投资决策要从实际市场需求出发，对市场进行深入细致的调查，根据国家政策的指导与市场供求规律及时调整投资方向，以满足消费者日益变化的消费需求。在投资决策时的市场定位分析，包括3个层次的内容，参见图5-1。

图5-1 企业市场定位的3个层次

首先是市场容量的分析，实际上这是总量市场的潜力分析，是可以预见的最大市场。一般而言，市场供求缺口是指市场需求与供给之间的差额，它取决于以下两个因素：现期的市场需求量及其未来时期的增长量，包括国内需求和出口需求两部分；现期市场供给量及其未来时期的增长量，包括国内产品的供给和进口两部分，增长量包括现有企业增加的产量和计划期内新建企业增加的产量。

其次，需要考虑进入市场的不同方式或渠道，不同的方式一方面体现了企业在市场竞争中的能力和位势，另一方面也是需要权衡进入的成本和企业的资源配置能力。对任何企业来说，市场上有无空隙及空隙有多大，取决于市场对投资的需求量以及该企业的市场竞争能力。在市场分析过程中，红海代表现今存在的已知市场空间，蓝海则是代表未知的市场空间，也是亟待开发的市场空间，代表着创造新需求，代表着高利润增长机会。最后才是可以获得市场收入，这是企业在一定条件下通过市场竞争获得市场收入，其大小和可持续程度决定了企业投资效益的好坏。企业必须有能力和顾客互动，必须具有柔性能力和柔性网络，以便形成多种共同体验的机会和条件，以便让顾客能够在创造价值的体验中表达自己的需求，使得企业与顾客最后融合在一起。很多时候，市场好，企业经营也会较好，但也有例外。

据国家统计局披露：2017年，全年规模以上白酒企业累计完成销售收入5654.42亿元，增长14.42%；累计实现利润总额1028.48亿元，增长35.79%；亏损企业累计亏损额7.86亿元，下降24.30%。

2015年以来，白酒行业上市公司普遍经营业绩向好。而金种子酒年报却披露，2017年度实现营业收入12.9亿元，下降10.14%；实现的净利润为818.98万元，下降51.88%，扣除非经常性损益后的净利润是-253.32万元，为近10年来首次亏损。公司营业收入及净利润已连续5个会计年度下降。就此，上交所要求金种子酒分产品、分销售区域具体分析营业收入、净利润持续5年下降的原因，是否符合公司业务区域同类产品的经营发展趋势。同时，问询函还关注金种子酒应收账款、应收票据的相关问题。年报披露，金种子酒采取经销商为主的销售模式，主要采用先款后货的结算方式，但公司应收账款、应收票据期末余额分别为1.14亿元、1.44亿元，同比分别增长29.16%、32.11%。其中，2017年第四季度较第三季度末新增余额分别为0.23亿元、0.94亿元。就此，上交所要求金种子酒说明营业收入下降，但应收账款、应收票据期末余额显著增加的具体原因。预收款项历来被称为白酒企业的"蓄水池"，其变动情况预示了公司未来发展趋势。上交所关注到，年报披露，金种子酒预收款项期末余额9622万元，同比下降40.89%。同时，自2015年第四季度以来，金种子酒经营活动产生的现金流量净额已连续9个季度为负，合计净流出4.77亿元，上述期间，公司尚实现盈利3898万元。问询函要求上市公司结合核心产品的市场定位、主要业务区域的消费趋势及竞争格局等情况，具体说明预收款项持续减少的原因，以及上述期间公司整体盈利但经营活动产生的现金流量净额持续为负的原因。

产能利用情况可以窥见一家白酒企业的发展战略。上交所关注到，年报披露，金种子酒中高档酒、普通白酒占酒业营业收入的比重分别为69.16%、30.84%，毛利率分别下降了2.14和0.35个百分点。公司目前设计产能为40000千升，实际产能仅13728.6千升。上交所要求公司补充披露中高档酒、普通白酒毛利率下降的原因；公司目前设计产能的类别，各类别产能的设计产能和实际产能，实际产能低于设计产能的原因……

二、市场衡量：如何做和做什么

投资决策的方向与市场需求的吻合程度是密切相连的。如果一个项目建成后没有市场，造成产品积压，不但使企业投资无法回收，而且还会使企业处于严重亏损状态，这就是投资决策的最大风险。进行可行性研究，可以通过市场调查，了解国内外市场容量、价格以及市场竞争力的现状，估算出项目的最大市场需求量和相应的价格，预测市场风险，确定项目营销策略。这样做，一方面为确定项目建设规模和产品方案提供了依据，另一方面为项目建成后的市场开拓打下坚实的基础，避免企业造成投资决策的严重失误。市场是连接生产、分配、交换、消费的纽带，各种商品的供求状况和发展趋势都在市场得到反映。企业在进行某项投资之前，必须对该投资所生产的产品在市场上的供求状况进行预测。市场的供求状况影响着企业资金的使用效益，从而决定了企业能否获取投资回报。可以说，包括市场调查和市场预测的市场分析是投资决策的起点。

市场调查，主要是从项目可行性研究角度了解市场对产品的需求及其发展趋势，调查社会购买力、产品供给量及项目产品的竞争能力。

市场预测，主要是预测市场的发展及其变化趋势、产品价格走势、产品占有率及产品所需资源，对企业关心的市场变量、未来变化趋势进行估计和测算，为决策提供依据。

市场细分是依据消费者和生产者需求的异质性，按一定的标准把整体市场划分为若干个子市场，一个企业可以选择一个或几个子市场作为自己的投资目标。市场细分有利于企业发现投资机会，并有利于企业正确选择投资的市场定位。在对项目进行投资活动前必须对项目市场做出充分准确的调查，投资的成效很大程度上与项目市场的调查分析有关。对项目市场的前景做出合理化分析，对项目市场潜藏的风险予以足够的警惕，这样才能最大程度的降低投资风险，保证项目计划的可行性。

市场调查是运用一定方法，搜集、记录和整理有关市场信息的过程。它是市场分析的基础工作。市场调查的内容包括产品特性、市场现状、外在环境以及消费者偏好等，具体市场调查的内容参见表5-1。

表5-1　　　　　　　　　　　　　　　　　　　市场调查的主要内容

市场需求调查	产品或服务的数量、价格、质量、区域分布等，包括有效需求、潜在需求、需求的增长等。
市场供应调查	供应能力、主要企业、供需差距等，包括供应现状、潜力以及在建项目等。
消费调查	消费群体、购买习惯与能力以及趋势等，市场细分和目标市场定位。
竞争者调查	同类企业的技术水平、经营特点、规模、市场集中度和占有率。

市场调查阶段的目的是确定项目的收益情况，通过预测项目的

收入、费用来预测收益，弄清产品在未来的市场中有多大的销售量，市场现实和潜在消费量有多高，市场占有率会达到多大的百分比；影响产品进入市场和销量的因素有哪些，影响的程度有多大；有无现实或潜在的竞争对手，市场竞争是否激烈；从那些市场以什么样的价格进入最为有利。在分析对象上，不但要考虑市场的需求情况，还应考虑同一功能产品的竞争情况（包括现有的和潜在的竞争者）。在销售价格预测上，应考虑市场的接受能力。在产品的成本、费用上，应考虑原料等上游产品的价格变动、能源动力的价格变动，以及因竞争而可能导致销售支出增加的情况。要实现有效的市场分析，一是需要正确的市场调研结论，通过网络查询、行业报纸杂志查询、实地调查等方式，对商品需求、流通渠道、经营条件、竞争对手等方面进行项目市场调研，尽可能地取得完整、确切、及时的市场信息；二是需要运用科学的市场分析方法，根据市场调研报告，对市场需求、市场供给、市场竞争、产品、市场综合等内容进行分析，并对为实现产品生产、销售而开展的项目投资方案进行分析。

1. 市场需求及供给分析。要求计算：可能市场需求量＝现实需求量＋潜在需求量，市场总需求量＝国内需求量＋出口量；可能市场供给量＝实际供给量＋潜在供给量，市场总供给量＝国内现有生产能力＋在建生产能力＋拟建项目生产能力＋进口量。

2. 通过市场细分划分出目标客户群及目标营销区域，并对目标市场的宏观经济环境、产业政策及准入条件进行分析。市场细分的目的是要形成细分市场的规模以及目标成本结构，具体的细分标准应该根据定义细分标准的狭隘程度、产品特性的复杂程度以及消费者的关心程度来进行调整。每一个可行细分应该满足可测量性、易受影响性、现实性和一致性。需要避免武断的假设，确定细分的人口统计、地理、行为或心理测量等细分的基础。

3. 市场竞争分析。要求对企业间竞争、供应商、消费者、替代品等市场表现进行分析。除了聚焦建立竞争优势考虑竞争分析外，在市场竞争中还得有基本的底线和原则，尤其是在面临生存考验的关口。

4. 产品分析。进行产品功能、产品特性、产品技术成熟度及产品市场生命周期研究。特别是对于新产品，需要对产品的新功能、性能提升、外形特点等客户关注的各方面进行分析和确定，并划分出产品全生命周期，即开发期、新生期、成长期、成熟期及衰退期等5个阶段，分析其产品销量及利润水平。

5. 产品市场综合分析。要求对产品竞争力、替代性、周期性、价格控制力、促销能力、顾客基础、成本结构及行业经济周期性等进行产品市场综合分析。通过市场分析，估计项目投资完成后生产出的产品或服务的收入、供应量、成本费用、利润水平及市场占有率等指标。

6. 在市场分析基础上，应用一元回归预测法或指数平滑法进行定量预测；或者应用德尔菲法，请业务经理、推销人员、市场研究人员、大学教授等方面的专业人员对项目进行定性的市场预测。

7. 提出项目投资整体建设方案。为了使财务分析具有可选择性，能够获得更好的投资收益，可根据企业自身情况提出多个项目投资建设方案，主要有：一是项目总投资预算，指建设项目从前期准备工作到项目全部建成投产为止所发生的全部投资费用，包括建设投资和流动资金两部分；二是项目实施工期计划；三是项目承担单位及人员等的组织方式；四是项目施工地点、环境情况等建设条件。

对项目市场的调查主要内容是根据项目市场的研究以及项目技术的研究，对现行的国家政策以及市场上的价格波动及走向、产品在未来市场上的发展等情况做出合理的调查与分析；同时，对投资成本、投资风险、税收基金等做出科学的预测。要明确投资项目的市场潜能，随着市场竞争压力的不断加大，对于项目本身的市场价值要科学分析，投资评价首先要保证的是项目企业的盈利，只有在盈利的基础上，对于可能会对项目收益产生影响的因素进行分析、排除与规避，制定出针对可能潜藏的市场风险的应急措施。

准确、全面、科学、有效的市场调查可以让投资产品或服务更好地满足消费者的需求，也能更加明确地把握消费心理和预期。企业掌握消费者的心理后，根据消费者的心理需求去打造产品，就可以将产品优势发挥到极致。比如，史玉柱在投资游戏产品《征途》的开发时，调研时发现农民很喜欢玩游戏，不是通常意义上大家的常规印象。看到广阔的农村市场后，史玉柱决定将《征途》投放到二三线城市和广大农村市场，获得了巨大成功。

许多企业在投资决策时，不顾自身的条件和主要业务的限制，盲目追求热门产业，结果投资后行业转向低迷，导致产品积压。所以，企业在进行项目投资前必须要进行充分的市场调研，对市场上的潜在机会加以利用，为企业进行投资项目的决策提供更准确的证据，以保证所投资的项目能给企业带来巨大的经济利益。在进行充分的市场调研时，一方面要利用发展比较迅速的现代信息化技术（如网络技术），可以节约较多的时间成本，利用节约下的时间成本再进行报纸杂志信息的查询和实地调查，通过这样的方式可以从多方位、多角度对企业的商品需求、运输渠道、战略优势、竞争方向等各方面进行综合分析，尽可能地取得完整、准确、及时的市场信息，为企业进行正确的投资决策获取更多的依据；另一方面，要通过科学的分析技术对市场调研获取的信息进行分析。

直接市场资料调查是指通过搜集、记录和整理有关市场情况的第一手材料，为市场分析及投资决策提供依据。直接市场资料调查的种类有：全面调查，抽样调查，典型调查。直接市场资料调查的方法有：问卷调查，询问调查，观察调查。间接市场资料调查指通过搜集第二手信息资料，为市场分析及投资决策提供依据。以市场作为企业投资方向的指标，保障市场信息的实时获取，才能便于企业制定适应市场需求的决策方案，实现投资产品价值的最大化。市场形势复杂多变，企业投资必须紧跟市场需求。此外，企业的投资经营活动还需对国家宏观经济政策进行充分分析，认真把握国家相关政策，并以此为依据在国家允许范围内进行投资经营活动，为企业投资活动的顺利实施提供政策性保障。

市场调研工作的科学开展能够为企业投资决策提供足够的市场信息，进而提高投资的科学性、减少投资决策失误的概率。在现代企业投资决策中，应树立强烈的市场调研意识，并通过调研投入的增加、系统的收集和分析市场信息促进投资决策的科学性，减少或避免由于盲目投资而造成的投资失误。缺乏市场调研的投资决策使得投资项目难以面对复杂多变的市场环境，进而造成项目收益难以达到预期效果、拖累企业陷入资金危机中。因此，现代企业的投资活动中应强化市场调研工作。通过市场调研工作的有效开展使企业投资决策能够具有较多的市场信息，并根据市场信息确定市场投资决策。

三、市场渠道：实现互利共赢

市场营销渠道是促使产品或服务顺利地被使用或消费的一整套相互依存的组织。一个市场营销渠道是指那些配合起来生产、分销和消费某一生产者的某些货物或劳务的所有企业和个人。这就是说，一个市场营销渠道包括某种产品的供、产、销过程中所有的企业和个人，如资源供应商、生产者、商人中间商、代理中间商、辅助商及最后的消费者或用户等。市场营销渠道的主要职能有收集信息、促进销售、实体分销、配合销售、转移风险和融资等功能。由此可见，市场营销渠道对一个企业的重要意义：没有市场营销渠道，企业也就无法完成商品的交换和流通。市场营销渠道是否科学合理高效，往往决定了一家企业的命运，可以说成也渠道、败也渠道。市场营销渠道的根本目的是将生产企业的商品转移到消费者手中去，保证供需关系之间的和谐统一，填补可用商品、服务以及消费者之间的各种差异性。在销售网络中，无论是哪一种销售渠道的建立，还是对营销渠道自身价值的确定，都是将利润作为其建设的根本支撑，原因有二。第一，品牌价值。企业产品品牌价值的高低直接决定各渠道中相应人员的利益好坏。品牌价值越高，就越能给其分销、零售人员创造更多的利润，推动渠道成员之间的紧密联系。第二，渠道稳定性。保证渠道能够长时间有效建设，很大程度上是由其自身稳定性决定的。渠道体系是企业发展过程中一项不可缺少的外部资源，是企业通过长时间维系逐渐形成的，也是保证渠道策略被有效运用的关键。从企业自身角度来讲，这一体系具有非常大的价值，它能够将产品销售出去，能提升渠道的稳定性。因此，保证渠道体系完善，能够使渠道中的成员获得相应的利润，以此保证市场营销良好的运行。企业想要实现经济利益上的提高，需要加强对市场营销渠道的管理，这样可以有效地对营销过程中所产生的冲突和矛盾进行有效的调节，更好地拉动渠道成员与企业等方面的合作。所以，企业在进行合作与销售商品的时候，就一定要加大市场营销渠道管理方面的力度，减少营销过程中矛盾、冲突的发生，让企业的经济效益和竞争优势得到有效的提高。

市场营销渠道形成的根本原因就是获取市场利润。因此，在进行市场营销渠道管理的过程中，也不可忽略对于营销渠道上、下游利益关系的协调和处理工作，合理分配各个利益主体的市场利润，让营销渠道上、下游的各个环节都能得到应得的营销利益，以此在市场内部架构起良好的利益配置体系，以达成营销渠道管理的预期目标。若在营销渠道管理的过程中，营销渠道上、下游中的任一利益主体的利润受到损害，就必然会影响到各个利益主体之间的合作关系，大大降低了营销渠道管理的效果，进而动摇整个市场利益配置体系。除此以外，建立合理有效的利益配置体系，也能进一步提升渠道上、下游各个利益主体之间的凝聚力，相互配合、相互协作，共同朝着一个发展目标前进。借助整体的合力，一方面增强弱小一方的资本实力；另一方面也推动强大一方的健康可持续发展，促进各个主体的共同发展，从而实现市场经济的高度繁荣。在市场营销渠道的管理过程中，尽可能地避免市场营销渠道冲突的发生以及实现市场营销渠道的优化是当前最为行之有效的管理手段之一。实现市场营销渠道的优化管理，具体来说就是对整体的营销渠道进行深入的研究和判断后，产品生产商针对目前自身所占的市场份额大小以及各个分销商的实际销售情况，对营销渠道进行重新排列和优化组合，从而一方面最大限度地提升企业的市场业绩；另一方面也有效加强了管理营销渠道的力度。另外，对于市场营销渠道的优化管理措施也包括调整和改善营销渠道的管理模式。

第二节 市场预测的几个关键环节

市场预测是在市场调查的基础上，运用科学的方法和手段，对市场需求、供给及价格的变动趋势进行预计和推测。大致可分为非数量预测方法和数量预测法。

数量预测法是指主要依靠数据资料、通用数学模型或数理统计方法来预测市场发展趋势和数量关系的方法，包括历史延伸法和回归分析法。应用延伸预测法进行预测需具备以下两个条件：一是预测变量的过去、现在和将来的客观条件基本保持不变，历史数据揭示的规律可以延续到未来；二是预测变量的发展过程是渐变的，而不是跳跃式的或大起大落的。回归分析法是预测市场发展的重要方法，其基本根据是假定预测值与实际值之间存在某种因果关系，并且这种因果关系将继续存在。根据因变量与相关变量数目的多少，回归预测法可分为一元回归预测和多元回归预测。

非数量预测方法是在数据资料掌握不多的情况下，运用经验、知识和判断能力,将定性的资料尽可能地转换成定量的估计值,从而预测未来市场情况的一种方法。非数量预测方法对资料的要求不高,简便易行,节省时间,应用广泛,但受预测人主观因素的影响大,预测结果的精确度较差。非数量预测方法主要有专家预测法和调查预测法两种。专家预测法指利用专家的专业知识和经验做预测,分为个别估计法、小组讨论法和德尔菲法3种。个别估计法指由专家个人依据自己的经验、智慧以及逻辑思维能力估计未来情况,然后由预测人员加以综合汇总,以取得预测结果。采用小组讨论法,须先将专家组成专家小组,然后共同讨论,从讨论中得到预测值。德尔菲法是由协调组织者以函件形式向相互不见面的有关专家发出问题表,并要求专家对所需预测的问题做出明确回答,收回的答卷经协调者归纳整理和分类后将结果再以函件的形式发给专家。如此反复二三轮乃至多次,直到获得一个比较一致的预测值为止。

一、产品价格的预测

新产品的需求不仅受宏观市场环境不确定性的影响,新产品本身的客户接受度企业也并不了解。与宏观市场环境不确定性不同的是,新产品客户接受度的不确定性是内生的,它只与新产品自身的特性有关。需求不确定性对企业固定资产投资有显著影响,并且投资的不可逆程度与现阶段的投资倾向和规模呈负相关关系。企业在进行投资决策时通常要面临如下问题:何时投资、投资多少和如何融资。假设企业投资时机的选择与其产品的预期市场价格产品严格相关,即当产品价格较低时不投资,当产品价格上升到某一水平之后,可以触发企业进行投资。考虑到企业的风险态度,企业运作柔性、风险规避和不确定性等对最优投资策略产生影响。新产品投资相对于传统产品投资具有更大的不确定性,因此,企业的风险态度对于新产品投资决策的影响也更大。投资时机与规模是企业进行产品投资需要制定的两项重要决策。投资规模决策的制定需要考虑产品的市场规模及需求的价格弹性等诸多因素。过大的投资规模会导致产品过剩或者由于企业的超额供给而产生低价销售，从而影响到企业利润；而过小的投资规模则由于不能满足市场需求而带来利润的损失及对企业未来发展产生不利影响。新产品的投资规模决策依赖于企业对新产品市场规模的估计。由于新产品不确定性可以通过收集信息来降低，因此，投资时机越晚，企业对于新产品市场规模的估计越准确，制定的投资规模决策也就越准确，但投资时机晚则意味着企业将失去一部分早期利润，并且也使投资相对较早的竞争者占有一定的先动优势。企业在制定投资时机与规模决策时需要对受投资时机影响的早期利润与投资规模的精确性进行权衡。企业预测到新产品"成功"的概率较大时会选择"早"投资，并且市场规模期望越大，企业越倾向于"早"投资；企业的风险规避程度越大，企业越倾向于"晚"投资。企业"早"投资和"晚"投资时的效用随市场规模期望和新产品不确定性增大而增大，随宏观市场环境不确定性和企业的风险规避程度增大而减小。

产品市场竞争比董事会监督更能对管理人产生激励效果，产品市场竞争更能提高公司决策效率。产品市场对公司决策的影响体现在以下两个方面。一是从收益的角度来说，激烈的产品市场竞争会压缩企业的盈利空间，进而影响企业可以利用的内源融资金额，而根据融资偏好次序理论，内源融资的资本成本是最低的，因此是企业首选的投资资金来源。企业内源融资减少，也就意味着企业投资的资本成本会较高，这会打击企业投资的积极性。二是从风险的角度来说，面对激烈的竞争环境，企业预期收益的实现概率会降低，尤其是在竞争中处于劣势地位的企业，投资项目的预期收益往往不能如数实现。在这样的背景下，企业不会有增加投资的热情。产品市场竞争与公司投资决策是息息相关的。

与项目未来现金流入相关的因素不仅是产销量，还有产品销售价格。在不少项目投资分析报告中，对价格的估计也过于乐观，对未来各年都采用供不应求的价格测算。实际上，任何产品的价格都会随产品的供不应求、供求平衡走向供过于求而表现出涨、稳、跌，除非是较长时期处于垄断地位的产品。

2017年，中国彩电行业集体遭遇"寒冬"，创维的业绩表现同样不甚理想。业绩预告显示，创维数字股份有限公司在2017年净利润下降幅度介于77.38%~83.55%之间。另一方面，创维数码控股有限公司在国内的电视机销量也在持续下跌，净利润表现同样不容乐观。创维电视机国内销量下跌，主要与国内电视机市场的整体回落有关。奥维云网（AVC）数据显示，中国彩电市场在2017年的销量为4752万台，比上一年下降了6.6%。

创维的发展问题，一是过度地依赖电视机业务，二是企业规模也比主要的竞争对手低。家电产业观察家刘步尘认为创维的产业布局相对单一，制约了创维迅速地做大规模。早前进入冰箱和洗衣机市场，创维也是出于扩大规模的考虑。创维要想进一步扩大规模，必须进行更多的投资，进入更多的产业领域，来支撑企业的未来增长。单纯依靠或者是过度依靠电视机业务的增长，没有太大的增长空间。

创维对2018年寄予了厚望，提出了营业收入同比增长20%、利润增长2倍的年度目标。此外，为实现千亿目标，在2018年首月，创维在广州和滁州分别落地了智能家电产业项目，总投资合计370亿元，涉及电视机、冰箱、洗衣机、空调等产品。创维方面告诉《中国经营报》记者，将采取多项措施解决国内电视机销量下降的问题；同时，将紧紧围绕转型升级目标和1000亿元的营收目标，积极推进广州、滁州两大智能产业基地的建设。

二、未来投资效益预测

投资收益的预测,还必须考虑金融环境的变化,如利率、汇率的影响。特别是出口产生的投入要充分考虑到汇率变化对实际价格的影响。总之,投资项目的效益预测要更多地考虑项目本身的特点和市场变化情况。只有做出比较科学的假设依据,才能得出比较正确的效益预测。

在项目的可行性分析中,市场分析是个永远都说不完的话题,内容不细致、数据分析方法粗糙、高估需求、忽略竞争对手的分析,都是市场分析不透彻的表现。另外,对于敏感性因素以及风险分析不重视,以致环境因素发生变化时项目难以采取事先制定的风险规避措施,也会造成投资失误。在现代企业投资效益分析及评测中,企业投资决策秩序是决定投资效益的关键因素。通过科学的投资秩序能够保证投资决策的科学性、提高投资决策的民主性、提高投资决策论证,进而避免投资失误及盲目投资等问题的发生。为了保障企业投资决策的科学性、保障企业投资决策秩序,在现代企业投资决策中应制定完善的投资决策管理体系。通过投资管理体系的有效执行以及投资管理体系的指导性,确保企业投资决策的科学性,实现企业投资收益目标。

投资初始变量预测是指对项目的寿命期(包括建设期、试产期和达产期)、项目的投资额(含建设投资和运营资金垫支等)、项目投产后的销售利用率、产品价格、产品成本、管理费用、销售增长率等影响项目投入产出的内外部环境变量进行预测。基于这些初始变量的预测才能对项目的后续盈利能力等进行核算、评价。因此,初始变量预测是项目投资决策的起点,同时由于预测的不确定性,这也是体现财务管理艺术性的环节。如果进一步将这些初始变量细分的话,对于管理费用率、销售费用率、收益留存率等内部环境变量一般较易预测,因为内部信息易得或企业可控性较强;而对于产品价格、产品成本、销售利用率、寿命期等外部环境变量则较难预测，因为外部影响因素复杂且企业可控性差。通常，初始变量预测总的思想是尽可能找到详尽的历史资料，然后从历史资料中找出规律，并以规律外推得出变量的预测值，可利用的预测方法有回归分析法、可比公司法等。

第三节 大数据时代的市场预测

一、大数据时代的机遇与挑战

大数据泛指巨量的数据集，因可从中挖掘出有价值的信息而受到重视。最早提出大数据时代到来的是全球知名咨询公司麦肯锡，麦肯锡称："数据，已经渗透到当今每一个行业和业务职能领域，成为重要的生产因素。人们对于海量数据的挖掘和运用，预示着新一波生产率增长和消费者盈余浪潮的到来。"这些数据的规模是如此庞大，以至于不能用 G 或 T 来衡量，大数据的起始计量单位至少是 P（1000 个 T）、E（100 万个 T）或 Z（10 亿个 T）。美国国家科学基金会（NSF）则将大数据定义为"由科学仪器、传感设备、互联网交易、电子邮件、音视频软件、网络点击流等多种数据源生成的大规模、多元化、复杂、长期的分布式数据集"。维克托（2013）指出大数据包含 4 个要点：一是数据自身的体量较大；二是数据的类型较复杂；三是数据自身的价值密度低；四是数据的更新和处理速度较快。

对于大数据的含义和发展可以从3个层面来理解：首先，大数据是一种工具、一种技术和一种方式，处于器物层面；其次，大数据将会逐渐形成某种制度、习俗或习惯；最后，大数据会形成消费者或企业的某种心智模式和思维方式，进而改变了社会生存和价值创造方式。数据主要来源于三大方面：信息层面、行为层面和关系层面，这三大方面的数据里包含着消费者个体特征、个体需求、个体情感和个体行为趋势等一系列信息。

按照信息处理环节，大数据可以分为数据采集、数据清理、数据存储及管理、数据分析、数据显化及产业应用等六大环节。掌握了核心数据，不单单可以进行智能化的决策，还可以在竞争激烈的行业当中脱颖而出。所以，对于大数据的战略布局让越来越多的企业重新定义了自己在行业内的竞争方向。大数据既是互联网技术发展的必然结果，也是全球化经济背景下社会经济高度发展的结果。大数据发展为企业的发展带来了历史性机遇。企业利用数据分析和挖掘技术，通过对其自身内部储存的大量数据进行开发利用，这些开发出的有价值的数据信息将能够为企业提供更科学的经营决策模式，能有效改善企业自身的产品性能和服务水平，提升客户和受众的消费体验水平，使企业在市场竞争中获得更大的战略优势。当今，运用云计算等大数据的分析工具对海量的数据进行充分挖掘和快速调用并应用于企业的运营和战略转型，已成为很多知名企业增强竞争优势、促进可持续发展的重要利器。随着企业开始利用大数据，大数据产业生态体系日趋完善，市场规模增长迅猛，大数据产业即将步入发展快车道。

2014年4月，世界经济论坛以"大数据的回报与风险"的主题发布了《全球信息技术报告（第13版）》，报告认为：在未来几年中针对各种信息通信技术的政策甚至会显得更加重要，接下来将对数据保密和网络管制等议题展开积极讨论。2014年5月，美国白宫发布了2014年全球"大数据"白皮书的研究报告——《大数据：抓住机遇、守护价值》，报告鼓励使用数据以推动社会进步；同时，也需要相应的框架、结构与研究来帮助保护美国人对于保护个人隐私、确保公平或是防止歧视的坚定信仰。

大数据技术的战略意义不在于掌握庞大的数据信息，而在于对这些庞大数据进行专业化处理、分析和挖掘。或者说，如果把大数据比作一种资源，那么，这种资源能否被人所用的关键在于提高对数据资源的"数据处理能力"，通过"数据处理"实现数据资源的"增值"。企业可以将手中的数据加工为产品并进行交易，再从交易过程中获取新的数据进行整合、加工、交易，这将带给企业不菲的循环经济效益。再如，对于数据价值的挖掘可以根据不同企业的不同需求而制定不同的商业模式，或侧重企业优化，或侧重数据整合，或侧重数据分析，或利用数据帮助企业挖掘更精准的用户、降低营销成本、提高市场竞争力，实现企业盈利与发展。

市场的不断演变，企业的新业务、新产品不断出现，企业决策的范围不断扩大，决策的对象也日趋纷繁复杂。特别是随着经济全球化、信息化的发展，决策环境更是瞬息万变。若仍像过去那样单纯依靠极个别决策群体或决策机构来进行决策的话，显然已经难以保证决策的科学性与预见性。所以，大数据时代的企业的战略决策环境会受到大数据深刻的影响，对管理层提出新要求。因大数据处理的需要，不论企业决定采用哪一种解决方案，最终需要有技术的高管团队去分析获取数据以及了解如何去运用这些大数据，这样才能活化大数据的价值，重新构建数据与数据之间的关系，赋予它新的意义。由于大数据的范围广、多层面的特点，会给企业带来更加准确的决策结果，不仅仅是片面地去影响企业决策管理。大数据的潜在价值巨大，这些数据分析后产生一定量的决策数据，使管理者们制定出恰当的企业战略决策。在大数据时代，这些数据的全面性与创新性，直接带动企业敢于创新、更快发展。将结构化和非结构化数据整合起来，都存放在大数据仓库中，进行综合分析，从而获得过去无法获得的判断，满足用户的需求。究其本质，大数据与其说是一门技术，不如说是新环境下海量数据价值发挥的方法之一。大数据技术的发展为企业收集和汇总与企业财务决策相关的各种数据成为可能，也为企业管理者采用大数据技术做出科学、合理的决策提供了支撑。大数据背景下，企业可以借助大数据技术实施基于数据驱动的决策方式，通过收集与企业经营相关的综合数据，使用数字方法对其分析与建模，分析挖掘出隐藏在数据背后的关系，最大限度从中挖掘有价值的信息，进而预测事件可能发生的概率，为决策者提供较为合理的决策方案，以提高企业决策的预见性、针对性与科学化程度。因此，大数据的兴起与应用，本质上意味着一场管理革命，改变了传统上依赖于经验与直觉决策的行业与领域，将企业带入到精准量化管理时代，使企业可以进行更可靠的预测更有效的决策。

大数据发展对企业经营管理的各方面都产生了深刻影响，将大大提高市场数据处理的效率。大数据的出现和云计算的深度融合，使云服务出现在企业管理者的面前，云服务可以有效整合信息资源，为用户提供一个资源共享平台。云计算的软硬件高度集成运行模式可以帮助企业实现高效管理、便捷维护和低成本运营，使企业内部的财务、销售、采购、决策等各个部门能够基于同一个云平台工作，保障各部门信息之间衔接无缝、实时畅通；云计算的快速部署及可扩展性确保了企业内部以云计算为核心的会计信息化系统规模可以动态调整，满足未来企业规模增长会计信息化集成应用的需要；云计算同时还便于企业与供应商和客户、银行、税务、海关、会计师事务所等众多利益相关者保持数据链接。

二、大数据时代预测方法的有效性

大数据时代,投资决策需要把握未来的发展趋势,一是要有超常的预见性,二是要有执着的方向感,三是要有果敢的执行力。预测未来需要基于历史数据和市场数据,但又不能拘泥于市场调查的结果。趋势在形成潮流前的初始阶段,总是有不确定性的风险,目光远大的企业家应在决策时顺应趋势而不是追逐时尚。追逐时尚有可能获得短期利益,但不可能维持长久,如果基于此而盲目扩大发展,结果是资源浪费和产品积压,还可能血本无归。实际上,现实中人的认知能力有限,所以能够感知到的信息有限。同时,人的记忆能力和信息加工能力也是有限的,信息加工能力是对人头脑中所记忆信息进行加工,所以,以上的有限能力直接导致真实的人只能是有限理性的。现代科学技术的发展,使得人类可以借助计算机、通信设施等各种仪器、设备和工具进行信息的采集、处理和分析,一方面提高了信息的采集数量和精度;另一方面提高了信息的处理分析效率,从而减少了决策过程中的不确定性因素的影响。但即使如此,要对市场进行有效的预测,必须是对当下的情况进行整合,再通过建立在定性与定量的预测体系之上来进行。虽然这两种方法存在不同,而且各有优劣,但两者却可以在实际工作中进行有效的互补,保障信息的完整性。

定性分析以经验为基础,综合各界因素进行未来的推测。

定量分析以数据为支撑,以变量之间的转换关系进行市场规律的确定,实现对于未来变化的推测。

第六章
投资决策的基础：技术与产品

本章导读

第一节　投资决策中的技术选择

第二节　投资的产品定位以及产能

第三节　基于企业生命周期的投资决策分析

第一节　投资决策中的技术选择

一、新技术与适用技术的权衡

创新活动和创新能力对经济增长和经济发展至关重要。创新是一个相当长的过程，创新过程在不同技术、经济背景下有不同的特点和规律。在技术与市场并不十分复杂的早期，人们重视创新过程的阶跃性和创造性，突出企业家个人的作用。20世纪后期，由于技术与市场的发展及其复杂性，创新的关注点就转移到重视组织整体的作用。创新发生的方式可以是多种多样的，但最重要的来源就是研发投资。技术发展是一个系统工程，技术拥有很强的默示因素，这些因素不能直接地体现在设备上或设计图中。默示知识只有在接受者开发出学习或吸收这种知识的能力时才能有效转移。这个过程不仅涉及企业本身，还涉及与其他企业和机构的互动。技术开发能力对于有效地利用新技术总是必要的。新能力的开发表现为技术和管理职能两个方面。技术创新意味着在市场上引入新产品、新工艺或服务。新技术的创造是一回事,而现有技术的利用则是另一回事。因此,项目是否具有技术的先进性,是投资决策时需要考虑的一个重要问题。在比较自主创新技术和适用技术时,分析思路参见图6-1。

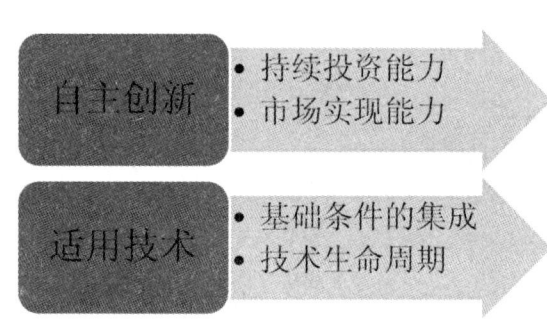

图 6-1 不同技术路径的比较分析

技术在市场竞争中地位越来越重要,其中的一个显著变化表现为技术带来的市场竞争不断提前。从终端产品的竞争开始前移到核心产品的竞争,甚至出现了企业在新技术研发阶段的竞争。面对这种状况,企业管理者必须在技术投资上做好相应的规划,适时增强技术投资的规模和强度。需要注意的是,企业增强技术投入不是单纯的资金投入,而是包含了投资领域的选择、投入环节的选择、合作伙伴的选择等问题。只有当企业把创新和效用、价格、成本整合一体时,才有价值创新。如果创新不能如此根植于价值之中,那技术创新者和市场先驱者往往会落到为他人作嫁衣的下场。因此,资金投入大并不代表从技术转变成产品带来的收益高,每个企业需要根据自身所处行业的特点及企业特征选择增强技术投资最适合的方式。成功的技术产品转换是一次技术和市场需求相互结合的过程。如果单纯依赖于外界的技术,就无法对获取的第一手信息进行直接转换,难免会出现就技术论技术的结果,最终带来成本的显著增加。涉及企业与技术或研发有关的投资决策时,在影响投资效益的众多因素中，低技术水平上的重复投资是基础性原因。大量低技术水平的企业涌入市场，大量低档次、低质量的产品充斥市场，其结果就是结构性过剩。一方面，生产能力大量闲置；另一方面，低技术含量的产品不能满足现实市场的需求。

投资项目未来生产所需要的技术内容，选择的合理与否会直接影响项目投产后的效益和产出水平。技术内容主要包括两方面的内容：一是生产的工艺技术；二是与生产工艺技术密切相关的技术投入物，也就是装备。企业投资的技术先进性也主要体现为生产工艺与设备的先进性上。投资项目在选择工艺技术方案时，应考虑是否符合企业生产的要求、是否适应原材料现状、是否符合加工对象的条件、工艺流程总体上是否顺畅和协调、是否符合环境保护要求、技术经济指标是否先进以及是否节约资源和能源等。对于设备选择而言，应注意要与投资项目的工艺技术相适应，要系统配套、充分保障产品质量、节约投资和运营成本，以及符合投资项目所在地环境条件要求等。

企业投资标准具备多样性特点，它能够让企业已经拥有的资产增值、保值，也可以让未来的资产增值、保值，并且也能将已经亏损的固定资产降低亏损幅度，即实现效益最大化。企业可结合企业自身资产的情况和特征，构建符合企业发展的投资方案，利用这个投资方案来实现各项社会资金的良好运行。在有效配置的作用下，进而落实经济效益最大化的投资标准。如果一个投资项目技术上缺乏先进性，那就很可能在未到投资回收期就被淘汰，或者因能力过剩而变成没有效益的重复建设。在技术选择上和采用上要把如下几个方面统筹协调好。一是技术的先进性。如果是引进的技术投资项目，至少应比国内现有技术进步，但能否发挥出先进性还必须与国内的配套能力、消化能力相适应。如果是国内的投资项目，则应该是国内已成熟的先进技术。如果企业希望获得后发优势，需要付出

4个方面的成本：固定投资成本、弥合创新所需的知识差距所需的成本、弥合创新所需的经验技能所需的成本及弥合创新所缺少的外部条件的成本。其中，固定投资成本与所生产的产品有关。二是技术的适应性。在考虑采用适用技术时，要从有利于取得最佳经济效果的目的出发，处理好技术先进性与适用性的关系。三是技术的可行性。投资项目所用的技术，如采用国内的科研成果，必须是经过工业试验和技术鉴定；如引进国外工艺、技术、设备，必须是符合国情且成熟的。四是技术的经济性。投入与产出的关系合理，生产成本低，能获得较好的经济效益。五是遵守国家技术政策、法令、标准和规范，它关系到投资项目的安全、可靠和成败。即使具有技术先进性的投资项目，也不一定能生产出技术先进的产品，因为在投资决策时，还需要考虑到相应的技术路线和技术力量。因为发明只是将技术带入市场过程中的一部分，有时只是很小的一部分。大量的研发费用将在发明转化为商业成果的过程中产生的。为了将发明转化为生产，还需要新建厂房、购买设备并推广产品，企业需要更多的投资和支出。

二、产品创新和工艺创新

美国哈佛大学的阿伯纳西和麻省理工学院的厄特拜克提出了以产品生命周期为基础的技术创新理论，即 A—U 模型。他们认为企业的产品创新活动和工艺创新活动是相互关联的，在产品生命周期的不同阶段，两种创新的侧重点是不一样的。企业需要根据不同阶段的特点和要求，对两种创新活动协调安排。在产品生命周期的早期阶段，占主导地位的是产品创新活动。在新产品进入市场后，创新活动的重点就会转移到工艺创新上，以扩大生产能力，保证产品质量稳定可靠以及控制产品成本。到了成熟阶段，产品生产工艺的专业化程度不断提高，重大的工艺创新逐渐为渐进性的工艺创新所取代，会使生产成本明显下降。在企业面临其他产品的创新竞争时，可能意味着需要在装备、工艺、技能以及管理等方面进行重大调整。否则，会错失发展机遇。因此，企业要拥有立足于市场的绝对优势、建立自身的核心竞争力及应当拥有何种技术条件、在产品生产中怎样运用这些技术条件、技术的研发更新中如何进行投入配比等，都是技术资本背景下投资战略无法忽视的障碍。通过技术层面的方式进行投资以实现企业核心战略目标的过程，其路径是使一种或几种产品（服务）跃升为企业的核心产品（服务），以满足消费者的某种需求。要使某种产品的价值提升，变为企业价值创造的核心来源，企业要尽可能详尽、完善、全面、深入地进行市场调研，进行科学、合理的市场分析，同时要对企业自身进行精准定位——明确自身优劣势，要对市场进行细分，要寻求适合企业的消费群体，从残酷的市场竞争中脱颖而出。

市场需求决定着产品的销售，也决定着企业的盈利水平，对创新是巨大的诱导力，其表现方式之一就是以较低的成本提供给客户其他竞争对手无法企及的价格优势。实践证明，一个企业如果在行业中保持了成本优势，会更易获得有利的竞争地位。在市场竞争中，企业不仅要适应市场需求和创造市场需求，还要比竞争对手更快、更好地实现上述两个需求目标。率先采取创新行动去适应市场需求和创造市场需求的企业，其进入市场时所面临的竞争压力比较小，而其拥有的竞争优势则要强大得多。速度优势主要体现在企业各项活动开展的速度方面，包括研发活动、生产活动、售后服务活动等，也可以表示为效率优势。有效率地开展各项活动会促使整个企业高效运转，从而使企业占据速度优势，获得更多利益。比如，作为中国的高端制造业代表之一，京东方20年来在一次次的打压中成长起来，持续的投入研发，自主创新。2017年，京东方新增专利申请量8678件（其中发明专利超85%），累计可使用专利数量超过6万件，位居全球业内前列。在长期的技术、创新的积累中，京东方已自主掌握了核心技术，培养了一批行业顶尖的技术人才，整体竞争力提升显著。

企业技术创新能力包括市场机会的辨别与把握能力，研究开发能力和对外部技术资源、技术成果的选择、消化和吸收能力，试验及制造能力和市场管理能力，创新管理能力等几个方面。在全球化的背景下，创新是一个价值链条，只有充分利用国际科技和产业资源，才能加快提升产业化的能力。自主创新应当强调的是创新者对技术创新的主导权，而不是技术本身的来源。

技术发展需要产业政策的扶持与支持。推动技术发展与不断进步是产业政策的重要功能之一。一般而言，技术是一种知识财富，技术的交易与转让往往难以按照一般市场原则进行。因而，技术的开发与发展具有技术与市场的双重风险，需要政府的产业政策来引导与支持。产业的发展现状决定并影响企业的研发投资决策，而企业的研发投资决策对于企业业绩波动具有现时或者长远影响。企业研发政策适应产业发展现状，将促进企业的业绩提升；反之，则会阻碍企业的发展，发生巨亏。

针对产品创新的重要性，美国波士顿咨询公司对600个美国、日本及欧洲的制造商进行了调查，涉及帮助企业增收和扩大市场份额的方法。结果表明：新产品的开发速度是影响市场份额和市场份额增长等方面的最重要的因素。有竞争力的特色新产品在促进市场份额的增长方面同样起着非常重要的作用。迅速接近市场、感知市场和创新这3个因素对市场份额的增长都很重要，它们都与新产品的开发职能有关，但没有一个单一的模式能确保企业的成功。在鼓励创新的企业文化中，活力、自由地创造和捕捉灵感的能力是3个关键要素。

针对我国上市公司的研究结果表明：随着客户集中度的上升，上市公司研发投资的可能性会相应增加；但客户集中度上升到一定程度后，上市公司反而会缩减研发投资，即二者呈倒"U"型。尽管企业之间通过建立关系交易，形成供应商—客户关系一体化的关系，成为企业经营的主流选择，但客户关系是一把双刃剑。适度的客户集中度有助于企业降低交易成本、提高研发投入、增加生产差异性、减少经营失误、增强企业竞争力、赢得长期的竞争优势；过高的客户集中度则可能导致企业对其主要大客户的过度依赖，从而引发关系网络的不稳定和机会主义行为，带来企业现金流的巨大波动，甚至可能陷入资金和经营的双重困境。尽管研发投资是企业行为，但外部制度环境却是一个重要的调节变因，企业的创新动力需要借助金融发展来调动资本，发展良好的金融体系是激励企业创新能力和动力大幅提高的基础与保障。

企业投资项目采用的技术要在可能条件下力求技术上高人一等，即主要技术经济指标（如设计的质量标准、能源消耗和主要原材料消耗指标、劳动生产率指标等）要在现有同行业中处于领先地位。实践表明，有些企业的投资项目由于采用了领先的技术，后来居上，在竞争中获得了优势。但是，应当注意：先进技术的应用还必须充分考虑其可靠程度。有的先进技术并不一定是适用技术，在实践中难于实施和应用。所以，对选用的工艺技术及装备要在注重其先进性的同时，考查其适用性和经济性，注意新工艺、新技术、新设备、新材料的采用是否经过多方案的比较选优，本企业是否具有配套和消化吸收能力（主要包括：企业现有的存量资产状况、现有的技术管理水平、现有的工艺技术路线和操作能力、现有员工的数量和质量、投资先进技术的持续投资能力和融资来源等）。但是，强调技术的适用性，决不能成为降低优质、高产、低耗要求标准的理由或借口。上项目就要把先进技术与企业的消化吸收和开发能力有机结合，形成企业的市场竞争优势。不考虑企业的具体条件和市场需求的实际情况，一味地贪新求洋，会引发投资风险以至于失败。总之，在投资项目决策前都需要认清该项投资的必要性和可能性，决不能盲目投资。

一般认为，生产和销售差别化的产品是企业保持自身竞争优势的重要策略。奉行这种竞争策略的企业，需要不断地投资以改善产品的差异性（品质的差异，功能的差异，成本的差异等）。创新的形式多种多样，技术创新是改善产品差异性的重要途径，它对于改进产品的功能、工艺有不可替代的作用，管理创新通过改变企业组织的状态也会间接地作用于产品的市场表现。

美国克莱斯勒汽车公司第二次振兴始于全面降低成本，接着是团队合作、大胆设计、创新产品并努力提高质量。在1990年还濒临破产的克莱斯勒，1993年的利润就高达25亿美元。在此期间，公司股价上涨了5倍，此后持续增长数年。克莱斯勒最大的荣耀在于当时已成为具有世界水平的新产品开发商。1994年，克莱斯勒推出的彩虹汽车，从开发到新产品上市共用了31个月的时间，成本为13亿美元。在20世纪90年代的头四年里，克莱斯勒设计的新车型比过去20年还要多20种。克莱斯勒在竞争力和财务绩效方面的具体表现为：新产品开发时间压缩到31个月达到了世界先进水平，新产品开发成本减少了50%，大幅提高了产品质量，出口增加，占领北美市场14.85%的市场份额。克莱斯勒在决策开发新产品时，也同时大幅降低成本，彻底改革传统的集权组织管理模式，大量采用平台式的工作团队。

到2000年时，克莱斯勒已成为世界最好的汽车公司。

第二节　投资的产品定位以及产能

一、什么是好的投资项目

投资决策的目标，都得通过一系列的投资项目来实现。投资项目的好坏，决定了企业的投资收益高低。一般而言，可以从两个管理视角判断投资项目的好坏，参见图 6-2。

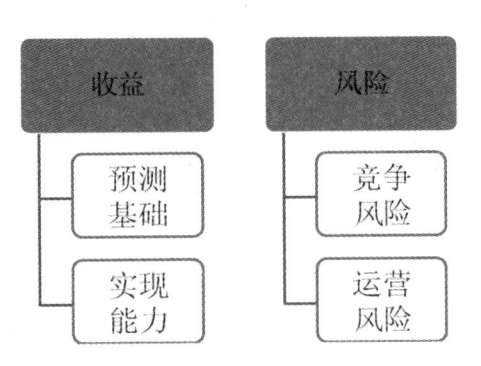

图 6-2　判断投资效益的两个管理视角

判断投资项目好坏的第一个视角是在获取更大的投资收益方向上，应格外关注进行投资效益的预测的基础是否可靠，这些预测基础不仅是对企业现有投资决策的边界条件和资源水平进行科学合理的评估，也是需要利用适合的方法和模型对未来若干年的收益进行预测判断。另外，在良好的预测基础上，企业还必须有实现投资目标和效益的相关能力。

判断投资项目好坏的第二个视角就是投资风险管理，尤其是管理好竞争风险和运营风险。在实现投资收益能力的分析中，如果存在各种限制或短板，则会导致投资风险加大。

实际上，我国第一代民营企业整体衰落，共同的根源就在于战略上失误。战略就是命运，很多民营企业是快决策、慢执行，80%的企业破产源于战略问题。因此，中国民营企业最薄弱的环节是战略环节，最大的误区是战略误区，最需要转变的是对战略的偏见，最缺乏的能力是制定正确战略的能力，最需要提高的是战略管理水平。一个企业最终走入困境很少是操作层面的原因，最大的失败或者说对企业损害最大的，是它做了不该做的事。比如，巨人集团过去的投资过于草率，缺少科学翔实的前期规划论证，做了大量自己不该做的事，财务上形成了巨大的窟窿，最终导致巨人集团因资金周转不灵而陷入停滞状态。史玉柱后来总结投资战略时，提出要重点把握这样几个原则。① 投资领域是不是朝阳产业，不是不做。他认为投资要得到高收益，一个项目应该持续较长的时间，具有较大的发展潜力。② 对投资行业熟不熟悉，不熟不做。在二次创业投资保健品的过程中，不仅是保健品行业的利润空间大，更重要的是史玉柱对保健品这个行业了解充分，具有驾驭行业的能力和信心。③ 在新项目中，自己队伍的特长能不能发挥出来，发挥不出来也不做。④ 一旦发现投资失误的苗头，要当机立断，损失再大也要砍掉。

企业家在涉及投资决策时，其身份是综合的，所需要的决策支撑条件和环境也是综合的。企业家的投资决策选项中，既有资金等直接的要点，也有基础条件（包括市场调查和投资项目的可行性分析）的决策等要点，参见图6-3。

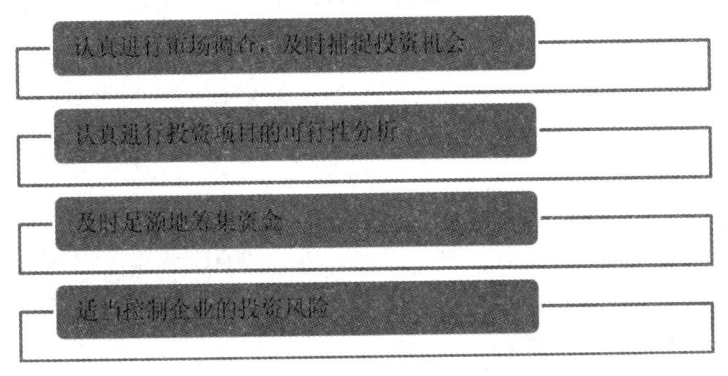

- 认真进行市场调查，及时捕捉投资机会
- 认真进行投资项目的可行性分析
- 及时足额地筹集资金
- 适当控制企业的投资风险

图6-3　企业家投资决策的要点

二、产品策略

市场瞬息万变，竞争日趋激烈，各企业为求得生存发展，就应不断调整企业投资规模，以提高技术装备水平、工艺流程等，从而生产出适销对路的产品，以扩大市场份额，增强市场占有率，延长企业的生命周期，使得企业能够持续经营。在对固定资产投资决策时，企业首先要充分考虑固定资产的利用率，其次要考虑企业的发展状况及发展前景，认清企业目前所处的生命周期的不同阶段。在认定了企业所处的生命周期阶段后，要根据所处的不同阶段的特点调整固定资产的投资规模，以增强企业的收益能力。企业的技术实力和能力是企业核心能力的重要组成部分。企业的核心能力是企业生存与发展的根基，也是企业获得竞争优势的前提和基础。在日益多变的市场环境中，剧烈变化的市场边界和目标市场要求企业应加强核心能力建设，缺乏好的预测新产品成功的系统会浪费资源。产品的需求要有一个市场的协同作用。

在具体的产品策略上,向下延伸这种策略是把企业原来定位于高档市场的产品线向下延伸,在高档产品线中增加低档产品项目,其主要目的是利用高档品牌产品的声誉来吸引众多的消费者。向上延伸这种策略是把企业原来定位于低档市场的产品线向上延伸,在低档产品线中增加高档产品项目。双向延伸这种策略是把企业原来定位于中档市场的产品线向上、向下两头延伸,在中档产品线中增加高、低档产品项目。互补性的产品和服务中常常蕴藏着未经发掘的需求,关键在于搞清买方在选择产品或服务时都在寻求些什么。一个简单的方法就是考虑一下人们在使用你们企业的产品之前、之中、之后都有哪些需求。另外,企业在不同的产品定位模式下,其实现市场目标的能力定位也各不相同,3种不同的产品模式与市场实现的联系参见图6-4。

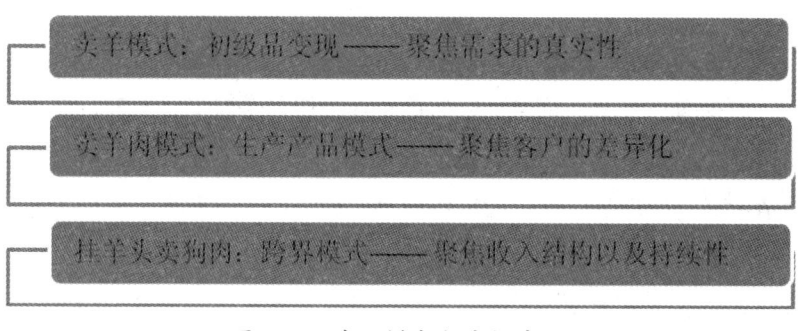

卖羊模式:初级品变现——聚焦需求的真实性

卖羊肉模式:生产产品模式——聚焦客户的差异化

挂羊头卖狗肉:跨界模式——聚焦收入结构以及持续性

图6-4 产品模式与市场实现

三、产品定位

产品组合是一个企业生产经营的全部产品结构,它通常由几条产品线组成。对于新建企业来说,投资决策时,必须考虑如何选择最优的产品组合,从而保证企业在特定的市场环境下和企业可能承担的风险水平下,使企业能够获得最大的利润。对现有的企业而言,投资决策时,必须考虑如何优化现有的产品组合,从而保证企业能

第六章 投资决策的基础：技术与产品

够适应环境和资源情况的变化。在分析拟投资的产品是否定位合理准确时，其逻辑分析框架包括4个部分，参见图6-5。

图 6-5　产品分析框图

第一，产品的定位和市场的关系是密不可分的。适应市场的产品才可能在未来获得较好的收益。而且，产品也是市场预测实现的载体，没有适销对路的产品，前期的市场预测则是空泛的猜想。在考虑市场的维度对产品定位时，在对市场进行规模和结构研究的基础上准确进行市场细分十分必要，也是能否聚焦市场需求的关键所在。

第二，产品定位分析要考虑企业的实现成本。再受市场欢迎的产品，其提供过程也是企业组织资源进行生产的过程，这就需要企业在投资决策时统筹各种内外部资源条件和进行详细的成本核算。除了考虑有形和无形的各种成本外，还要考虑实现盈亏平衡的时间，并且在财务上能够平衡生存与发展的现金流分配。另外，如果成本一直居高不下，在一定程度上也反映出产品还不是很成熟，不具备大规模量产的客观条件。在涉及技术研发类的产品时更要多关注技术成熟度和规模化生产的关系。

第三，产品的定位分析一定和产品质量的定位有关系。毫无疑问，任何产品都应该有可靠的质量保证才可以赢得消费者的青睐。但是，产品等级不同，市场定位的高低端不同，产品质量等级也有不同的要求，不能盲目地追求精益求精。

2017年还在中国市场大放异彩的全球第一内衣品牌Victoria's Secret（以下简称"维密"），如今却陷入质量风波。某消费者购买的一款前搭扣维密内衣在穿第二次时就出现了金属扣掉色的情况，尽管维密按照该消费者诉求退还了款项，但这已不是维密首次出现产品质量问题了。在"全球第一内衣品牌"的光环下，摆在维密面前的是如何对产品品质强化管理的难题。

自2015年维密在中国开出首家门店后，目前维密在中国境内已经开了三十多家美妆和配饰概念店，以及4家全品类旗舰店。如此备受关注的品牌，产品的质量问题无疑将有损品牌形象。早在2008年时，就有消费者因长期穿着维密内衣出现过敏症状，并将该品牌告上法庭。此后，在2017年上海市出入境检验检疫局集中销毁的大批进口服装中，涉及品牌也包括了维密，原因是在维密发往中国市场的一批内裤产品被检测出甲醛超标，该批内裤的原产地是斯里兰卡。因为多次出现产品质量问题，维密内衣已经被部分消费者打上了"质量堪忧"的标签。

下面，我们分析一下上文的案例。内衣产品作为贴身衣服，质量的好坏直接关系着消费者的健康情况，若产品老出质量问题，消费者对维密产品的心理预期也将逐步下降，会直接影响消费者对品牌的信任度。维密的产品营销赢在了时尚秀，然而其对于时尚秀的过度营销，也导致了时尚秀的观众与消费客群产生了脱节。质量和安全是内衣穿着最基本的前提，也是消费者关注的重中之重。随着中国消费者越来越重视产品质量、服务，维密产品出现质量安全问题会让品牌形象大打折扣。

第四，产品的稳定性和创新性应该有一定的节奏。在市场上受欢迎的产品，也不能长期不变，还是需要推陈出新，给消费者提供差异化选择的机会，这样才会引导好消费者的忠诚度，也才能更好地打造产品品牌。但是，不能为了变化而变化，理想的结果是当既有产品已经获得了较好的投资回报后，及时推出新产品满足市场需求，这就需要企业综合考虑技术创新和市场实现的时间衔接，并且在生产保障条件上提前准备好。

实际上，低价优质的产品始终可以让企业获得更多的发展机会，企业需要不断强化自己的产品力，即通过质量取胜、以适当的方式生产、让自己的产品成为必需品、为顾客节省每一分钱等行动来塑造企业的产品力。

四、将来的产出能力够吗

（一）企业的投资规模

投资规模是指项目可行性研究报告中规定的全部设计生产能力、效益或投资总规模，即投资项目设定的正常生产运营年份可能达到的生产能力或使用效益。项目投资规模受国家产业政策、市场需求量、工艺设备、资金和基本投入等因素的限制。理想的投资规模应是投入少、产出多、能够使企业获得最大盈利、建设与持续生产经营条件均有充分保证的规模。项目投资规模的确定可以运用经验法、逼近法、规模效果曲线法、最小费用法（包括静态和动态）、工程技术法、效益成本评比法（盈亏平衡法、最低成本分析法）、多因素评比法等多种分析方法予以确定。投资决策是面向未来的，因而常带有某种程度的不确定性，也即投资风险是客观存在的。因此，企业在进行项目的投资决策分析时，要综合考虑多方面的因素；在分析项目的投资价值时，要有可靠的数据来源做支撑。对于同一个项目，企业应综合运用多种评估方法，从而可以使决策者多角度地了解项目的情况。此外，企业要考虑到各种可变因素对项目的影响，运用敏感度分析法来测算项目的财务风险，从而在全面分析的基础上做出最优的投资决策。

（二）生产能力的抉择

投资决策的制定，不能仅以收益最大为标准，还需要考虑能否保证企业的基本生产能力，这是企业生存的前提。由于技术进步等原因，有时企业需要对设备予以提前更新，投资就关系到企业能否继续生存，投资规模的确定就必须考虑基本的生存需要。投资规模的确定还需要考虑生产系统之间的能力平衡。不仅有现有工程和后续工程的配套、平衡、协调问题，还有基本生产系统与辅助系统和动力供应系统之间的平衡问题。投资项目中的技术和设备选择关系到项目投产后能否生产出符合特定规格和标准的产品，从而会直接影响到企业的产品能否适销对路，影响到企业产品的市场占有率和销售收入；关系到项目能否按进度获得这些机器设备，从而会直接影响到项目能否按时竣工投产；关系到项目的投资成本及未来的生产经营成本。即使是一个十分必要的投资项目，也要充分考虑投入产出效果，其中有一个重要的问题是投资项目的能力设定。生产能力设定高一点，有利于统筹规划、一步到位；生产能力设定的低一点，有利于快速建成和提高经济效益。一般来说，只有企业的固定资产投资利用率达到90%时，其固定资产利用率才较好，固定资产管理水平才较高。

企业不可能百分之百地利用固定资产。由于市场瞬息万变，有些产品可能会很快被淘汰，从而导致当初投资的机器、设备等固定资产闲置或者废弃等。此外，一些人为方面的因素也会导致固定资产利用率降低，如固定资产购置时计量误差、固定资产使用保管不当等原因而造成的毁损。这些主客观方面的因素都可能导致企业的固定资产利用率降低，从而不能全部充分地利用固定资产。

若企业的固定资产利用率过低，当低于70%（其至更低）时是比较危险的。因为此时生产用固定资产只占到固定资产总额的70%，还有30%的固定资产被闲置，这30%的固定资产会占用企业大笔的资金。一般制造企业固定资产占资产总额的60%，那30%的闲置固定资产相当于资产总额的18%左右，这是一笔相当大的资金，企业的流动资金也不过占20%~30%左右。可想而知，如果将闲置的固定资产用于流动资金方面将会给企业带来很大的收益。所以，当固定资产投资利用率达到70%或者更低时是一个预警信号，投资者必须高度关注该项比率。

为快速切入乘用车市场，2015年，福田汽车宣布以500万欧元的价格收购德国老牌汽车制造商宝沃，并投入大量资金着眼于品牌复活和国产化，先后推出了BX7、BX5两款SUV车型。但是，一直标榜"豪华品质""德系血统"的宝沃汽车，并没有迎来销量的快速突破。2017年，宝沃汽车月销量达到5000辆的顶峰后快速下滑，2018年2月的销量仅为707辆。与此同时，宝沃汽车的产能也没有得到完全释放。据了解，2017年宝沃汽车实际利用产能13.8万辆，与18万辆的设计产能相比，产能利用率仅为54.3%。

企业在进行固定资产投资前要充分地调查研究，预测各投资项目未来可能给企业带来的收入以及发生的成本费用，然后计算出各方案固定资产的利用率指标，结合同行业不同企业该指标的对比或本企业该项指标不同期间的对比，从而选择固定资产投资利用率最高的投资方案。否则，会造成盲目的投资，使得其投资规模严重超过企业的生产能力所要求的规模，威胁企业的生存。

按照经济管理学理论，投资能力设定在最低线最为经济，即使在需求不足时也能保证生产能力充分运用，当需求增长时可以通过外部协作和外购零部件来提高产量、满足需求。而大部分企业都比较喜好设定在最高线，以示能力强大。实际上，没有必要为了形象而浪费资金、放弃经济性。如果考虑到必要的设备检修和某些行业的特殊性，可以高于最低线，但最高不能超过中间线。很多企业在进行投资决策时预测市场前景过于乐观，并据此建设现代化厂房、购置先进设备。然而，当工程全部完工时，一方面目标市场发生了变化，另一方面国内已有多家企业也具备了竞争能力，其结果就是企业每年的实际订单有限，生产能力大量放空，企业濒临亏损边缘。由此可见，投资项目的生产能力设定过高，会在市场周期处于低潮时造成资源严重浪费，也使企业难以承受大额的固定成本，陷入财务困境。再进一步看，不少企业存在的一步到位的指导思想，也是造成产能过剩的原因之一。投资新建一个项目，可以形成新的生产能力，增加额外的销售收入，但也必须承受相应的风险。现在，有的企业对现有生产能力的不断提升不失为一种有效的方法。企业不需要一次性大规模的投入，可每年都根据市场需求、以技术创新为龙头，增添高效设备，调整生产布局，提升现有生产能力。

（三）分步能力设定

在市场竞争中也会遇到这样的情况：某产品投放市场后受到市场欢迎，但由于产能产量有限而被别的企业乘虚而入，使先进入者失去了市场份额。企业的技术水平受激励、投资和外部支持等因素的影响，其投资能力决定项目的资本成本、规模适用性、产品组合、技术和设备选择。实际上，分步能力设定不失为一个可行的方法，即在项目规划时留有可扩产能的余地，在项目投入时先把规模搞得小一点；一旦需求增加，再挖潜和逐步扩能。这样做的好处是：第一，可以节省投入资金，争取良好的投资回报；第二，可以缩短建设周期，使新产品尽快打入市场，取得竞争优势；第三，可以进一步厘清市场需求，采取相应对策，如及时扩大产能、形成批量生产、降低生产成本、使竞争对手难以抗衡，或"见好就收"、适时退出市场、转向新一代产品的研制和生产。在产品的不同生命周期中，产品的市场和竞争等情况也有很大差异性，参见表6-1。

6-1 **产品生命周期各阶段的特点**

阶段因素	导入期	成长期	成熟期	衰退期
市场容量	小	逐步扩大	逐渐饱和	迅速下降
生产规模	小	逐步提高，生产能力不足	大规模生产，生产能力剩余	生产能力严重过剩，规模缩小，产品定制
生产成本	高	逐步降低	最低	提高
市场价格	高	不断降低	由竞争策略而定	
产品质量	技术不稳定 技术相互竞争质量低	技术趋于稳定标准化 质量改进	技术稳定 标准化 质量稳定	便利品
市场竞争	少数企业	企业数量增加	企业众多，竞争激烈	企业逐步退出
消费者认知	认知度低、面向高收入人群	逐步提高向大众扩散	全面认同产品替代	逐渐放弃新产品替代

第三节　基于企业生命周期的投资决策分析

企业生命发展周期可以用企业规模（员工数量、营业额、有形资产）、企业发展后劲（资金状况、产品市场前景、管理实力）和企业无形资产（品牌、商誉、技术专利）3个指标划分为4个阶段：初创期、成长期、成熟期、衰退期。企业的投资战略是用来规划企业长期财务活动的投资方向及其资源配置的去向，其目的是在谋求协同作用效率的同时，通过合理有效地配置资源，形成企业在资源配置上的竞争优势。然而，产品的不同生命周期对制定企业投资战略的要求不同。在企业生命周期的不同阶段，企业自己可利用的资金有限，如何利用有限的资金获得最大收益，是每个企业决策者追求的目标，这就决定了其投资行为的多样性。因此，要根据企业所处的生命周期的各阶段采取相对应的投资决策，提高企业投资收益。

一、企业处于初创阶段的投资决策

企业从注册登记进行生产经营活动开始,进入初创期。企业投资初期,伴随大量的现金流流出,企业的利润会下降。此时,激烈的行业竞争会对企业产生消极影响;但伴随产品市场发展,以优胜劣汰为原则,市场竞争格局会发生变化,市场竞争能力强的企业会最先做出投资决策。这时,企业的资源配置主要以物质资源为核心,投资活动活跃,对固定资产的投资需求很大。企业的投资面临着很大的风险:一是在研究开发阶段需要大量的投资,还要冒投资失败的风险;二是面临较大的市场风险,因为市场是不确定的,顾客的需求是易变的;三是开发市场需要投入,而这种投入的收益具有较强的外部性,相当部分的收益为跟进者无偿占有。在企业初创阶段,合理确定企业的投资规模意义重大,一旦出现差错将影响企业的生产经营活动,威胁企业的生存。若固定资产投资过大,占用了企业大量的资金,从而影响了其他各种资源的投入,又由于此阶段从外部筹资较困难,使得企业面临巨大的资金短缺问题,继而影响企业的生产经营活动及其他活动。若固定资产投资过小,达不到设计的生产能力,将影响产品生产,限制企业的发展。企业必须对新产品潜在市场进行深入的市场调研,弄清顾客对新产品使用特性、功能等方面的要求,把握市场需求的性质和程度。同时,企业应提出产品设计的技术要求,对生产制造的可行性做出较准确的判定,在此基础上平衡设计与使用的要求,即在技术上可能设计制造的产品与顾客所希望的产品之间寻求一个有效的新产品方案,并对该项目的获利进行初步的分析和估算。

在企业初创期,采用集中化投资战略,开辟一个小范围的市场份额,为新产品打开市场,是企业的当务之急。行业中有上下游产品和分支领域,企业在哪个市场有自己的相对优势,就重点投资哪个市场。这样,企业才能集中有限的资源用于自己最擅长的行业,有利于提高资金的使用效率，充分发挥企业的最大能力，促进企业的稳定发展。企业可以利用自己规模小、经营机动等特点，进入那些目标市场狭小、市场容量小、大企业不便或不愿进入的行业或领域谋求发展。

企业创业初期，实力较弱，进入市场容量小的目标市场，可以避免同大企业或较多同行竞争，这样使企业得到一个时间上的缓冲，安然度过生存危机后，再逐渐发展壮大。在进行投资决策时应该在分析了企业的发展方向、产品的种类以及其他资产的投资比例后确定固定资产投资方向、投资规模。因为是刚投产不久，企业固定资产还没有完全发挥效用，企业一般不会轻易地调整固定资产的投资规模。在此阶段，企业应敢于抛弃一些没有投资价值或者很难再投资下去的项目。如项目投资中不断地出现偶发事故，建设工期拖得很长而且施工困难的，各部门人员意见分歧而彼此厌恶很难再合作的固定资产投资项目要考虑及时放弃。在这个阶段，固定资产投资额在整个企业投资总额中约占 50%~60%（重工业除外，其固定资产投资额要高一些，一般占 70%~80%）为宜。如果企业的固定资产投资额超过这个比例，就有投资过热倾向，企业的决策者要密切关注这个比例。否则，会影响流动资产的投资，特别是中小企业。因为中小企业在这一阶段从外部筹资是相当困难的，主要依靠的是自有资金，过多投资于固定资产会使企业陷入资金短缺的困境，影响其生产经营活动。

二、企业处于成长阶段的投资决策

企业成长的本质是企业内在素质的提升、外部价值网络优化，凭借有效的商业模式、企业战略及策略阶段性的赢得市场竞争优势，进而实现企业业绩增长的过程。企业成长主要包含 3 个层面：企业内在素质的成长提升，企业外部价值网络的优化，企业竞争优势。

企业的内在素质至少包括企业核心能力强弱、企业治理结构是否规范、企业管理是否有效、企业是否能主动适应环境的变化。企业成长要求企业培育动态核心能力，才能在竞争中生存与发展，强调环境感知和辨识能力；适应环境变化的战略调整和整合能力；技术创新能力、市场营销能力；组织的整体行动能力。另外，企业组织体系、治理结构如何也是企业内在素质的重要因素。为企业提供各种要素的供应商、销售商、服务商和客户都是企业价值网络上的成员，企业只有不断培育、调整、优化这个网络，才能持续不断地为企业创造价值。在同行业中，一个企业能否形成竞争优势，最后获得经营业绩的成长可从以下4个方面去分析：① 市场方向、份额是否领先；② 技术方向、技术范式是否领先；③ 产品功能、成本价格是否领先；④ 服务质量、客户关系管理是否领先。在高速成长的企业，必须在总体市场开发和市场占有率两方面同时投入大量资金，采取扩张型投资战略，在投资、融资等方面都采取相对应的策略。在投资方面，要多方位涉及新领域，注重对自身核心竞争能力的培养，防止盲目扩张，应通过一体化经营来实施企业战略，在现有业务的基础上进行横向扩展或纵向的扩展，从而实现同一产品链上的延长。企业要制定正确的投资战略，并且与企业其他的战略要相互吻合、相互匹配，这样才能持续发展。高速成长过程中，投资战略哪一个环节出了问题，都会影响企业的未来。

  处于成长阶段的企业，经营重点往往放在如何以独特的产品拓展市场并不断培育自身的竞争优势上。利用顾客对产品特点的注意和顾客需求多样性的变化，使企业所提供的产品和服务在同类产品中形成独特性，这些独特性可表现在产品设计、技术特征、产品形象、服务方式等某一方面或某几个方面，在特定领域形成自己独特的经营特色，培植起自己的核心竞争力。因此，在投资方面，企业应根据有限的资金，选择所能达到的投资规模，通过资源在一项业务中的高度集中增加其主要业务的销售量、提高市场占有率，从而为企业发展进行原始资本积累。企业在扩大生产销售的同时，应不断加大技术创新投资，引进先进的生产设备，提高生产率，降低原材料的使用数量，力争使成本降到同行业最低水平，获得最大的规模效应，从而取得成本竞争的优势。这样，企业才能在激烈的市场竞争中，拥有较高市场占有率，获得更多利润，以此利润再进一步对先进设备进行投资，如此循环，推动企业不断走向成熟。此外，企业应将筹集的资金集中用于新产品的研究开发、市场推广、工艺设计等领域。产品质量终究是企业的生命，是企业提高竞争力的支柱。产品质量低下的企业，也许在成长期能维持一段时间的发展，但绝不可能实现企业的持续发展，一旦进入成熟期，这种企业必然遭受被淘汰的命运。因此，在产品处于成长期时，企业必须提高企业产品的质量，力争创造出知名品牌，为企业的迅速发展和适应成熟期的激烈竞争打下坚实的基础。产品质量在很大程度上依赖于包括产品改造、工艺改造、技术培训和设备改造等方面的综合集成结果。处于成长期的企业应确立以提高产品质量、创造企业品牌为中心的投资战略。

三、企业处于成熟期的投资决策

产品进入成熟期后，产品市场从迅速增长过渡到缓慢增长，最终停止增长。产品进入成熟期，对于市场上所有的企业而言，都是一件痛苦的事情：一方面，市场规模快速发展的黄金时期一去不复返了；另一方面，市场整体的供给能力也逐渐进入较高的水平。这两种因素直接导致整个产品市场处于饱和状态，市场竞争日趋激烈，企业之间进行残酷的淘汰战。这一段时期是企业营运环境发生各种根本性变化的时期，也是需要企业做出各种投资战略反应的时期。

假如企业对产品进入成熟期毫无察觉，既没有采用成本领先战略，也未能形成产品差异战略和目标集聚战略，而是在这几种战略之间犹豫徘徊，那将十分危险。产品进入成熟期，买方市场已经形成，企业还要像成长期那样进一步扩大市场占有率已经十分困难。因此，不能再为了保持和扩大市场占有率而盲目追加投资，使企业陷入被动。

产品成熟期，企业投资战略的主要目标应在成本领先、产品差异与目标集聚之间进行选择。一般而言，不同生产规模的企业，其战略定位往往不同。

对于大批量生产的企业来说，在成熟期通常采取成本领先战略。降低产品的成本，不仅有利于降低产品价格，从而增强企业产品的竞争力，以实现维持并进一步扩大销售的目的；而且，也可以增加盈利以弥补销售量减少的损失。企业降低产品成本往往通过降低能耗、降低原材料消耗、采用廉价新材料、更新旧设备、工艺和制造方法的改进和创新等途径来实现，而这又离不开企业进行相应的技术改造等方面的投资。因此，大批量生产企业这一时期的投资战略，应服务于企业成本领先的目标。

对于小批量生产的企业而言，在成熟期采取产品差异或目标集聚战略是有利的。产品差异和目标集聚是建立在小额或特小额的特定用户的基础上，即对某一类型顾客或某一地区性市场作密集型经营，企业可以利用顾客对品牌的忠诚度高以及由此产生的对价格敏感性下降等因素，使企业能控制一定的产品势力范围。顾客的忠诚度高以及某一竞争对手要战胜这种独特性需付出的努力就构成了进入壁垒，企业的竞争地位就比较稳定。因此，小批量生产企业这一时期的投资战略应服务于产品差异或目标集聚战略的实现。

在成熟期，企业应加大开发新的细分市场的投资力度。一方面，在现有地区市场的基础上，寻找地区之外新的细分市场。因为产品生命周期在不同地区之间有着差异性，同一产品在不同地区可以表现为产品生命周期的不同阶段。一个产品在某一地区处于成熟期，而在另一地区则可能刚刚进入成长期,这就为企业进入地区之外的细分市场提供了可能。另一方面,在现有市场之内,通过进一步的市场细分,寻找新的顾客。产品在现有市场内通过市场细分拓展其顾客范围,有着现实的可能性。因为任何一种产品在一个特定地区都有着特定的消费群体,即目标市场,而影响市场发展的因素和市场都处于动态变化之中,这两种动态过程的相互影响决定了目标市场扩大的可能性。

处于成熟期阶段,企业发展达到顶峰,固定资产已具有相当大的规模,并且得到充分的利用,但有不少固定资产开始出现老化甚至废弃现象。因此,在此阶段,企业应认真检查固定资产的状况,对于不能用的固定资产可以转让或者变卖以获得一定的转让或变卖收入。由于在成熟期时,企业资源投入达到一定规模后保持相对稳定,企业的资源结构趋于科学合理,企业的经营决策者滋长惰性,更多的凭经验办事,凭感觉和经验决策,不太会增加固定资产投资,致使企业加速进入衰退期。因此,企业更应挖掘潜在的市场需求,投资于有巨大商机的项目,以延缓企业的生命周期。当前科学技术发展迅速,市场竞争极其剧烈,新产品层出不穷,产品寿命周期出现了普遍缩短的趋势。如果企业死守住原有产品,不作改进,不开发新产品,注定会被淘汰。因此,企业必须积极创新,开发适销对路的新产品,并合理确定新产品所需机器、设备等固定资产的投入。

一旦产品从成长期进入成熟期时就应考虑产品换代问题,抓紧机遇对固定资产进行技术改造或者购置新的固定资产,以确保企业的可持续发展。加强对现有产品的改造,这是提高处于成熟期产品的竞争能力、促进产品再生的最重要的途径。传统的观点认为,产品改造只在导入期和成长期才有必要,而成熟期则主要是维持经过导入期和成长期已经改进过的产品。这种观点不符合现代市场经济发展的实践。事实上,导入期产品的改进主要是弥补原有产品没有通过市场检验的缺陷，是被迫进行的改进；成长期的改进主要是避免竞争者的模仿，以甩开竞争者；而成熟期产品的改进则是为继续在市场上领先，适应社会进步和市场需求的变化，是产品再生的主动行为。在产品成熟期，技术已日趋成熟，竞争集中在能否取得消费者的信任。此时，改进产品和完善服务便成为至关重要的环节。企业通过产品改造，使产品与消费者达到生理和心理上完美的沟通，在保证质量的前提下，使消费者发现他们想到的——企业也想到了，他们没想到的——企业也想到了，即便是一个很小的改造，也会促使消费者喜欢这个产品，从而保证了企业在竞争中的领先地位。

在成熟期，产品开始进入回报期，由于产品市场份额稳定，企业盈利水平稳定、现金流转顺畅，盈利水平达到高峰但增长速度放慢，而财务风险抗御能力雄厚，企业财务状况比较稳定。

上市7年来一直保持高速发展的迪安诊断技术集团股份有限公司正面临自己的首度业绩停滞期。据公司发布的2017年度报告显示，2017年迪安诊断实现营业收入50.04亿元，同比增长30.86%；归属于上市公司股东的净利润3.50亿元，同比增长33.05%；扣除非经常性损益后的净利润为2.20亿元，同比下降10.46%。值得注意的是，这是迪安诊断上市以来首次出现扣非净利负增长。从2013年~2017年的5年间，迪安诊断共耗资超过30亿元并购了18家公司。然而，外延式扩张的高速发展也带来了负债飙升、商誉减值等并发"后遗症"。此外，竞争对手的不断扩张也给迪安诊断内生式增长设置了不小的挑战。

成立于2001年的迪安诊断是一家以提供诊断服务外包为核心业务的第三方独立医学诊断服务机构，业务涵盖医学诊断服务、诊断产品和服务营销、司法鉴定、健检事业、冷链物流、诊断技术研发生产、CRO、生物样本库等领域。上市以来，迪安诊断业绩一直保持30%以上的高速增长。数据显示，2011年~2016年，公司营业收入分别为 4.82 亿元、7.06 亿元、10.15 亿元、13.35 亿元、18.58 亿元、38.24 亿元，与上年相比分别增长了 40.55%、46.42%、43.75%、31.48%、39.18%、105.79%。归属于上市公司股东的净利润分别为：4220.83 万元、6018.77 万元、8609.33 万元、1.25 亿元、1.75 亿元、2.63 亿元，与上年相比分别增长了 30.23%、42.6%、43.04%、44.71%、40.30%、50.33%。

迪安诊断在 2017 年度报告中坦陈，新医改对社会办医政策红利持续加码，未来会有更多的社会资本进入第三方医学诊断行业，第三方医学诊断市场规模逐渐扩大，第三方医疗机构之间的竞争也将趋于激烈，技术创新、模式创新、管理创新等竞争维度无处不在。与此同时，随着整个 IVD 行业变革加速，原有上游生产、中游流通、下游面对医院和医院面对病人的结构逐渐瓦解，上、中、下游业态相互交叉融合，共同抢占市场资源。随着业内外公司不断切入 IVD 行业，存在整个行业模式被颠覆的竞争态势。

总而言之，处于成熟期阶段的企业宜采取一体化投资战略，即企业充分利用自己在产品、技术、市场上的优势，向经营领域的深度和广度发展的战略。一体化战略主要有 3 种类型：一是后向一体化；二是前向一体化；三是横向一体化。后向一体化和前向一体化统称为纵向一体化。一体化战略有利于深化专业化协作，提高资源的利用程度和综合利用效率。但是，仍要防止盲目扩张，避免企业由资源丰富型变成资源不足型。

当企业感到继续留在处于成熟期产品市场中已无利可图时，可以考虑退出该产品的生产，采取如转让等退出战略。在市场处于成熟期，会出现一批经营不好或处境艰难的企业，此时，如果本企业竞争地位较强，可以考虑购买、并购这些企业，从而使企业达到经济规模，创造低成本的优势，进一步增强企业的竞争力。当企业感到经营困难时，也可考虑采取多元化经营战略，即在努力避开行业内的激烈竞争而不脱离本行业经营的同时，投资其他领域进行多元化经营。多元化经营的缺点在于容易使企业投资管理的难度加大，管理效率降低，对企业资金和科研水平也要求很高。从多元化投资成功的案例来看，科学的做法是建立基于核心竞争力的多元化投资战略。企业的核心竞争力具有延展性，企业可以从某种核心竞争力中衍生出一系列的产品和服务，打开多种产品的潜在市场、拓展新的行业领域。

四、企业处于衰退期的投资决策

企业在衰退期，固定资产的特征一般表现为机器设备陈旧、老化和技改投资不足。除非遇到特别好的投资项目，企业一般不会进行固定资产的投资。机器设备是企业主要的生产资料，是企业生产经营的必备条件，是科学技术的物化，代表着一定时期的科学技术水平。陈旧、落后的机器设备无法保证产品质量，只会增大产品成本，浪费宝贵的经济资源。况且，企业在此阶段的产品销售不畅，滞销严重，出现很多的替代品，销售额急剧下降，利润非常少甚至亏损，企业没有活力，士气低下，负债严重，面临着破产清算的结局。在此情况下，企业根本没有资金投资，也很难对外筹集资金，企业维持经营都很困难，更不用说投资于固定资产了。在这一阶段，生产规模虽大，但包袱沉重；产品品种虽多，但可能亏损严重。由于新产品和大量替代品的出现，市场逐渐萎缩，销售增长率出现负数，利润率停滞或不断下降。

衰退期的企业往往通过业务收缩、资产重组或被接管、兼并等形式延缓衰退，或蜕变为另外一个产业的企业。对于那些不盈利而又占用大量资金的业务，企业可以采取剥离或清算等退出战略，以增强新投资领域或项目的市场竞争力。可以采取削减分部和精简机构等措施，通过盘活现有存量资产、节约支出等手段，集中一切资源用于企业的主导业务，以延长企业主导业务退出市场的时间。在技术方面，实行"拿来主义"，以购买专利为主，不搞风险型财务投资；在生产方面，不盲目追求规模扩张，而着眼于提高资金流动效率，不断降低成本。应以尽可能快的速度寻找新的财务资源增长点，实现战略转移。企业准确地选择新的产业领域，就可能重获新生，再次显示出企业发展期甚至成熟期的特征。逐步退出所在行业，具体表现为减少直至取消科研投入，减少广告支出，压缩促销费用，减少产品种类，提高产品价格等。

2018年开年之初，一封名为《我们从未如此接近梦想》的公开信在康佳内部员工流传，其中一句"从未如此需要涅槃重生"或许表明了这家昔日巨头的转型决心。转型并不容易，作为曾经的彩电龙头，康佳多年来陷入了业绩持续亏损的困境。2018年3月30日晚，深康佳A发布财报显示，2017年康佳集团实现营收312.28亿元，实现归属于上市公司股东净利润50.57亿元，同比增长5185.74%。值得注意的是，财报显示扣除非经常性损益的净利润为-9728.49万元。而康佳实现净利润暴增近52倍，与其售出旗下资产有关。时至今日，彩电业务在康佳集团中仍占据着举足轻重的地位。据2017年财报显示，彩电业务全年实现营收119.95亿元，毛利率则高达16.11%，为集团贡献了19.32亿元利润，仍是康佳赖以生存的支柱产业。然而，彩电行业正遭遇14年来的最严寒冬。

据第三方数据机构奥维云网（AVC）报告显示，在2017年，彩电业全行业市场零售销量为4752万台，同比下降6.6%，创下了2003年以来的最大跌幅。从2016年开始，作为彩电原材料的面板、集成电路到基础材料价格集体上涨，彩电市场面临着成本上升和销量下降的双重夹击，业绩低迷已不可避免。在行业整体不景气的情况下，彩电市场仍处于白热化竞争状态中。康佳不仅要面对海信、创维等领先在前的国产巨头，还要面临小米、暴风等互联网电视的追逐。

第七章
投资决策的基础：团队能力

本章导读

第一节　投资决策需要团队合作
第二节　企业家与投资决策
第三节　多维角度透视非效率投资决策

第一节 投资决策需要团队合作

一、公司治理与投资决策

一般而言，产业投资要经过3个阶段：投资前期、投资期和投资回收期。要想获得投资的成功，必须做好各阶段每个环节的工作。在这3个阶段中，投资前期工作尤为重要。投资活动的3个阶段各个环节的时序不能任意跳跃，更不能颠倒，但可适当交叉。著名经济学家西蒙认为，管理就是决策。组织的行为是众多决策过程所构成的一个错综复杂的网络，各个决策者的行为又受自身理性限度的约束。因而，考察影响决策者理性限度的因素便至关重要。决策者的理性限度不是静止不变的。要实现绝对理性的决策原则，必须有3个前提条件：一是决策者对可供选择的方案及其后果要无所不知；二是决策者要有无限的估算和预测能力；三是决策者头脑中对各种可能的结果有一个完整且一贯的优先顺序。但是，存在以下3个困难导致难以决策理性：知识的不完全性、预测的困难性和穷尽方案的困难性。经济学中的企业理论认为：如果组织成员（可能是所有者、管理者、工人或消费者）之间存在利益冲突，由于合约的不完全性，交易费用之大使代理问题不可能通过合约解决，公司治理问题就必然会在一个组织中产生。治理结构被看作一个决策机制，而这些决策在初始合约中没有明确地设定。更准确地说，治理结构分配公司非人力资本的剩余控制权，即资产使用权如果在初始合约中没有详细设定的话，治理结构将决定其将如何使用。

明晰的产权有利于减少不确定性，产权规则赋予一项财产权利，就等于给财产主体规定了行为选择集，不但明确了产权主体的行为空间，同时也给其他人提供了行为预期。企业内部的产权结构是企业整个产权结构的一个重要组成部分，自20世纪20年代以来，现代企业的产权结构经历了5次重大创新，即由传统的U（Unitary的缩写，单一单位的企业，功能垂直型结构）型结构模式到M（Multidivisional的缩写，混合型，事业部型分权结构）型结构模式，再到超事业部制结构模式，再到H（Holding的缩写，控股型）型结构模式，由U型结构模式到矩阵制结构模式再到多维制结构模式（即M型结构和矩阵结构的混合）。H型、U型、M型结构的比较参见表7-1。

在业主制企业和合伙制企业，投资者既是出资人，又是企业的经营者，企业的收入就是业主和合伙人的收入，企业的资产也是业主和合伙人的财产；反过来，企业如果严重亏损，业主和合伙人可能不仅不能收回投资，其他财产也可能受到损失。在这种情况下，投资者与经营者的目标通常都是一致的。

在公司制条件下，企业的所有权与经营权分高，投资涉及3类不同的主体：所有者、经营者和相关利益者，企业投资者的目标能否实现与这 3 类主体之间的权、责、利的配置密切相关,而这 3 类主体之间的权、责、利的配置则是公司治理的核心问题。

表 7-1　　　　　　　　　　　　　　企业不同组织结构的比较

组织结构名称	决策特点及适用性
H 型结构	较多地出现于横向合并而形成的企业,可保证合并后的各子公司保持较大的独立性,也称为功能性控股公司。其子公司执行不同的经济功能,总公司的控制协调通过若干个委员会和职能部门来进行。
U 型结构	它是一种中央集权式的结构,企业的生产经营活动按照职能划分成若干部门,各部门又直接由企业最高领导指挥,权力集中在高层管理人员手中。优点在于有利于集中有限的资源,按照总体设想,投资到最有利的方向上;再就是有利于产、供、销各环节之间的联系。缺点在于高层经理们陷于日常性的经营活动,无法做好长期性的资源配置工作;再就是不利于发挥中层管理者的主动性和创造性。
M 型结构	它是企业总部和中层管理人员之间的分权为特征的分权式结构。关键在于把企业划分为若干相对独立的事业部,使其成为独立核算、自负盈亏的利润中心,拥有广泛的独立决策权。在事业部之上,设有一个高层组成的总部管理机构。企业的决策分为战略决策和运作决策两个层次,完善了总部和事业部的决策分工和职责分工。

在经济学家看来,公司治理结构是一套制度安排,用以支配若干在企业中有重大利害关系的团体—投资者(股东和贷款人)、经理人、职工之间的关系,并从这种联盟中实现经济利益。公司治理结构包括如何配置和行使控制权,如何监督和评价董事会,经理人和职工,以及如何设计和实施激励机制。公司治理结构,实际上是指企业的组织架构和职权界限,是在所有权和经营权相分离的条件下,所有者、董事会、高级经理人员按照国家法律法规规定的责、权关

系构成的组织结构。公司治理的核心是有效的激励与约束机制。完善公司治理的核心是建立有效的激励与约束机制，形成权力机构、决策机构、监督机构和经营管理者之间的制衡机制。

从公司治理这一问题的产生和公司作为一种层级组织的角度以及治理机制发挥作用的方式来看，可以把公司治理理解为内部治理与外部治理。所谓内部治理是关于所有者（主要是股东及董事会）对经营者（高级管理层）的一种监督与制衡机制。内部治理是公司治理的核心，其目标是保证股东利益最大化，防止经营者对所有者利益的背离。内部治理依据技术条件、规模经济和法律框架的差别而异，也与路径依赖有关，表现为法人治理结构。由于这些条件在各个国家不尽相同，法人治理结构的模式和具体的监督机制多有不同，而且处于不断的制度创新之中。外部治理则指出包括一般少数股东以及潜在股东、资本市场、监管机构及经理人市场、产品市场、社会舆论监督和国家法律法规等外部力量对企业经营管理行为的监督。外部治理是内部治理的补充，主要是通过竞争市场，使经营行为受到外界评价，迫使经营者自律和自我控制，实现间接控制。

公司治理结构理论起初强调股东权利，随后的发展过程扩展到利益相关者，形成了英美模式（股东主权＋竞争性资本市场）和日德模式（股权＋债权共同治理的银行导向）。在英美模式中，能够对经营绩效不佳的经营者产生持续的替代威胁，既有利于保护股东利益，又有利于有效分配资源。在日德模式中，侧重公司内部治理，强调应平等对待股东和雇员，以及债权人及利益相关者作为公司治理目标，便有可能出现诸如内部人控制、资产所有者缺位、剩余所有权界限模糊等问题。

不同的公司治理模式会导致不同的投资决策安排，我们可以将股份制或有限责任制公司的投资决策安排在很大程度上受公司治理模式制约的事实理解为公司的内部制衡和外部约束对其投资决策发生影响的制度反映。英美模式和日德模式两种模式的对比参见表7-2。

表7-2　　　　　　　　　　　　　　　　　　英美模式和日德模式的比较

	英美模式	日德模式
总体特征		
金融市场的深度和广度	高	低
直接融资比例	高	低
股权结构		
集中程度	低	高
银行持股	低	高
公司间持股	低	高
股份转手	高	低
治理机制		
剩余价值的归属	股东	长期雇员
董事会构成	股东代表	关系企业经营者
管理层的作用	股东代理人	企业资深领导人
对管理层的监控	依靠董事会和资本市场	依靠资深经理、雇员和银行
雇员的作用	按照合同服务于企业	雇员为企业社团的成员
工资的决定	由市场决定	由资历和评估的能力

股东看重的是企业的股东权益部分，而经理人看重的是自身职位的升迁以及薪资报酬等方面。一般来讲，如果企业的规模处于高速扩张的阶段，经理人升迁的可能性更大。因此，大企业的经理人为了谋取更高的社会地位和更丰厚的货币收入，很可能会盲目扩大

投资。但是，在产品竞争激烈的行业中，如果管理者滥用公司资源，一旦决策失误，很可能会受到极大惩罚，导致身败名裂。因此，竞争会提高企业经理人扩张投资行为的风险与成本。企业是特定投资的联结，即多种特定资产和不同人员的组合。基于此，公司治理的外延就更大了。有效的公司治理一般有3项要求：透明、公平和诚信。从制度来分析公司内部制衡与投资决策的关联，可以围绕两个层面来展开：一是从公司治理结构是否吻合经济体制模式，来观察其内部制衡的制度安排对投资决策的影响；一是通过公司治理结构的设置及其功能的发挥，来分析制衡机制在哪些方面对投资决策产生制约。前一层面的观察可以反映出不同经济体制模式对公司内部制衡机制所具有的不同规定性。由于这种规定性在不同国家存在着差别，各国公司的内部制衡机制与投资决策的关联形式是不同的。后一层面的分析可以揭示公司治理结构的机制、程序、功能等对投资决策的作用过程，它是公司治理与投资决策之关联受公司内部制衡制约的最主要的内容。

决策制定权和决策控制权的分离程度，对企业投资效率可能具有重要影响。决策制定权和决策控制权的分离程度较低，将导致企业经济决策在制定过程中缺乏必要的监督和控制机制，从而使得管理层有足够的机会从事机会主义行为。管理层控制的资源更多，其获取的私人收益也越大，而过度投资能够增加管理层控制的资源；同时，过度投资能够促进企业规模的迅速扩张，公司规模越大，管理层会获得更多的各种货币和非货币收入以及更高的社会地位。可见，管理层出于私利的考虑，往往有过度投资的倾向。因此，决策制定权和决策控制权的分离程度较低，投资效率可能会较低。当然，较低的决策制定权和决策控制权分离程度也可能通过强化管理层的领导权威，避免多头领导，从而提高决策效率。但是，有研究表明，只有企业处在资源匮乏的情况下，较低的决策制定权和决策控制权

第七章 投资决策的基础:团队能力

分离程度的积极作用才可能得到显现。

企业内部各责任中心所拥有的企业资源对其自身的生存与发展有着非常重要的影响。在企业资源匮乏的情形下,各责任中心必然在资源方面发生激烈的争夺,与此相应地,企业决策权配置状况对企业生存与发展的影响也随之增加。此时,通过降低决策制定权和决策控制权的分离程度,形成强有力的领导,可以控制各责任中心的寻租行为,进而维护企业整体利益和提高企业决策效率。与此不同,在企业资源并不匮乏的情况下,资源并不是决定各责任中心乃至企业的生存与发展的核心要素,各责任中心对企业资源的争夺自然就没有那么激烈。因此,降低决策制定权和决策控制权的分离程度所带来的强有力领导的作用,也就没有那么的明显。同时,当资源争夺不那么激烈时,提高决策制定权和决策控制权的分离程度更能够调动各责任中心的积极性,以更有效地利用分散在各责任中心的信息和知识;而降低决策制定权和决策控制权的分离程度则影响各责任中心的积极性,从而对企业价值产生负面影响。

较低的决策制定权和决策控制权分离度更多体现的是对投资效率的负面影响。较高的决策制定权和决策控制权分离度可以避免因管理层权力过于集中带来的监督和控制机制缺失的问题,从而改善公司治理机制。当决策制定权和决策控制权分离度较高,管理者的代理问题较少时,因管理者代理问题所造成的低效率投资问题就会变少。证据表明,盈余管理并不总是会降低投资效率,只有在决策制定权和决策控制权分离度较低的情况下,盈余管理对投资效率的损害作用才会显现出来。这说明在研究会计信息质量与投资效率之间的关系时,必须考虑决策制定权和决策控制权分离度的影响。

从制度来分析公司的外部约束与投资决策的关联,同样会涉及经济体制模式的影响问题。这种影响主要发生在体制模式对资本市场运作的各种法律规章的作用方面。资本市场(尤其是长期资本市场)对公司投资决策的外部强制作用,一方面会规定或诱导公司投资什么、投资多少和怎样投资;另一方面会通过投资收益的市场验证来改变或约束公司的投资决策。资本市场的发达程度催生了法律规章的成熟过程,而法律规章的逐步成熟会决定公司治理结构的成熟程度,从而使公司投资决策的规则、程序和过程等规范化。另外,由于市场中的信息和环境因素的不确定性,公司的决策者会根据市场的不确定性改变投资的规则和程序,这会使投资决策安排处于不断变化中。而投资决策安排的经常性变化会在一定程度和范围内修正公司治理结构,这可以解释为投资决策安排对公司治理结构的反作用力。显然,将这种反作用力同样看成是公司治理结构与投资决策安排的关联也是符合实际的。

二、投资决策能力与决策机制

企业的生存和发展离不开3类决策:一是确定企业目标,提供何种产品和面向什么市场以及如何实现;二是如何选择技术、具备哪些能力以及各层级的团队建设;三是企业现有资源(资金)的分配,包括时间选择和主题选择以及选择条件等。这都与投资决策有密切联系和影响。因此,企业投资决策者的决策能力直接影响到企业投资决策的正确与否,加强企业投资决策团队的素质建设刻不容缓。一项投资建议,必须符合一系列标准的要求才可以被接受,包括技术标准、经济标准、环保标准和社会效益标准等。要提高企业投资决策的科学性、减少企业投资失误,就要求企业的投资决策者紧跟市场需求,在把握企业眼前利益的同时着眼企业的长远发展,推动企业的转型升级,实现企业创新型发展。由于现代企业所有权与经营权的分离,所有者所追求的是企业整体价值的最大化;而经营者追求的却是自己薪酬的最大化,为了达到这个目标会尽量美化报表数据,刺激经营者大量进行一些不必要的投资行为。另一方面,

第七章 投资决策的基础：团队能力

经营者个人的投资风险偏好程度往往会与企业整体的经营决策目标不一致。这些因素势必会导致企业投资决策的制定产生一定的偏差。

所谓投资决策机制是公司的一项制度安排，它通过一定的方法和程序，合理确定投资决策权，形成科学的投资决策程序和制衡机制，以协调各利益相关者之间的利益和权力，确保投资决策的科学与效率。不同的控制权配置方式决定了不同的投资决策机制，它取决于对财产终级所有权和法人财产权权利的具体安排。在现实的企业中，这种制度安排或投资决策机制表现为企业的股东大会、董事会、经理人员和监事会之间的权力分配和相互制衡的关系，构成了公司治理结构的核心内容。有效的激励关键是要达到一种攀岩效应，使经营者有足够和持续的动力去追求公司发展的更高目标从而获得更多报酬和更高的社会地位，以确保投资决策对企业有利；反之，经营者不努力或玩忽职守会一无所得。有限理性与机会主义的存在对投资决策存在较大影响，有限理性可能使决策不能完全到达决策者预期的目的的效用，而机会主义的存在促使股东不得不提防决策者的机会主义行为，从而增加了监管成本。

由于利益冲突的存在，一方面，根据自由现金流理论，当大量闲置资金存在于企业内部时，为满足自身建造大规模产业帝国的自利愿望，管理者会背离股东的意愿盲目投资，甚至投资于净现值小于零的项目以扩大企业规模、获取更大权力，从而导致企业的过度投资。另一方面，相对于企业内部融资，外部股权及债权的融资会使管理层受到更多的市场监管，严重影响了其自身效用最大化的实现。因此当企业内部现金流短缺时，企业高管宁愿选择放弃好的项目也不会从资本市场借入或吸收资金，从而引发了企业的投资不足。另外，为了维护自身在人才市场上的声誉以及公司的地位，管理层会注重投资短期收益的项目，而放弃对企业长远发展有益的固定资产投资、研发投资等长期项目。然而，这些恰恰是不直接参与企业生产经营的所有者难以发现的。因此，管理者的这些短视行为与从众行为进一步导致了企业的投资扭曲。激励和监督是相辅相成的，企业在进行激励的同时，还要建立对经理人员的监督机制，以便对投资决策进行事前、事中、事后的监督。公司治理结构明确地确定了股东、董事会、经营者之间的权力、责任和利益，形成相互制衡关系。现代企业制度下公司的投资秩序，是通过股东大会、董事会、总经理等之间的相互制约的法人治理结构来实现的。

从投资规则及其秩序的机理构成的相关性来看，当股权结构分布较为均匀从而在投资规则安排上采取投票制决策原则时，投资规则安排决定其秩序的机理构成，规定着投资决策程序必须采取上下对话之机理构成的组织形式。当股权分布绝对集中时，这种组织形式实际上是一种准行政执行制的规则安排，投票表决纯属一种形式上的需要。这时，公司治理结构之于投资决策安排在规则和秩序上便表现出不反映现代企业制度精神的形式约束。长期投资与高风险是密切相关的。因此，必须建立与之相协调的激励约束机制，实现责、权、利的统一。投资作为企业的重要行为之一，由于委托代理关系的存在，自然也将受到委托代理关系的影响。企业所有者与管理者之间的委托代理关系是最原始的，当资产所有权与经营权发生分离时，这种关系就产生了。管理者被授权经营所有者的资产，其有承担资产保值、增值、实现所有者权益最大化的责任。当股东因信息的不对称及契约的不完备，无法对经营管理者的行为进行全面的监督管理时，公司的经营管理者为了追求自身的利益最大化，具有产生道德风险行为的倾向，这种倾向导致了一定的利益冲突。在企业的评价控制系统中，一般使用3种类型的标准，即预算标准、历史标准和外部标准。企业依据不同发展阶段和自身的不同的实际情况，对企业的投资经营绩效评价的标准进行合理的确定显得尤为重要。而且，各种标准在实际采用的过程也会遇到很多问题，需要协商。

因此,委托人和代理人之间要进行协商。结合企业自身的内部和外部战略环境的分析和行业特点分析,企业投资决策绩效评价的标准由委托人和代理人根据企业的发展阶段和发展战略进行协商确定。

2013年,海尔股份非公开发行A股股票的发行对象为KKR(卢森堡),为KKR基金的全资子公司。KKR(卢森堡)以现金认购这次发行的股份。这次非公开发行A股股票的发行价格为本公司关于这次非公开发行A股股票的董事会决议公告日前二十个交易日公司股票均价(定价基准日前20个交易日);股票交易均价 = 定价基准日前20个交易日股票交易总额/定价基准日前20个交易日股票交易总量)的90%,即11.29元/股。KKR(卢森堡)将向本公司认购在完全摊薄的基础上占发行日本公司发行在外的全部已发行股票数量的10%的新股。公司这次非公开发行募集资金总额33.82亿元,如果在发行日前公司已经通过和公告的股权激励计划发生行权,则这次非公开发行募集资金将相应调整至不超过34.47亿元。这次募集资金总额在扣除发行费用后全部用于补充流动资金。认购人有权向董事会提名一名董事候选人。

KKR集团是全球范围内规模最大、历史最悠久、成功经验最为丰富的私募股权投资机构之一。截至2013年6月30日,KKR集团管理资产额达835亿美元。KKR集团在全球各地设有多个办事处,通过旗下的多支投资基金和账户,对不同类别的资产进行管理。KKR集团致力于与所投资企业的管理层紧密合作,并利用其运营管理专识为所投资企业创造价值。通过这次发行引入战略投资者,实现与KKR集团的战略合作,增强公司的综合竞争力。战略投资者与公司均认为双方之间的战略合作是战略投资的重要组成部分。战略合作方将利用其全球资源,与公司在战略定位、物联网智慧家电、激励制度和绩效考核机制、资本市场和资本结构优化与资金运用、海外业务及并购,以及潜在的运营提升等领域进行一系列战略合作,致力于提升公司主营业务总收入及各项长期财务指标，增强创新能力，加速将股份公司打造成为具有国际一流创新能力的全球家电行业引领者。

截至 2013 年 6 月 30 日，公司负债总额为 372.80 亿元，资产负债率为 68.81%，家电行业上市公司资产负债率平均值为 44.7%，中位值为 43.8%。这次非公开发行股票完成后，按照公司 2013 年 6 月 30 日财务数据测算，公司所有者权益将增加约 33.82 亿元，合并报表口径资产负债率将降低至 64.77%，公司资本结构将得以改善。同时，公司向银行等金融机构债务融资的能力将进一步提高，公司有机会获得融资成本更低的资金，从而支持公司经营业务发展。基于这次签署的战略合作协议，双方将在全球范围内进行战略合作，帮助公司提升在物联网智慧家电领域的综合竞争实力。今后，随着这次战略合作的不断深化，公司将依托全球研发资源，致力于开发、生产和推广物联化、网络化的智慧家电产品，并建设符合网络时代需求的销售、服务和支持网络，推动智慧家电业务的开展。

第二节 企业家与投资决策

一、企业家的决策行为分析

早在1800年,经济学家萨伊就指出,企业家就是使经济资源由较低的生产率水平转变为较高生产率水平的人。马歇尔则认为企业家是以自己的创造力、洞察力和统率力发现和消除市场的不均衡,创造出更多的交易机会,给企业的生产过程指明方向,使生产要素组织化的人。对新古典经济学家们来说,企业是一种生产函数;对契约理论者来说,企业是一系列的合约;而企业家理论将企业家看作是一种人格化的装置。如果说契约理论关心的是企业的需求,企业家理论则偏重于企业的供给。如果没有企业家精神,企业就不能存在。企业家进行决策是经常进行的生产经营行为。简言之,就是通过对市场信息和企业经营现状的数据分析,做出自己认为有利于企业发展的各种投资决策行为。企业家精神的3要素即创新的精神、合作的精神和敬业的精神。企业家是从事创新的人，更是依据经济利益而创新的人。

著名企业家冯仑曾说，自己就做 3 件事：看别人看不到的地方、算别人算不清楚的账、做别人不做的事情。大规模的投资一定要有一个长期的生产过程，不确定性因素很多，企业家要善于在不确定环境中估量损益。企业家在实际的生产经营中做出的投资决策战略并不是一成不变的，它会随着市场变化和企业家自身生理、心理的波动产生相应的改变。企业家在复杂多变的市场环境下做出正确的投资决策是一件比较困难的事情，这需要企业家自身拥有较高的素质，并对市场有高度的敏锐感。根据行为金融学的研究，企业经营者在决策过程中常常存在各种认知或行为偏差，如过度自信、损失厌恶、后悔规避、锚定和调整及羊群行为等，有可能会因此扭曲企业的投资决策过程，产生诸如盲目扩张和多元化、恶性增资、低水平重复建设等非理性投资行为，从而导致企业投资失败。

从企业家决策的结果上看，人们对企业家决策成败的分析有着不同的看法，有人甚至将其归结为偶然因素的影响。事实上，企业家的决策是受到各种因素综合作用的结果。对于投资低效率行为，管理机会主义认为是由于监控成本的存在，管理者具有投资于非盈利项目谋求私利的激励和能力，它的结果往往是导致过度投资和公司价值的低下。因此，决策前决策者首先要对自我认知进行分析，了解其影响，从而降低决策风险。影响企业家决策能力的因素主要有企业家的背景经历、个人经验、思想情感、行为爱好等，这些因素都影响着企业家决策。意识对人的行为有指导作用，加上环境的复杂性与个人能力的差异性存在，在决策时会受到这种非理性行为的影响。另外，企业家的决策面临的风险是因人而异的，不同的企业家即使面临相同的环境也有可能做出不同的决策，这就是风险偏好的不同所致。在面临企业发展的特殊阶段和特定环境下，企业家的情绪表达无异于常人。

二、企业家的风险偏好与投资决策

（一）企业家的风险偏好

企业家作为企业的最高管理者和最终决策者，拥有着企业的最高决策权。企业家对企业决策的有效性起着关键作用，企业家的风险偏好直接影响其决策行为，从而对企业的投资决策行为产生影响。决策与偏好是企业家在生产经营中经常面对的两个问题。前者要求企业家对各种方案进行最佳选择，而后者则要求对不同方案进行正确的价值判断。二者之间是存在天然联系的，企业家只有做出有利的价值判断，即有益的偏好，才能够做出合乎企业发展实际的正确的决策，选择最佳解决问题的方案。因此，企业家的偏好直接影响到他们的决策活动，尤其是在投资决策中，这种影响更是直观明了。

企业家在企业中处于决策的地位，他们有权利选择和变更各种战略性投资方案来影响整个企业的投资决策。企业家受个人心理特征和公司治理水平的影响而表现出不同的风险偏好，企业家的风险偏好是企业投资决策的重要决定因素。风险厌恶者一般比较偏好于安全的现金资产和风险较小的固定资产，而具有冒险精神的企业家则通常会偏好风险大但收益高的无形资产等风险资产，由此造成企业投资决策的资产形态各异。在具体的项目选择上，高风险的并购项目对于偏好风险的企业家更有吸引力。因此，偏好风险的企业家会在风险较高的项目上增加投资。同时，企业家还会倾向于扩大投资规模，加快投资速度，造成过度投资和高频投资，导致企业投资效率低。因此，企业家的风险偏好会分别作用于企业的现金持有、并购以及资本性支出等投资决策过程。

鉴于以上决策者个体的认知偏差，可以从完善公司管理体制和提高经营管理者个人素质两方面削减其带来的损失。建立民主有效的投资决策机制、集合团队的力量既可避免因一人过度自信盲目扩张所带来的投资损失，也可避免因一人承担责任从而规避后悔带来的机会成本的代价。另外，企业家的风险偏好也是经常随着生产经营活动的变化而变化的。

（二）企业家风险偏好与资产选择

企业家进行投资决策的直接目的就是为了实现现有企业资产的增值。企业家在进行投资决策之初，其本身具有的风险偏好就会对企业家的投资标的的选择产生直接影响。现有投资标的按照存在形式可以划分为现金资本标的（如有价证券等）和非现金资本标的（如固定资产等）。而前者由于在投资决策中周转速度快、收益较大等优势，因此为风险偏好程度高的企业家所钟爱。但是，现金资本标的也具有投资风险高的特点，简言之就是高收益但高风险。后者虽然资金周转速度慢、利润低、回报慢、但风险相对较低，因此为那些风险偏好程度低的企业家所喜爱。但是，现实生活中，由于受到投资利润的刺激，大多数企业家都具有一定冒险精神，即风险偏好程度普遍较高。因而，在具体的投资决策的过程中，很多企业家还是比较倾向于风险高但收益也相对较高的投资标的，对低收益的投资标的关注度不够。当然，企业进行的决策，并非都是上述的资金投资方面的决策，有时企业还会对现有固定和无形资产的运营情况进行决策。此时决策的目的不是为了获得投资决策的受益，更多的是防止因为固定和无形资产流失产生的利益受损行为的发生。

（三）企业家风险偏好与项目选择

企业家在具体的决策过程中，尤其是同时要对不同的项目进行决策的时候，总会对所要投资的每一个项目进行全面细致的风险和收益的评估。然后，根据评估结果，选择那些收益高、风险相对较小的投资项目作为投资标的。几乎所有的企业家都试图追寻投资收益最大化但投资风险最小化的决策方式。虽然，在现实生活中无风险套利的行为几乎不存在，但并不妨碍企业家追求收益和风险的最佳契合点。

谈到投资风险，必须要说一下企业生产经营中比较常见的并购决策行为。企业家通过并购，可以用较少的资金获得更多的固定资产，并占领更多的市场份额，把企业进一步做大做强。现代企业在具体的生产经营中，经常通过并购手段实现企业生产规模的快速增加。但是，并购需要投入巨额的资金，需要专业人士的参与，并购后企业的磨合期一般较长，收益回报却不那么及时。因此，企业家在进行并购决策的过程中，要充分考虑到投资风险。当然，有的企业家资金实力雄厚、风险偏好程度较高，他们一般不太在乎并购产生的高风险。但是，对一些风险偏好程度低的企业家来说，投资风险低的产业是首选，虽然相对来说投资收益较低。因此，企业在进行决策的过程中，要充分考虑风险和收益两个不可分割的重要因素。

第三节　多维角度透视非效率投资决策

一、理性经济人视角下的非效率投资决策

认知偏差是管理者在认识和判断事物时，受到环境影响而对事物的认识产生一定程度的非理性偏离。管理者的投资决策是一个动态的心理均衡过程，包括对市场的认知过程及情绪过程与意志过程。在这些过程中，管理者可能会产生认知偏差与情绪偏差，这些偏差往往会导致投资或投资组合中的决策偏差，产生了非效率投资。非效率投资通常表现为过度投资和投资不足。过度投资是指企业在投资净现值为正的项目时，又投资了净现值为负的项目，其结果就是这种投资超过了企业的可承受能力，这种投资也不能为企业增加价值。投资不足则是指企业拥有闲置的财务资源情况下，在面临净现值为正的投资项目时，由于某种原因放弃投资。非效率投资的研究，从管理者角度来看，目前存在理性与有限理性两种分析范式。

第七章 投资决策的基础：团队能力

用于解释非效率投资的传统理论是信息不对称理论和委托代理理论。信息不对称理论起源于阿克洛夫的柠檬市场理论，现在已经形成了资本结构信号模型、新股发行信号模型、股利信号模型等。企业投资信号模型一般假定企业管理者忠诚于当前股东，当企业拥有闲置财务资源时，投资规模将达到最优；当企业的资源受约束时，会引起投资不足。信息不对称论认为，由于逆向选择的存在，使得企业使用外部资金的成本高于内部资金，从而使管理者放弃具有投资价值的项目，导致投资不足。委托代理理论认为，管理者为满足获取特权、建立商业帝国等个人私欲，会在企业现金流充裕时，投资净现值为负的项目，导致过度投资。在代理理论的背景下，无论是代理人，还是委托人，都是理性经济人。代理人受委托人委托，因此是被委托人，被委托人通过委托人提供的资源来实现委托人利益最大化的目标。虽然委托人是经济资源的所有者，但由于客观环境存在信息不对称，委托人的利益往往会被代理人侵蚀。所以，代理理论主要是一种包含企业资源的提供者与资源的使用者之间的契约关系。当管理者既是资源的提供者又是资源的使用者时，由于管理者拥有全部的剩余索取权，此时不存在什么代理问题，为自己工作的管理者会毫无保留地奉献自身的才能。但是，当管理者通过资本市场从外部吸取资源进入公司时，管理者只享有部分的剩余索取权，管理者就有动机去一方面通过自我放松的方式降低工作强度，另一方面提高在职消费来侵占所有者利益，与股东财富最大化的目标相悖，从而损失了股东的利益。由于所有权和经营权的两权分离，理性的管理者会追求自身利益最大化，从而背离公司利润最大化的目标。这种目标的偏差最终导致利益冲突，管理者通过在职消费和闲暇消费等手段获得的额外的个人收益，而因额外个人收益产生的成本完全由所有者承担，这种因所有者与管理者之间的利益冲突而产生的成本被定义为第一类代理成本。第二类代理成本反映的是控股股东与非控股股东因利益冲突而产生的代理成本。当公司股权相对集中时，大股东成为公司的控股股东，由于控股股东掌握了公司的控制权，控股股东就有动机通过利益输送的方式损害非控股股东的利益。

信息不对称使公司在资本市场被低估，以至于公司管理人员寻求债务融资引起投资不足。经理们存在扩张企业规模的动机，这种动机会促使经理将闲置资金投资于能够扩大企业规模的非营利项目，从而牺牲股东的利益来增加自己的财富，造成大量低效率投资，这就是著名的自由现金流代理成本理论。自由现金流代理成本理论认为，经理人出于建立自己的声誉、巩固自己的职位、获取私人收益而采取的一些自利性决策倾向会直接带来企业投资决策机制的扭曲，导致企业投资的低效率。这些倾向大体上可归结为以下5种。

1. 短视倾向

短视倾向是指在经理人市场和股东能够根据投资项目的业绩推断经理能力的情况下，经理人倾向于选择那些能够很快取得回报的项目。因为回报很快的项目才会迅速引起有关各方的关注，从而迅速建立经理人的声誉。经理人通过短期过度投资和高现金流量可以使市场对自己能力的评价最大化，从而在损害股东长期利益的情形下使自己收益最大化。

2. 模仿倾向（跟风行为）

模仿倾向是指经理人在进行投资决策的时候，仅仅简单地跟从大多数经理人的投资行为，而不是基于自己拥有的信息去为企业进行决策。目前，国内外的研究中对于跟风行为并无统一确切的定义。对文献的查阅整理中发现，研究者们认为跟风行为、羊群行为和从众行为是一个概念的不同表达。羊群行为也称从众行为，指在群体内和群体外普遍存在的，管理者出于信息不对称、专业知识的缺乏以及推卸责任的需要，在认知或行动上以多数人或权威人物的行为为准则，并努力与之趋于一致的做法。管理者在信息环境不确定时期的行为易受到其他管理者的影响，或模仿他人决策，或过度依赖于舆论。是为跟风行为。在企业投资领域，经理人羊群行为是普遍存在的，如在2000年~2003年互联网热和生物工程热中，众多中国上市公司纷纷宣布进行互联网产业投资和生物制药产业投资，以吸引投资者。2004年~2006年，经济高速增长时期，我国很多企业往往根据短期投资热点和同行业企业投资动向盲目上马项目，造成钢铁、水泥、电解铝等相关行业局部投资过热；而在基础设施、原材料等行业领域，却表现出较为一致的冷淡倾向。企业投资决策的羊群行为，造成投资行为的低效率，致使大量的资本沉淀在生产能力过剩、盈利能力恶化的领域，加剧金融风险，也减弱了经济增长吸纳劳动力的能力，制约着经济、环境与社会的持续协调发展。

3. 敲竹杠倾向

敲竹杠倾向是指当企业存在长期与短期两个互斥投资项目时，从股东价值最大化的角度出发应该选择具有较大现金流的项目，而不论项目的期限长短。然而，任职时间较长的经理人往往总是选择长期投资项目。原因在于当经理人基本能力已经获得认可后，人力资本专用性价值对企业的发展特别重要，在长期项目的现金流量实现之前，经理人可以以离开公司为由以谋求报酬合同的增加，长期项目使得经理人的地位更加稳固，这是典型的敲竹杠行为。通过"敲竹杠"，经理人获得专用性人力资本租金。

4. 建造个人帝国倾向

建造个人帝国倾向是指经理人存在使企业的发展超出理想规模的内在激励，即帝国建造倾向。经理人建立企业帝国的倾向促使他们动用一切可利用的资金来进行投资，甚至不管该投资项目的净现值是否大于零,其途径是将企业过去投资产生的现金流更多地予以保留。因为通过不断的投资新项目,经理人可以控制更多的资源,建立个人王国,获得更多的在职消费。

5. **多元化投资倾向**

多元化投资倾向是指经理人存在使公司业务多元化的内在激励,通过多元化投资,经理人能够获得额外的私人收益,包括多元化投资产生的个人威望、权力、地位和在职消费的提高,以及多元化经营背景使得经理能够巩固自己的职位——很难被替换,并使自己更易于寻找外部其他职位。不相关多元化最终会分散公司的内部资源和能力,并削弱公司的整体竞争实力和产生多元化折扣。多元化发展必须要建立在保持企业核心竞争能力基础上,尽量保持业务的相关多元化,不要把多余的能力和资源分散到过多的行业与领域。

二、不完全理性视角下的非效率投资决策

在不确定性的情况下,决策者的决策行为受其价值观、情绪、偏好、信念等心理特征及环境的影响致使决策行为出现了很大的偏差,从而导致决策者的非理性行为。个体的心理因素如个体偏好、主观期望、选择意向等都会对决策行为产生影响,在经济活动中具有举足轻重的作用。因此,本质上看,经济现象本身实际上是一种人类行为现象,对经济活动的分析不能仅仅对产品收益、成本、产量、价格、流通、概率及预测等线性关系进行研究,而更应注重决策者的经济决策行为规律和特点,考虑不确定环境因素和个体心理对决策行为的影响。行为经济学家将心理学尤其是行为科学理论融入经济学和金融学研究中,对微观的个体行为以及产生这种行为的心理和社会动因加以研究和分析,从而研究和预测企业决策的现象和问题,为研究企业投资决策行为提供了理论基础。在现实决策环境中,受到能力的局限及心理压力的影响,决策者做出决策时无法

考虑到所有因素，甚至无法量化一些因素，从而决定了决策者量化分析时只选取可量化的主要指标变量将产生误差，与现实的决策行为产生偏误。行为经济学将心理学的研究成果引入经济研究过程中，以认知心理学为基础分析决策者的决策行为，已经逐步得到大家普遍的重视，成为经济学的一个重要研究领域，从而能够更加有效地对决策者的投资决策行为进行分析。

行为经济学研究表明，企业经理人在决策中经常表现出与最优决策相偏离的心理特征，如过度自信、嫉妒心理、风险规避、损失规避等，都会深刻影响企业的投资决策。

（一）过度自信

过度自信是金融学过度反应理论、前景理论、后悔理论以及过度自信理论的四大理论成果之一。在各类职业领域工作的人们都会与过度自信相联系，如医生、工程师、律师等，其过度自信心理偏差的表现内涵一致，形式略有不同。心理学研究发现，过度自信是人们普遍存在并经常发生的一种心理状态，是一种与自觉性品质反向的独断性的心理和行为偏差。目前，心理学文献中对过度自信主要有3种不同的定义。第一类定义将过度自信视为个体对自身实际能力、绩效、控制水平、成功机会的过高估计，为了将其与其他类型的过度自信相区别，可将其称为过高估计。第二类过度自信主要指个人对自身相对于他人的能力的高估。这类过度自信产生于当人们相信自己要优于他人的时刻，主要体现在对优于常人效应的研究之中，即人们通常认为他们自身拥有比常人更多的能力。第三类过度自信是指个体过于肯定自身信念的精确度，即认为自身的信息比实际信息要更为精确。这类过度自信主要表现在两个方面：人们高估高概率事件发生的概率，低估低概率事件发生的概率；人们用于估计数值的置信区间过于狭窄。这一定义实际上是将过度自信视为错误校准的概念的延续。这种类型的过度自信称为过度精确。

过度自信反映在投资决策中是经理人往往高估项目回报、低估项目风险与成本，过分依赖自有信息和过往经验。过于自信（自负）的经理人通常高估投资项目的盈利前景，如果企业有充足的自由现金流，即便他们对股东忠诚也会投资一些净现值为负的项目，从而引发过度投资，损害企业价值。

在激烈竞争的市场环境中，将企业不断地发展壮大并取得投资者期望的收益是管理者所面临的难题，而如今市场的飞速变化使企业的内外部环境都充满了不确定因素，企业的管理者在诸多不确定因素的作用下，对各种投融资决策及企业未来的发展进行预测是一个非常复杂且困难的过程，这也造就了企业管理者高于普通人的过度自信心理。企业的管理者由于其个人的知识、技能、社会交往能力、组织判别分析能力及社会地位等因素高于普通员工，这就使得管理者产生一些高于别人的优越感，从心理上产生一种能把握全局的过度自信的心态。一方面，过度自信的管理者往往对不确定性的结果持乐观态度，相信自己能控制好局面并顺利实现预期结果，从而低估投资项目潜在的风险，导致其更容易投资净现值小于零的项目，更积极地进行高风险的投资扩张活动，比如兼并。另一方面，过度自信的管理者在企业投资决策中更有可能引发过度投资的行为，当企业的自有资金不能满足其投资需求时，他们会通过债务融资达到其目的，进而导致过高的负债水平，增加了企业的财务风险，这在中国民营企业的经营者身上体现得尤其明显。民营企业的经营者往往是第一代创始人，在不断的成功面前，他们对自己的决策能力无比自信，而民营企业高度集权的个人决策方式更强化了他们的过度自信甚至自我崇拜。在无所不能的幻觉支配下，企业会进行无节制扩张和盲目多元化，往往因此导致二次创业的失败。例如，巨人集团草率地进入非优势所在的房地产、保健品等新领域，最后由巨人大厦引发危机，导致整个集团的失败；德隆不顾企业自身的承受能力举债进行跨行业大兼并，结果资金链不堪重负断裂，企业一夜之间轰然倒塌。

关于过度自信的衡量，有以下几种方法：管理层持股变化、主流媒体的评价、业绩预告偏差、高管人员的相对薪酬等。过度自信对企业投资的作用，主要体现在直接影响投资水平和调节投资对现金流的敏感性上。研究发现，董事长和总经理过度自信对公司投资支出和并购决策均具有显著影响。管理者过度自信对上市公司投资决策的影响还受到企业产权性质的影响：相对于民营控股上市公司而言，管理者过度自信对国有控股的上市公司投资支出及投资的现金流敏感性具有显著影响。不同的管理者过度自信对投资水平的作用途径有所不同：董事长过度自信在直接调整投资水平的同时，会降低投资对经营现金流的敏感性；总经理的过度自信只影响投资水平，不改变投资对现金流的敏感性。

（二）嫉妒心理

"嫉妒"能够影响企业投资决策的主要原因在于，对于大型企业来讲，总部无法以命令的方式分拨资金，各分部的经理往往以过度投资来贮藏资源或是把自己与其他的经理区别开来。当总部资源有限的情况下，这种过度投资的现象更为严重，因为一个分部经理通过实施过度投资就能减少其他分部经理所能运用的资源，虽然这不一定给他带来直接的好处。这是由于嫉妒而产生的自然的报复行为。在各分部面临的投资机会差异性越大时，"嫉妒"所造成的浪费和机会损失越大。

（三）风险规避

有风险规避心理的经理人往往会选择降低公司风险的项目，尽管该项目的净现值不是最大的（甚至可能为负），而拒绝一些增加公司风险的净现值大的项目。这种现象在风险项目将财富从债权人手中转移到所有权人手中时仍会发生。

（四）损失规避

现实中，管理者通常会有"损失规避"的倾向。"损失规避"指相对于某一参照点，人们对于损失的厌恶程度要远远大于相同量的所得所带来的高兴程度。因此，当项目发生的损失累计扩大时，决策者通常继续追加项目投资，不愿意承认已有的损失，更愿意冒风险赌一赌寻找解决方案。这时候，沉没成本和对项目所负责任的大小都成为决策者追加投资的参考。在现实生活中，损失对人们造成负面刺激程度远远高于同等收益对人们正面刺激程度。人们常常具有损失厌恶的非理性行为特征。因此，人们在面对损失时倾向于追求风险，甘愿冒更大的风险来追回既定的损失。人们在面对获得时，更倾向于规避风险，尽量保全确定性的收益。企业的决策和实施往往是一个较为长期的行为过程，决策者面对投资过程中出现的损失，容易产生强烈的情绪，这必然会增加决策者的非理性行为，导致其不能理性地分析投资现状和前景，表现为孤注一掷的行为。决策者对已经面临失败的投资仍不愿意退出，决策者需要付出更大的努力和代价来弥补亏空，甚至追加额外投资进行最后一搏，演变为恶性增资。也就是说，鉴于投资过程中客观情况的不确定性，给予了决策者赌博环境，投资过程中主观的损失厌恶情绪使他们不愿意接受损失，甘愿通过赌博的冒险行为来弥补损失。这可能使公司在投资项目上再次犯同样的错误，这种不理智的行为，极大地损害了股东利益，并危及企业的长期发展。

索尼公司应用特丽珑彩色显像管技术制造出了彩色电视机，并在20世纪70年代及其后的很长时间内成为阴极射线管电视机时代的领导品牌。然而，不为人所知的是：这项技术险些把索尼公司和它的创立者井深大推向破产的深渊。

早期的特丽珑显像管技术不够成熟，产品实际生产成本竟然是销售价格的两倍多。面对这种情况，索尼公司管理层纷纷对特丽珑生产线的存在提出了质疑。但是，井深大力排众议，坚持彩色电视机的生产，直到 1966 年索尼公司濒临破产，井深大才不得已终止了彩色电视机的生产计划。井深大在最初决策时对新产品不适合投入大批量生产的技术情况采取了忽略态度，之后受损失厌恶和后悔厌恶的影响，使得井深大无法抛弃沉没成本和承认自己的决策失误，最终为企业造成了难以估量的损失。

（五）锚定效应

人们在对不确定事物做出定量估计时，通常会将某些特定的数值设定为初始值（像"锚"一样）。然后，根据进一步获得的信息对这个初始值进行修正，以得到最终估计的结果。如果修正过程是充分的，就不会出现错误，但事实并非如此。由于初始值都被赋予太大的权重，无论以什么为初始值，这种修正往往是不充分的。不同的初始值会得到不同的偏向于初始值的估计结果。这种现象被称为锚定。

不同决策者视角、思维、理念的不同，势必对初始值产生不同的"锚定"。一般而言，在没有充分信息的情况下，决策者在过去的经验、习惯乃至第一印象往往就会成为定位的"锚"。一旦定下来，后面接受的信息常常会受到这个"锚"的影响。锚定会使企业经营者在进行投资决策时过分依赖过去的信息和经验，陷入先入为主的境地，从而对新信息反应不足。例如，在某一亏损项目是否继续投资的决策中，当被评估的该项目具有很重要的战略意义、会为企业带来很强的增长潜力，一旦这种想法锚定到决策者的头脑里，在该项目再评估时就不会根据当前的变化做出相应的调整。因而，很难做出暂缓或中止的决策，反而会为这个项目追加投资。

此外，由于经理人直接掌控着公司的经营管理及财务决策，其非理性行为对于公司长期价值的损害可能更大。尤其是在资本市场及投资者非理性的情况下，管理层的某些非理性行为极易引起投资者的追捧，形成歧性激励和恶性循环，有可能导致公司财务危机甚至破产。为遏制经理人非理性对企业投资决策的不利影响，应从高管人员选拔、高管人员周期性心理测评与辅导、完善投资决策机制、发挥董事会作用等方面入手解决。另外，心理偏差会随着信息反馈而逐步修正。因此，提高经理人投资决策信息的反馈频率、减少反馈噪音等有利于矫正经理人认知偏差，进而防止经理人非理性造成的企业非效率投资。

第八章
投资决策的基础：财务管理

本章导读

第一节　企业投资决策中的财务分析
第二节　投资决策中的财务杠杆与资本预算

第一节 企业投资决策中的财务分析

一、财务人员和投资决策的关系

投资活动是企业活动的重要组成部分,由于企业所面临的投资环境复杂多变,较多投资项目需要企业较大的初期投入才能获得较高的投资收益。因此,企业在做投资安排的时候必须对资金的安全性和投资的效率等因素进行充分的考虑。通过推进企业的投资决策科学制定,可以有效提高企业的财务管理的作用。通过使用财务管理技术,对企业的投资进行科学的规划,有序地管理投资部门以及财务部门,可对企业的投资预算进行初步的估算,进一步再对企业的投资安排做详细的资金配置和投资设计,有助于实现企业的投资收益最大化。除此之外,对企业投资的财务管理,还需提高对投资中各项成本的控制,如物资、人力、资金等。拉帕波特认为企业价值取决于7项价值驱动力:提高销售增长率、提高经营利润率、降低现金税率、降低资本支出的追加投资、降低营运资本投资、延长竞争优势的时间、降低资金成本。投资决策时，财务人员和投资决策的关系参见图8-1。

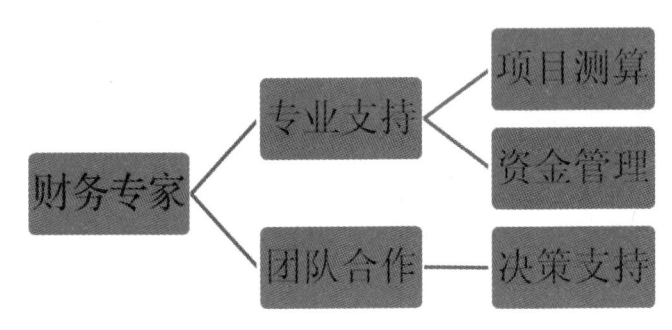

图 8-1　投资决策时财务人员的定位

二、投资决策对财务分析的若干要求

财务分析分为内部财务分析与外部财务分析，在项目投资决策中，主要用到的是财务内部分析。财务内部分析根据主体的不同，分析目的也存在一定的差异，对于数据分析的侧重点也有不同。对于项目决策来说，财务分析要根据内部会计资料（包括核算资料以及报表资料等），采用科学的计算方法，对项目本身的盈利情况及风险评估做出合理的分析，为项目经营者的投资决策提供准确、具体的数据。财务分析通常是由投资企业单位或专业的财务分析机构完成的。在项目投资决策中，财务分析是围绕着项目本身进行的。项目的财务分析资料是判断和评价项目可行性、盈利状况以及市场风险的重要依据，不仅可以为投资经营企业的项目管理活动提供必要的数据，还可以准确地分析市场构成，对项目的投资估算以及风险防范都具有重要的作用。一句话，财务分析的目的，就是找出效益大于费用的投资项目，即能够为股东创造价值的投资项目。

项目财务分析的内容要随着项目计划设计的改变而改变，项目财务分析贯穿于项目整体规划实施中，除了要对项目的盈利情况以及项目本身的市场风险等基本情况做出分析外，还要在项目投资决策的重点部分予以具体分析。另外，在具体的财务计算中，要遵照财会制度中的相关规定。除了要确保财务分析主体对项目管理及运营上的需要，还要多运用科学的分析方法（如统计法、趋势分析法等）不断提升财务分析在项目投资决策中的地位。低质量会计信息会损害投资效率，其影响机制主要体现在以下3个方面。

首先，管理者做出任何投资决策，都需要一定的信息对投资项目的可行性或前景进行评价，而会计信息是这些信息的重要组成部分，低质量会计信息将导致管理层对投资项目做出错误的评价，从而丧失投资机会或进行不必要的投资，进而降低投资效率；相反地，高质量会计信息则能够在一定程度上避免这种问题，进而提高投资效率。

其次，高质量会计信息在公司治理中能够发挥积极的作用。会计信息通常直接用于管理者薪酬契约的设计，也是股东用来监督管理者的重要信息来源。因此，高质量会计信息通过改善投资者对管理者的评价和监督机制，有助于减缓管理者的代理问题。公司的过度投资问题很大程度上是管理层机会主义行为的体现。当会计信息质量较低时，因管理层机会主义行为所引发的过度投资问题就会越多，从而降低了公司投资效率。

最后，高质量会计信息可以降低投资者与公司之间的信息不对称，进而降低公司融资成本。任何项目都需要足额的资金支持，如果融资成本过高，无法为投资项目筹集足额的资金，就会导致投资项目无法正常开展，从而产生投资不足。因此，低质量会计信息通过提高公司融资成本、强化融资约束问题而降低投资效率。

财务评价的主要工作内容是根据市场的调查分析数据，采用科学合理的计算方法，编制出基本财务报表，反映出一段时期内该项目的盈利情况，对项目本身的经营能力以及资产负债程度做出具体的说明，还要对项目本身的所得税、现金流量、流动资产总额、资金运用情况等予以充分的说明。基于项目投资决策阶段的基本财务报表同企业内部管理所用到的财务报表虽然编制方法相同，但在编制数据的来源上有很大的不同。企业内部的基本财务报表编制的数据来源主要是企业内部的会计资料以及企业历史的报表数据，而基于项目投资与决策的基本财务报表的数据来源主要是对项目市场的调查和分析。在基本财务报表的用途上，企业内部与项目投资决策也存在很大的不同，企业内部的基本财务报表主要是用于分析企业的经营状况以及一段时期内的资产流向，而基于项目投资决策的基本财务报表主要反映项目本身的盈利情况。因此，要想使基于项目投资决策的基本财务报表在实际的投资决策过程中发挥出更大的作用，就必须重视数据来源（即项目市场数据的调查与分析），最大程度地为项目的投资决策提供准确的数据依据，最大程度地保证项目投资决策的正确性。

财政部《关于全面推进管理会计体系建设的指导意见》（财会〔2014〕27号）中提出：管理会计是会计的重要分支，主要服务于单位内部管理需要，是通过利用相关信息，有机融合财务与业务活动，在单位规划、决策、控制和评价等方面发挥重要作用的管理活动。在《关于印发〈管理会计基本指引〉的通知》（财会[2016]10号）中，指出管理会计工具方法主要应用于以下领域：战略管理、预算管理、成本管理、营运管理、投融资管理、绩效管理、风险管理等。在投融资管理领域应用的管理会计工具方法包括但不限于贴现现金流法、项目管理、资本成本分析等。为此，合理估计投资项目现金流量、确保科学决策的前提条件就是要先确定项目计算期和项目投资资金的构成内容。项目计算期通常以年为计算单位，是从项目建设起点到终结点的时间，包括项目的全部有效持续时间，由建设期和生产经营期两部分构成。生产经营期一般由项目主要设备的经济使用寿命期决定。长期投资投入的资金多，时间长、风险大，对企业盈亏和财务状况的影响深远。因此，长期投资决策必须考虑货币的时间价值。财务分析与评价直接关系着项目投资决策结论，只有保证财务分析与评价的准确性，才能保证项目投资决策的正确性。

第二节 投资决策中的财务杠杆与资本预算

一、投资决策如何用好财务杠杆

财务杠杆系数是反映财务杠杆效应的指标,财务杠杆系数=权益资本利润变动率/息税前利润变动率,或财务杠杆系数=息税前利润/(息税前利润-利息费用)。企业负债经营要获得额外收益的前提条件是息税前利润率大于负债资本利息率,即财务杠杆系数大于1时产生财务杠杆正效应,适度负债可以增加企业价值;反之,如果负债过度,财务杠杆负效应会给企业带来损失,降低企业价值。财务杠杆的实质是对负债的利用,而其利用的好坏,关键在于负债的规模。对于处于上升期的企业,负债规模越大,财务杠杆利益越多。

企业在进行投资决策时,要综合考虑本企业所在行业特点、所处发展阶段,根据企业资产结构、当前盈利水平、预期收入规模及现金流量等因素,客观评价自身的偿债能力,以此来确定长短期负债额度、类型及比例，使债务资本既能够满足企业发展的需要，又有利于发挥财务杠杆的积极效应。根据现有生产能力和产量综合分析市场容量和产品市场占有率等因素，预测产品的未来销售量；通过对固定成本和变动成本的分析预测企业生产经营成本等。变动成本预测要考虑生产技术改进、劳动生产率提高、经营管理能力等因素的影响。运用经营杠杆系数测算销量变动对息税前利润变动的放大效应，正确预计企业借入资本后可能产生的息税前利润。利率的选择取决于企业的经营状况、负债比例、资产的流动性和企业信用程度的高低。如果企业信用程度较高，盈利状况良好，发展前景乐观，会吸引商业银行以较低的贷款利率为其提供贷款，即使增加负债总额，也不会使债务成本提高，不会加大财务杠杆系数。宏观经济向好时，更利于财务杠杆正效应的发挥。首先，项目实施前，要进行充分的调研，保证项目投资具有极大的市场发展前景和潜力，是国家政策大力支持和扶持的产业，能够获得银行贷款；其次，要关注资本市场对企业融资需求的反应，以此判断企业的负债融资决策是否合理，从而决定是否继续举借新债。

负债融资是现代企业参与市场竞争、实现经营目标的重要特征，它不仅可以及时为企业提供发展所需资金，降低资金成本，还可以利用财务杠杆作用使企业获得较高的收益，实现企业战略目标。企业要以市场为导向，增强品牌自主研发能力，规范管理，建立良好的销售渠道和销售机制，不断扩大销售收入，全面控制成本，加速资金周转，保证有足够的现金流量能够偿还到期债务；同时，要制定适当的利润分配政策，保证企业有足够的留存收益以支持其持续增长，为再融资提供保障。根据财务杠杆原理，每股收益快于息税前利润增长，即可获得财务杠杆正效应。这是因为由于息税前利润增加，负债融资的收益扣除其应支付的利息还有剩余，这些剩余部分就会加到普通股上进行分配，从而使普通股每股收益提高。普通股每股收益随着负债金额的增加而提高，说明财务杠杆发挥的是正效应，负债融资获得了较高收益。

福田汽车2017年年报显示：公司销售汽车60.08万辆，实现营业收入517.1亿元，分别同比增长13.1%和11.13%。汽车销量的提升并没有同步反映到盈利能力上，2017年公司仅实现利润总额0.47亿元，归属于上市公司股东的净利润1.12亿元，分别同比大幅减少90.86%和80.25%。尽管福田汽车2017年度维持了超过1亿元的账面盈利，但并不能掩盖扣除非经常性损益后的净利润连续4年出现负数的事实。财报数据显示，2014—2017年，福田汽车分别实现净利润4.77亿元、4.06亿元、5.67亿元和1.12亿元，同期非经常性损益分别为10.32亿元、10.78亿元、9.44亿元和9.41亿元，最近4年主营业务合计亏损24.33亿元。以2017年为例，公司实现盈利1.12亿元，一笔高达12.63亿元的投资收益功不可没。扣除非经常性损益后，福田汽车2017年主营业务实际亏损8.3亿元。2017年，整个中国商用车市场回暖趋势明显，很多车型一度供不应求。在这种情况下，福田汽车销量增长但盈利水平大幅降低，主要和大规模投入建设新工厂和生产线直接相关，快速增加的财务费用吞噬了净利润。一边是主营业务缺乏造血能力，一边是高达近百亿的巨额偿债赤字，如果接下来没有足量外部资金注入，福田汽车将面临资金链断裂和债务违约的风险。

二、资本预算的科学性与约束力

预算投资额是企业出于发展生产经营的愿望而需要的资金，而可能的投资额是在目前条件下社会或市场所能够保证的资金额。在前者大于后者时，前者应该服从后者，以确保投资所需资金的全部及时到位；在前者小于后者时，后者应该服从前者，以避免多余资金的浪费。在一般情况下，任何企业的投资资金均不是无限的，而企业又面临着多种投资机会，多种投资机会的资金回收和回报又是不同的。因此，长期投资的资金需求预算就要首先考虑一个大致的资金需求总额，然后根据不同投资机会的资金回收和回报情况，择其能够创造较好的资金回收和较高的投资回报的投资机会，并且使总的投资额不超出匡算的资本需求额。因此，长期投资的资金需求预算就是在允许的情况下做到投资额与各种有利可图的投资机会的统一。长期投资的资金需求预算的编制，贯穿着一个资本配额问题，即对一个时期的资本支出总额及其分配的确定。由于资本预算涉及长期投资预测，其计算方法和内容与其他预算有显著不同，有其自身的特殊性。另外，由于资本预算投资期长、投资金额大，与企业的长期战略发展有着重要联系，是实现企业战略的重要步骤。资本预算也是其他全面预算的基础，只有在与企业战略目标相一致的资本预算的基础上才能编制出其他预算。一方面，长期投资和资本预算周期长，对企业可持续性发展起着决定性作用，一旦决策失败，将使企业处于极为不利的局面；另一方面，企业远景目标要靠多个投资战略来实现，只有投资项目与企业战略相关，并能够支持企业的长期发展战略，所投资的项目才是可行的。当前，我国市场竞争越来越激烈，企业投资面临的不确定性和风险也越来越大。因此，企业必须重视长期投资决策和资本预算过程对企业发展的影响。

在激烈的市场竞争环境下，企业投资决策的基本准则是：投资项目的预期收益超过收益基准，但投资损失在企业承受能力以内；投资规模能够适应未来不确定的商业环境。投资项目财务分析的功能是决策辅助，而不是决策替代。财务分析不能替代企业家的商业判断，但企业家敏锐的商业直觉和丰富的经验需要有效的财务分析支持。投资项目财务分析的关键在于为企业决策者提供投资机会潜在价值和风险的充分信息，包括项目本身的价值、风险及其对企业整体价值和风险的影响分析，而不是给出可行性结论。财务分析不是精确地预测会发生什么,而是进行情景分析,即分析如果发生某种情况将出现何种财务后果,从中识别出关键的风险因素,为制定风险管理措施提供依据。企业所制定的投资战略,不仅取决于环境中存在何种资源和机会,更受到决策者及其心理和行为的影响。尤其在现代企业中,管理者控制着资源配置权,最高层管理者作为企业决策的核心人物,其识别、定义和解释信息的方式对企业的投资决策有着决定性的影响。

在有财务杠杆的企业里,进行任何的项目投资都存在着一定的财务风险。企业的投资管理是一种十分复杂的综合管理活动,开展投资活动的管理者不仅要具有较高的资源管理水平,还要具有很好的信息处理能力,根据获取的投资信息制定科学合理的预算,为实现准确的投资决策提供合理的数据支持。此外,科学的资本预算可以很好地监督整个投资过程中的资金流动情况,管理人员可以根据预算及时地调整资金分配的比例。

目前,大部分企业都没有建立一个科学合理的投资决策管理制度,企业的投资预算并不是十分科学。企业内部的预算管理工作只是一种形式,企业的财务人员在进行预算时不是十分仔细,会出现各种问题,并没有发挥预算对于投资决策的辅助作用。在这种情况下,企业进行的投资行为势必存在很大的风险,最终会导致企业的经营危机。

三、财务风险对企业投资决策产生的影响

(一)企业财务风险对投资支出产生的抑制作用

财务风险与企业资金的筹措、运用、管理以及安全密切相关,是指企业在各项财务活动中由于各种难以预料或控制因素的影响,导致财务状况具有不确定性,从而使企业有蒙受损失的可能性,包括发生资金周转困难而难以实现持续运营,进而不能偿还到期债务

的风险。理论上，不同的行业有不同的经营特征和资产构成，这些差异自然会反映到企业的财务指标上来。行业竞争程度不同，企业所要承受的行业风险水平必然不同，这很可能会导致公司投资决策的变化。

基于企业财务风险与企业投资决策之间的关系探讨，最早源于 MM 理论下的企业界人士对投融资关系的探讨。最初，人们认为在一个机制完善的市场下，企业的投融资决策是可以相互独立的。此时，人们并不以为财务风险为核心下的融资变量会与投资决策产生多少关联。但是，随着现代企业理论研究的推陈出新，人们越发意识到所谓的相互独立的论点，似乎没有考虑到其诸多不完善的因素，特别是对企业破产因素的考虑。当企业由于债务过重，经营中资金周转不灵，效益下降而处于财务拮据时，将会产生财务拮据成本。此时，企业虽陷入财务困境，但破产尚未发生，这时企业的权益所有者和债权人为了债务清偿和破产等问题而进行的谈判和争执将会迟延现存资产的清偿和分配，这种迟延不可避免地会导致企业资产价值减损。此外，为达成协议而支付的律师费用、法庭收费和其他行政管理支出也会减少企业的价值。这种成本的客观存在和人们的预期，会抵消因利息扣税而增加的企业价值。因为企业投资的行为会加大企业负债率的增加，而企业负债率的增大，随之会出现递增的破产风险，进而产生和增加期望的破产成本，最后对负债提供的税收节约产生相应的抵减效应。此种作用机制下，财务风险会逐渐减少企业的期望价值。另外，这种作用机制还会导致企业的资金成本曲线呈上升趋势，由此对企业的投资项目价值以及投资资金成本产生一定的负向作用关系。

在股东和债权人之间，由于企业负债的增加会增加债权人的风险，而股东通过经理人利用现实中的信息不对称就可以将风险转移给债权人，这种动机的存在使得债务合同中会存在各种各样的保护性条款来约束企业的行为，这样为监督保护性条款的执行不可避免地产生监督成本，且企业因保护性条款的限制会降低经营中的灵活性。因此，代理成本的存在也会提高负债的成本，降低负债融资给企业带来的价值增量。基于这个角度下的综合因素考虑，企业的财务风险会对企业的投资行为，特别是对企业的投资支出产生相应的抑制作用。追求利润最大化是企业投资和扩大投资规模的最主要动机，企业投资项目效益低下的主要表现为市场需求不旺，市场份额低，销售渠道不畅，销售回款慢，企业经营机制不顺，投资融资行为的责、权、利脱节，融资成本过高等方面。由于信息不对称、委托代理冲突、交易成本等原因，企业外部融资与内部融资间存在融资成本差异。这种内外部资金的融资成本差异造成了企业的融资约束。在投资为动态的情况下，融资约束不仅增加企业获取外部资金的成本，减少目前的投资动机，而且降低企业投资的吸引力，减少将来的投资动机，影响公司最优投资时机。

（二）存量财务风险对企业过度投资行为产生的治理效应

通常，企业进行项目投资决策过程中，是否进行投资，更多取决于财务风险对投资收益的权衡。这里的权衡更多是基于所谓权衡理论下，平衡债务利息的抵税收益与财务困境成本的基础上而实现企业价值最大化和最佳的资本结构。财务杠杆具有正、负两方面的效应，当企业全部资本回报率大于债务利率时，因财务杠杆的正效应可以提高权益回报率；当全部资本回报小于债务利率时，财务杠杆的作用会使权益资金的获利率大幅度降低。对于筹资来说，债务比率不是越高越好。经营风险的客观存在会影响企业综合资本成本的决策，会影响企业各种筹资方式的选择。当企业运用债务筹资时，财务风险的存在会使企业权益资本回报率发生更大的波动，负债比率越高，这种波动越大。因此，经营风险大的企业，其资本来源中的权益比重应较大；经营风险较小的企业，其资本来源中的债务比重可以适当加大。通常，对于存量的财务风险较高的投资项目而言，即便后期投资失败，股东也只会产生较少的损失，因其投资失败的大部分成本都由债权人承担；反之，若决策的项目投资成功，股东则可以从中获得最大化的收益。因此，一些企业出现股东存在过度投资的现象。相对于低成长的企业来说，存量财务风险则会对企业的过度投资行为产生相应的治理效应。因为此时企业存量财务风险越高，企业的控制权转移的压力就会越大。此种作用下，企业的投资行为就会相对更加谨慎，起到对财务风险的约束，从而形成一定的治理效应。

（三）部分上市公司的数据分析

同花顺数据显示，2015年发布年报的1298家上市公司中，资产负债率超过70%的有132家，占已经公布年报上市公司的比例约为10%。也就是说，A股上市公司中约有10%的公司资产负债率已经超过了潜在的警戒线。而从上市公司2014年年报数据可以看到，2014年2771家非金融上市公司中，约有369上市公司资产负债率超过70%，占比为13.32%。因为很多业绩较差的公司年报会滞后披露，2015年资产负债率超过70%的公司很有可能较2014年增加。从资产负债率超过70%的公司行业背景来看，基建以及传统能源类公司占比较大。

对于很多上市公司来说，之所以要借钱，主要是因为公司要扩大经营规模。对于这些借钱扩大产能的公司来说，很容易出现的风险就是对行业前景的过分乐观或者错估，从而借入大笔资金囤积存货后出现存货贬值，年报要计提资产减值损失。华友钴业就是如此。华友钴业2015年上市首年就出现巨亏——亏损2.46亿元；同时，资产负债率也增加到74.8%。华友钴业资产负债率增加的主要原因是公司大举借债扩充产能，其在2012年启动上市计划时资产负债率只有48.4%，相比现在的负债率显然属于一个低位。此后，华友钴业不断向银行借款，扩充钴产能。但是，扩充后的产能却出现过剩。2015 年，华友钴业就计提了资产减值损失 1.22 亿元，这也是导致其上市首年就出现巨亏的主要原因。而在 A 股中如华友钴业这种通过举债扩充产能、最终押宝错误的公司还有很多。比如资产负债率 89.78% 的重庆钢铁，2015 年资产减值损失就达到 43.45 亿元；资产负债率 84.2% 的五矿发展，2015 年资产减值损失 29.66 亿元。

  公司不断借债导致资产负债率的增加，而超高资产负债率直接增加的是上市公司的财务负担，这也成为拖累公司经营业绩的主要因素。煤气化就是如此，煤气化 2009 年、2011 年、2013 年和 2015 年的资产负债率分别为 32%、47%、69.71% 和 94.11%；同时，煤气化同期的净利润则分别为 3.8 亿元、2.07 亿元、4548 万元和 -15.7 亿元。也就是说，煤气化在借债逐年激增的情况下，最终业绩逐年下滑并致使 2015 年出现巨亏，因为连续亏损变成 ST 煤气，而其 2015 年的财务费用就达到了 5.26 亿元。与煤气化类似的上市公司还有不少。ST 亚星化学，其 2015 年资产负债率达到 108%，当期的财务费用达到 1.26 亿元，最终导致亚星化学 2015 年亏损 3.32 亿元。资产负债率为 61.8% 的中煤能源，其 2015 年财务费用 39.81 亿元，2015 年亏损 25.2 亿元。资产负债率为 77.21% 的中孚实业，2015 年财务费用为 8.93 亿元，2015 年亏损 4.36 亿元。

第九章
投资决策评价体系

本章导读

第一节　投资项目现金流量的计量
第二节　项目投资评价指标的计算及运用
第三节　投资决策的实物期权方法

第一节　投资项目现金流量的计量

一、现金流管理

在企业经营环境剧烈变化的市场经济条件下,现金流对于一个企业的重要性是不言而喻的。企业投资的价值取决于现金流量的时点。现金流是企业财富的载体,并作为一种有效的管理工具,日渐渗透到企业的经营过程及其分析管理之中,与企业的战略规划、财务决策、运营模式结合紧密。现金流体现着企业的财务资源和经营能力,揭示了公司的经营风险和财务风险。此外,现金流还在业绩评价等方面具有会计指标无法比拟的优点。可以说,企业对现金流的管理体现了公司财务战略的意图,现金流的特征揭示了企业财务战略实施的结果。从现金流转的角度,企业的投资战略应当包括两个方面,资金的投放和资金的收回。资金的投放是实施规模扩张战略的体现,而资金的收回则体现了企业战略收缩或战略重点转移,二者均反映了企业战略的实施。现实中，不少企业长期投资决策偏离最优选择，大量资金被投放到不合适的项目中去，影响了企业的长远发展。企业投资决策失败的一个主要原因就是资本预算流程的缺失。资本预算环节的薄弱也暴露了企业财务管理环节存在的问题。财务管理的目标是使企业价值最大化，它可以通过提高回报率和降低风险来实现，而决定回报率高低和风险大小的一个关键因素就是长期投资项目的优劣。资本预算是长期投资过程中的第一步。在资本预算中，有的企业仅凭经验选择投资项目而没有执行资本预算流程，或者只走走过场；有的企业为了使项目得到上级部门或者金融机构的批准和支持，先预设结果，再选择基础数据；有的企业为了使用特定的技术方案，在多方案比较时夸大某一方案的优点或其他方案的缺点，导致最终获选方案未必是最佳投资方案。投资分析所用的现金流量有4个基本假设：一是假设所有的现金流都发生在年末；二是假设所发生的现金流都是确定的；三是假设所有现金流一旦流入就会立即再投资到另一个能为企业带来收益的项目；四是假设有一个完美的资本市场。

　　企业在投资决策过程中，财务经理需要运用相应的财务标准来分析投资工具的情况和使用效果，并对企业的现金流量以及长期的盈利能力做出相应的预测和判断。相当数量的企业在分析投资工具的时候，对企业的现金流量的重视程度超过了账面会计收益，以此来判断投资项目的可行性和投资收益状况。考虑到会计账面的净利润等指标容易通过人为的调整（如使用一些特殊的创造性的会计技巧操作）来夸大收入和利润，在财务报表中捏造数据。为避免企业的投资决策受到会计策略操作，或者更为严重的假账操作的影响，企业在制定投资决策的过程中应更重视使用现金流量指标来作为投资决策的标准。企业对现金流量的重视是超过账面收入的，现金流量更贴切符合企业的实际运营，为实际运作提供着资金支持。因此，在投资决策过程中，在对企业的投资项目进行分析的时候，应更看中该项投资为企业的现金流量带来的影响。因此，对企业而言，一个较为极端的例子是某项目的收益是正的，但现金流为负，则此项目可能并不是一个很好的选择，因为投资于这样的项目可能会将公司的现金流量消耗殆尽。相反的，如果遇到一个投资项目其预计收益为负，但有很大可能会为企业带来正的现金流量，这样的项目反而能为企业创造现金流。现金流基本组成包括流量、流程、流向和流速。因此，考察现金流必须全面、客观、深入地分析这四大要素，然后进行有效的管理和决策。参见表9-1。

表9-1　　　　　　　　　　　　　　　　　　　　　　　　　现金流四大要素及功能

要素	内容及特点	功能
现金流流量	现金流入量、流出量和净流量。	反映了企业每一项财务收支的现金盈余，最直观地体现企业的经济效益。
现金流流程	企业内部涉及现金流量的组织、岗位设置、授权及收支管理的程序和规定。	现金流流程决定了现金流量的安全性，是对现金流的内部控制程序。
现金流流向	现金流入和流出。	不同时点的流入和流出，需要关注流向的平衡，包括在币种、时间、空间、数量等方面的平衡。
现金流流速	从支付现金到收回现金所需要的时间长短，衡量指标主要是周转率类的指标。	存货与应收款的周转速度，综合反映了企业经营效率和流动资产质量，对企业未来发展具有决定性影响。

项目现金流量的识别是投资决策中最重要的环节和步骤。现金流识别不是数字游戏，也不是简单的技术方法问题，它必须有可靠的依据，即明确而合理的企业发展战略定位、详细而深入的市场环境分析以及审慎而科学的市场预测。在投资项目中，现金流量是计算项目投资决策评价指标的主要根据和重要信息之一。因为现金流量信息所揭示的未来期间现实货币资金收支运动，可以

动态地反映项目投资的流向与回收之间的投入产出关系,使决策者处于投资主体的立场上,便于更完善、准确、全面地评价具体投资项目的经济效益。利用现金流量信息,排除了非现金收付内部周转的资金运动形式,从而简化了有关投资决策评价指标的计算过程。由于现金流量信息与项目计算期的各个时点密切结合,有助于在计算投资决策评价指标时,应用资金时间价值的形式进行动态效果的综合评价。

现金流量通常为投资决策中的现金流量,是指一个投资项目引起企业的现金支出和现金收入增加的数量,包括现金流入量、现金流出量和净现金流量。此处的现金不仅包括各种货币资金,还包括非货币资源的变现价值。因为现金流量不是会计收入,是营业流而不是融资流,是企业交过所得税之后的与项目密切相关的一种增量,其分布不受人为因素的影响,故现金流量比会计利润更能保证评价结果的客观性。在投资分析中,现金流动状况比盈利状况更重要,一个项目能否维持下去,不取决于一定期间是否盈利,而取决于有没有现金用于支付各种支出。利用现金流量指标代替利润指标作为反映项目效益的信息,可以摆脱在贯彻财务会计的权责发生制时必然面临的困难,即由于不同的投资项目可能采取不同的固定资产折旧方法、存货估价方法、费用分摊方法、成本计算方法,从而导致不同方案的利润信息相关性差、透明度不高和可比性差。所以,与利润指标相比,采用现金流量指标来评价项目投资的优点主要在于便于考虑资金时间价值,并使得评价结果更具有客观性。

在投资决策过程中,将资金成本和资金的时间价值结合起来,可更清晰、更准确的了解投资过程中资金具体投入的时间、数量以及收益的真实价值,为投资者在决策过程中提供更真实和准确的数据。但是,这种方法的缺点是难度较大。因此现金流量估算对分析技术和分析人员要求较高,并且前提条件是未来市场变化稳定或企业有能力控制市场,只有这样才能相对准确的预测企业中长期现金流量状况。否则,其预测结果的可用性将大大降低。因此,在计量现金流量时还必须清楚基本假设前提和准则。基本假设前提主要有投资项目假设只包括单纯固定资产投资项目、完成工业投资项目和更新改造投资项目3种类型。全投资假设,就是站在企业投资者的角度,只考虑全部投资的运动状况而不考虑资金的来源渠道。所以,债务资金的借入、本金的偿还以及利息都不作为现金流量来考虑。

二、不同投资阶段的现金流

(一)初始投资现金流量

初始投资现金流量主要包括固定资产购建、无形资产购买和开办费等、相应流动资金投入以及原有固定资产的变价收入和清理费用、有关机会成本等内容。由于处于建设期,一般现金流出量大于现金流入量,净现金流量大多为负数。初始现金流具体包括以下6方面内容。① 投资前费用,主要有项目的可行性论证费、勘察设计评估费、技术资料费、土地购置费及其他相关的可按受益原则归集进项目的费用等。② 设备购置安装费用,主要包括为购买、运输和安装项目运营所需的设备而发生的各项费用。③ 建筑工程费用,主要指进行项目土建工程所发生的费用。④ 营运资金垫支,往往会需要在运营初期垫支一定数额的营运资金,这部分营运资金的垫支一般要到项目寿命终结时才能收回。⑤ 原有固定资产的变价净收入,即将原有固定资产进行变卖时所得的收入扣除相关税金后的净收益。⑥ 不可预见费用,初期可能发生的一系列在投资项目正常运作前不能完全估计到的各项费用。

(二)营业期现金流量

营业期现金流量主要包括营业收入、人工及材料费用等各项营业支出、增加折旧带来的节税额、企业所得税等税金支出。营业期是投资项目的收益期,现金流入量大于现金流出量,净现金流量为正数。在计算净现金流量时要重点注意两点:一是折旧和摊销这种非付现成本对现金流量的影响;二是所得税对现金流量的影响。由于折旧属于成本费用,是利润的抵减项,折旧越多,利润越少,缴纳的企业所得税就越少,故折旧可以起到减少税负的作用。

  随着企业的发展,其成长性、销售、盈利能力及现金流量都会发生很大的变化。在发展初期,企业开发产品和开拓市场要花费不少的物力财力。在快速成长期,企业开始获利,但快速成长可能使企业的财务状况难以负担快速成长所需的资金;而且,企业盈余不可能全部保留不分配,这样就需要企业以借款和发行股票等形式筹集成长所需的资金。到了成熟期,企业的成长性放缓,并开始产生发展和营运所需的现金盈余。衰退期,企业面临销售和盈余的双重萎缩,但仍能继续生成过剩的现金。在计算出股东盈余后,企业生成现金的能力就决定了企业的价值。企业的价值等于运用适当的贴现率,折算在企业生命周期内,预期可能生成的净现金流量。如果一家企业在运营中能产生比维持营运所需要的更多现金,这应是投资者所要选择的企业类型。现金流量分析较适用衡量初期需大量投资资金,随后只有小幅度支出的企业。具体而言,现金流量表与其他财务报表提供的信息联系起来,可以了解企业净资产的变动情况,有助于估量企业生成现金的能力和评价企业的偿债能力、支付能力以及变现能力。分析企业报告期现金流量的信息,可确定企业的收益质量,了解企业在未来创造净现金流量的能力,以及再投资能力,评价企业财务弹性,了解企业在财务困难时期的适应能力、筹资能力、非经营性资产的变现能力以及调整经营以增加短期现金流量的能力。因此,现金流量表在投资决策中起着重要作用,它成为投资者分析企业价值的一种良好工具。

(三)终结现金流量

终结现金流量主要有固定资产清理净收入、收回的流动资金以及停止使用土地的变价收入等。所以，终结点的净现金流量就等于息税前净利润加上折旧、摊销和固定资产、流动资产等的回收额。终结点现金流具体包括以下3方面的内容。① 设备、流水线等的残值收入或变价净收入，即扣除了应缴纳的税金、清理费用等支出后的净收益。② 原有垫支在各种流动资产上的垫支资金的收回。③ 停止使用的土地的变价收入。

三、现金流量分析的注意事项

(一)沉没成本

沉没成本包括两类：一类是与拟建项目没有直接联系、过去发生的与固定资产或流动资金有关的投资费用；另一类是与拟建项目有直接联系并已经发生的费用，如项目投资前企业向专业咨询公司支付的可行性研究咨询费等。这些成本看似和公司项目决策相关，但实质上这些费用在某个具体投资决策完成之前已经发生，它和具体投资决策项目是否被采纳无太大关系。通俗地讲，无论你做不做项目，它就已经在那里。在项目投资决策时，沉没成本不能视作与该决策项目相关的现金流，在估算时应予以忽略，不应记入项目相关的现金流出。任何类型的沉没成本，不论金额多大，都不能成为必须投资新项目或继续完成中断项目的理由，当前的决策不应该受过去决策的影响和制约。

(二)机会成本

机会成本是投资决策中的一个重要的参考因素，它的计算也是相对科学的一个数字，对于投资决策来说是十分必要的，但又是次要的。影响企业投资决策的因素很多，有总体的经济条件、市场条件、企业的经营和融资决策、融资的规模和投资的风险等。因此在对企业投资决策进行评价时不能单纯地以机会成本为标准来判定决策的好与坏,而应该综合分析做出评价。企业的资金、物资、设备、厂房、场地等经济资源用于特定投资项目而不能发挥其他作用时,会放弃或损失用作他用时预计可以带来的收入。也就是说,当某些资源在企业不用作该项投资时能为企业创造现金流,一旦被某个项目使用,必然会放弃这些现金流。如某企业本可以把闲置厂房出租获得年租金收入 500 万元,现由于投资需要利用该厂房从事生产活动,那就无法出租,相应的 500 万元的年租金收入被放弃了,这就相当于减少了收入增加了支出,也就形成了项目的机会成本。在估算一个项目现金流量时,需把预计放弃或损失掉的相关机会成本视同项目的现金流出加以考虑,从而准确计算项目的现金流,提高决策的科学性。

一个方案就是一个机会,方案的选择是最困难的。因为企业不可能抓住所有机会,如果选择了某个机会,就意味着放弃了其他机会,而其他机会就构成了机会成本。在投资决策中,必须比较各方案可能的收益,尽可能选择投资效益最高也是机会成本最小的方案。需要强调的是,机会成本作为经济分析的成本,不同于会计成本。会计成本是会计账簿上记录的实际发生的成本,也就是企业投资引进资源实际的货币支出。机会成本则是进行方案选择时的一种"虚拟"成本,是客观存在的成本,它包括企业投资引进资源和使用自有资源的全部成本。

会计成本只能作为投资决策的参考,机会成本才是投资决策的依据。因为机会成本不仅包括显性成本,还包括隐性成本。所以,只有机会成本才反映投资的真实效益,在有约束的投资项目决策中更应重视。如果决策时只以会计成本为依据或不考虑所有的机会成本,则有可能夸大投资收益而做出错误的选择。比如,我们判断企业投资是否有回报,并不在于今年的利润是否比去年增加了,甚至也不在于产出是否高于投入，而在于企业投资的资本收益是否高于资本的机会成本。如果一笔资金存入银行可获10%的利润收入，那么，投资收益至少要高于这个10%才算有回报。如果该笔资金还可有其他投资方向，且收益高于存入银行的投资方案，则意味着该方案可行。一般来说，可选择的投资方案不止一个，决策者必须在若干个方案中进行比较，权衡利弊，最后做出决策。但是，用于投资的资金是有限的。如何有效地分配、使用有限的资金，使之获得最大限度的回报，就必须比较各方案的机会成本。

（三）相关成本和非相关成本

相关成本是指与特定决策有关的、在项目现金流量分析时必须考虑的成本；无关成本是指与特定决策无关的，在项目现金流量分析时不必加以考虑的成本。如果将非相关成本纳入投资方案的总成本，则一个有利的方案会因此变得不利，一个较好的方案可能变为较差的方案。企业投资实施一个新项目时，一般都会对其他原有项目造成的有利或不利的影响，如企业投资新的产品线，会对原有老产品产生不利影响——如挤占原有产品的市场，从而会影响原有产品销售量。当然，也可能两种产品依存度高，是相互互补的，新产品的推出可以带动老产品销售的增加，这时带来的是有利影响。还有，即使企业不推出新产品，在激烈的竞争中，其他企业也会推出新产品，这样也会造成本企业原有产品的销量的下降。这时，企业自己推出新产品而挤占老产品的市场而产生的现金流实际上就是从竞争对手处夺回的损失，这就应该看成是项目产生的净现金流。进行投资项目现金流量分析时，要综合各种情况考虑关联影响对项目现金流的影响程度。如互为竞争项目，则新项目现金净流量需扣减老项目的产品受影响而减少的流量。如为依存项目，则新项目现金流量应加上带动老项目的产品增长而增加的现金流。此外，还应正确估测如不实施新的项目，企业未来现金流量会如何变化。如果预计企业未来现金流量的下降与项目的实行与否无关，那由此造成的预计损失就是沉没成本，不应考虑。

（四）折旧

折旧是固定资产投资支出的分期摊销成本，它本身不是企业的现金费用。由于折旧的多少影响到了企业利润的高低，进而影响所得税的金额。因此折旧也就对投资项目的现金流产生了影响。由此可见，虽然折旧本身不是现金流量，但它的高低又确实影响了企业现金净流量，折旧额越高，企业利润减少，相应的所得税流出减少，企业的实际现金净流量越大。在估算项目现金流时，折旧不属于现金流出，但应考虑到折旧抵税对项目现金流的影响，用税金节约额抵减项目现金流出额。

（五）通货膨胀

企业在投资决策时需要充分考虑未来通货膨胀情况给项目带来的价格效益以及现金流影响。也就是说，项目未来现金流量的价值必须用未来适当的价格和成本计算，而不是简单地用目前的价格计算。通货膨胀是指一定时期内，物价水平持续、普遍上涨的经济现象。通货膨胀会导致货币的购买力下降，从而影响项目投资价值。通货膨胀对项目投资的影响主要表现在两个方面：一是影响现金流量的估计；二是影响折现率的估计。所以，投资决策时，对于具体项目需要根据通货膨胀因素调整现金流量和折现率。

如果企业对未来现金流量的估计是基于预算年度的价格水平，并剔除了通货膨胀的影响，这种现金流量称为实际现金流量。包含有通货膨胀因素影响的现金流量称为名义现金流量。两者的关系是：名义现金流量 = 实际现金流量 × （1+ 通货膨胀率）。在项目投资的过程中，应遵循一致性原则，名义现金流量用名义利率折现，实际现金流量用实际利率折现。这样才能客观反映通货膨胀情况下现金流的客观水平，也能为投资决策提供更真实的流量依据。在实务中，采取按预期通货膨胀率调整现金流流量来排除通货膨胀影响,充分考虑通货膨胀率和货币时间价值,才能合理估算项目的现金流量。

(六)相关融资利息费用

项目资金筹集发生的利息是资金供应者预期从项目投资中获得的收益,属于会计税前扣除项目。在计算项目投资收益率时,对流量进行折现时采用的折现率已经考虑利息费用部分的成本,故利息费用不能重复计算为项目的现金流流量。实际工作中,企业一般应在计算项目现金流流量时,以税后利润为依据,把利息费用加回到利润中,不作为现金流出,但需注意利息费用的抵税效应,把利息税前列支造成的抵税金额在计算项目现金流流量时予以计算。

(七)项目计算期

如果多个项目的项目计算期不同,就不能直接根据净现值进行决策,而需要在净现值法的基础上加以改进,主要有以下两种方法。

① 年等额回收法,包括年等额净现值、年等额收入和年成本,计算公式如下:某方案的年等额回收额=该方案的净现值×回收系数,或某方案的年等额回收额=该方案净现值×1/年金现值系数。项目计算期不同时,不能直接比较各方案的净现值,但可以比较各方案的年等额回收额,并据此选择方案。

② 计算期统一法。该方法是对计算期不相同的多个互斥方案选定一个共同的计算分析期,进而根据调整后的评价指标来选择最优方案的方法。

第二节　项目投资评价指标的计算及运用

项目投资决策是对各个项目投资方案进行分析和评价，从中选择最优方案的过程。为了分析和评价的客观和科学，一般应采用不同的评价指标。评价指标分两种，一是不考虑时间价值的静态决策指标（非贴现指标），二是考虑了时间价值的动态决策指标（贴现指标）。

20世纪50年代，被调查的25家美国大型公司没有一家使用折现指标。20世纪70年代后，使用折现指标的公司所占比例渐渐上升。到20世纪80年代，被调查的公司使用折现现金流量指标的已达90%。为了找出何种投资技巧被公司运用，美国《管理会计》杂志社1986年对财务经理进行了专项调查。这项调查具有两个优点：第一，它使我们了解到实际工作者运用投资分析工具的情况。第二，通过实际工作者运用投资分析工具的情况，我们可以获悉财务经理们是更关注公司的现金流量还是公司的长期盈利能力。该调查主要考察了美国一些大公司的财务经理。美国杜克大学教授在2001年调查的结果显示：美国392家公司中74.9%的公司在投资决策时使用NPV指标，75.7%的公司使用IRR指标，56.7%的公司使用NPV指标和IRR指标的同时使用PP指标。由于一般项目投资的期限都比较长，所以，决策时应以动态决策指标为主，而静态决策指标只起辅助决策的作用。贴现现金流量分析法把不同时点的现金流入和流出按统一的折现率折算到同一时点，使不同时期的现金具有可比性，这样才能做出正确的投资决策。在长期投资决策的方法中，贴现现金流量法优于非贴现现金流量法，净现值法又优于内部回报率法和获利指数法。

一、静态评价指标

（一）投资回收期法

投资回收期法用初始投资额与年营业现金流量之比进行计算，反映了投资的回收期限。这种方法是以原始投资额回收所需要的时间（年数）作为抉择投资方案的依据。

当每年现金净流入量相等时，采用下列公式计算。

$Pt=C/CF_i$

当每年现金净流入量不等时，采用下列公式计算。

$Pt=（T-1）+$ 第（T-1）年的累计净现金流量的绝对值/第T年的净现金流量

上面的公式中：Pt为投资回收期；C为原始投资额，CF_i为第i年净现金流入量；T为累计现金流量出现正的年份。

采用此方法时，将投资项目的回收期与投资期望回收期相比，决定接受或拒绝拟投资项目的方案。当投资方案回收期<期望回收期时，则接受该投资方案；当投资方案回收期>期望回收期时，则拒绝该投资方案。当对多个投资方案进行抉择时，选择回收期短的项目。

投资回收期法计算简单，容易理解，但这种方法忽视了时间价值，也没有考虑回收期满后的现金流量情况。回收期法优先考虑急功近利的项目，容易导致企业短视的投资行为，也无法对投资项目的盈利能力做出评价，因而在实务中已经较少作为主要方法使用。投资回收期在投资决策中经常被用到，其计算简单、含义易懂等特点受到了投资决策者的青睐，由于其只考虑了投资成本回收前项目方案的风险，对收回投资后的项目期间不给予考虑，这比较符合一般投资者的心理——因为投资者大多关心投资成本何时收回，在一定程度上起到了控制投资风险的作用。但是，另一方面，投资决策者在综合考虑一个项目投资时，不仅要考虑投资成本收回前的时期，更要考虑投资成本收回后项目的盈利风险，而投资回收期却不给予考虑，这就造成了投资回收期方法未能全面衡量项目寿命期内真实的投资效果的不足。

如果投资项目比较复杂或对环境变化比较敏感，应该考虑重点采用投资回收期法。因为这类项目后期的现金流量通常很难预测。例如，许多大型跨国公司进行境外投资，由于所面临国际政治环境具有高度的不确定性，则可使用投资回收期法。在新兴经济领域和软工程行业，如信息技术产业、服务业和影视业等行业所投资的项目，其初始阶段有比较多的资金投入在无形资产和人员方面，并且未来现金流量有更多的不确定性，可以将投资回收期法作为主要决策方法。由于投资回收期法决策的简便性，常常在筛选大量的小型投资项目时采用。另外，零售批发业的运营性项目也适合使用投资回收期法作为主要方法。对于小企业或者处于高成长期的企业而言，往往现金短缺，其暂时追求的目标是保证生存和流动性，而投资回收期短的项目能够在前期提供更多的现金流量。所以，这类企业可以将投资回收期法作为投资决策的主要方法。从投资项目目的来看，资金来源不足的企业，期待尽早收回资金以维持简单再生产或扩大再生产。在这种情况下，采用投资回收期法把投资回收速度作为评价方案的标准具有一定的使用价值。预测能力薄弱、经验不足的企业或投资风险性较大的项目，为避免原有投资蒙受损失，少担风险，采用投资回收期法评价方案也具有一定的使用价值。如果想在追求利润的前提下兼顾资金回收速度，则以贴现法为主要方法测定方案的利润率，以投资回收期法为辅助方法测定资金回收速度也是可取的。当被比较的方案在投资数量、投资时间、使用寿命、净收入数量和时间等方面都比较接近时，也可以采用投资回收期法进行方案评价。

（二）投资利润率法

投资利润率法是指在投资项目正常运转后，各年平均利润与总投资额的比率，其计算公式如下。

ROI= 年平均利润 / 总投资额

投资利润率法的优点在于使用便捷，便于使用者理解并掌握。其中年平均利润使用的是会计报表数，依据的是会计理论中收益与成本配比的原则。在计算出 ROI 值后，需要与预计的或者行业平均投资利润率进行比较。决策原则为：项目预测值高于基准值，则选择投资该项目。

（三）平均投资回报率法

平均投资回报率（ARR）是指投资项目寿命周期内平均的年投资回报率，又称投资利润率或会计收益率。

平均投资回报率法是以平均回报率作为评价指标的决策分析方法。它是一个表示投资获利能力的相对指标，反映单位投资额每年所获得的收益，平均回报率越高，说明投资项目的获利能力越强。在采用这一指标进行投资决策时，应事先确定公司要求达到的平均回报率（即必要平均回报率，也称期望平均回报率）；然后，将投资项目的平均回报率与之相比，只有高于期望值的方案才能被采纳。若有多个备选方案，则应选择平均回报率最高的投资方案。

会计报表中的会计利润并不代表企业真实的现金流，在现金为王的资本时代，企业更加看重的是投资项目是否能为企业持续带来稳定的、客观的现金流，故在长期投资决策时引入了平均投资回报率指标。平均投资回报率主要适应于前期一次性投入多、后期少量投入的长期投资，其计算公式如下所示。

平均回报率＝年平均现金流量／初始投资额

平均回报率法计算简单、易于理解、应用范围广，它还考虑了投资项目在其整个寿命期内的全部现金流量，从而在某种程度上反映了投资所产生的盈利水平。但是，这种方法没有考虑货币的时间价值，且只考虑了投资所得、忽略了投资回收，所以，平均回报率法有很大的假设性。因此，在实际工作中，平均投资回报率法适用于投资方案的初选，或投资后各项目间经济效益的比较，是一种过滤投资项目的简单方法，以权责发生制为基础，这与财务会计报告一致。

二、动态评价指标

动态评价指标是考虑了资金时间价值的分析评价方法，所以也被称为折现现金流量分析技术；主要包括净现值（NPV）、盈利能力指数（PI）和内含回报率（IRR）3个指标。

（一）净现值法

所谓的净现值，是指投资项目在实施之后的净现金流量，依照企业所要求达到的收益率为基础折算为现值，再减去原始投资现值之后的余额；或者是指从投资项目一开始到结束时的所有企业净现金流量的现值之和。假设预计的现金流入量在年末是肯定可以流入企业的,并把原始投资额看成是按预定的利息借入的,当净现值为正数时,表示项目在偿还本息后仍有一定的剩余额;当净现值为零时表明该投资方案正好可以偿还本息;当净现值为负数时,表示该项目产生的收益连本息都偿还不了,处于亏损状态。净现值法是动态评价投资方案的一种较为常用的方法。净现值法测算时的主要思路是:根据项目运营期内各年现金流入流出量计算出年现金净流量,然后,将各年现金净流量计算复利现值并加总,再减去初始投资额,得出在初始投资时点上项目的净现值。对于采用净现值法来衡量项目投资的可行性,其具体标准是:对于一项投资方案,只要其 NPV>0,那么就说明该项投资方案具有一定的可行性。在多项方案并存的时候,选择净现值更大的往往是最普遍的选择。净现值法的计算公式如下所示。

$$NPV = \sum_{t=0}^{n}(CI_t - CO_t)(1+i_0)^{-t}$$

上面的公式中,NPV 为净现值;CI 为现金流入,CO 为现金流出;i_0 为折现率;t 为计算时点(年份);n 为项目运营期的时长。

运用净现值法对项目投资进行决策时以项目的净现值(绝对数)作为取舍依据,只有一个备选方案时,净现值为正者即认为其具有投资的可行性;有多个互斥的备选方案时,则选用净现值正值较大的项目。这样的做法是直观简单,也考虑了货币的时间价值和方案的净收益;缺点是:若多个互斥的备选方案之间的项目投资规模相差较大,比如说当需要在未来年现金流量 50 万元和 5 亿元的两个项目间进行投资决策时,净现值法由于只采用绝对数指标,就不能科学地基于投资和回报的对应比例关系对投资做出判断。同时,净现值法只能揭示项目运营期内各年现金的净流量,其据以计算复利现值的折现率一般采用的是社会平均资金回报率,并不能揭示各个项目方案本身可能达到的实际回报率。

净现值隐含了两个假设前提：一是投资是可逆的，即如果市场条件比预期的要差，就可以某种方式不投资并能收回支出；二是投资不可延缓，即公司要么现在投资，要么永远失去这个机会。虽然有些投资项目属于这种类型，但大多数情形并非如此，现实中更多的投资项目是不可逆的，而且是可以延缓的。此外，净现值法还存在以下缺陷。

首先是基准收益率的确定较为困难，净现值法选用的折现率往往是投资者的期望回报率。投资者的期望回报率大多由无风险回报率（或行业基准折现率）、通货膨胀系数和风险回报率3部分构成，投资项目的无风险回报率和通货膨胀系数可采用惯常的方法确定。由于大多投资项目风险高，影响因素较多，因而，风险回报率的确定较困难。

第二，净现值法只说明投资项目的盈亏总额，是用一个绝对数额来表示的，并没有说明单位投资的利用情况。净现值法假设项目投产后总是按决策之初的既定程序进行，未考虑经营者对未来变化的适时调整。事实上，企业投资某项目或就算是该项目已投资建成，经营者都可以根据市场环境的变化，决定是否继续投资该项目，或对该项目的运营进行调整。如果市场环境对该项目有利，经营者可以在原始投资的基础上追加投资，或者扩大原有的生产规模；而在市场环境对该项目不利时，则可延缓该项目的投资，或者缩减生产，或者转产其他产品。这种经营柔性无疑是有价值的。净现值法只是在当前所能获得信息的基础上，对单个项目的现在投资与现在不投资相比较，而不是比较今年的投资、明年的投资、后年的投资的现金流的差别，从时间上限制了投资的灵活性及项目经营柔性的价值。

第三，在互斥方案的评价中，净现值法必须慎重考虑互斥方案的寿命。如果互斥方案的寿命不等，则需要构造出一个相同的研究期以便考核。值得注意的是：即使构造出一个相同的研究期，研究期最好也要小于 10 年，因为 10 年后的净现金流量的测算具有很大的主观性。

第四，净现值法只能依据投资者设定的一个折现率用一个绝对数表示项目的盈利能力，并没有表明项目本身的盈利能力比事先设定的基准折现率高多少。所以，其无法表明项目本身的盈利能力。净现值对基准收益率变化还是比较敏感的，所谓净现值对基准收益率的敏感性问题是当基准收益率发生变化时，净现值会发生什么样的变化。

在采用净现值的方法进行风险投资项目的决策时，选取什么样的折现率，仍是企业管理人员普遍关心的问题。折现率选取得过低，会导致收益较低的项目投产，造成资源的浪费；折现率选取得过高，又会使企业放弃本来有利的投资项目，造成较高的机会成本，甚至丧失有利的竞争地位。关于如何选择恰当的折现率，目前大致有以下 4 种方法。

第一种方法是采用项目的资金成本作为折现率，计算得出的净现值其经济含义通常被理解为"该项目相对于资本成本而言，多赚得的利润"。如果这种理解是成立的，那么将资金成本作为折现率，其隐含的前提应是项目预计的现金流将以 100% 的概率实现。否则，如果预计的净现金流是随机变量，那就意味着将资本成本作为折现率计算得出的净现值（即所谓的利润），并不必然被投资者获得。也就是说，投资者用项目的收益偿还资金及其利息成本时，可能面临项目收益不能足额偿还资金成本的意外情况。显然，这种风险并没有在折现率的选取中加以考虑，因而有其局限性。

第二种方法是将欲放弃的投资项目的收益率看成是投资该项目的机会成本，将其作为折现率来计算净现值。

第三种是采用资本资产定价模型的方法来确定折现率。资本资产定价模型具有较强的理论基础，它表明任一资产在交易市场处在均衡的条件下，该资产的回报率由无风险回报率和风险回报率两个部分组成。该模型建立起资本资产的收益率和风险之间的数量关系。换句话说，在满足资本资产定价模型的假设条件下，只要市场处在均衡状态，它的收益率不会偏离资本资产定价模型的计算结果。

在应用资本资产定价方程的过程中，仍存在着以下几个需要解决的问题。

首先，ß值的确定。在实践中，估计ß值的最常见方法是根据历史数据计算该企业的权益收益率与整个股票市场收益率的标准差来确定。但是，采用历史数据计算ß值，就可能为项目特征有明显改变的公司确定了不合理的资本成本。在有杠杆的企业中，按资本资产定价模型计算的股权资本成本中ß不同于全股本融资的ß，其需要考虑公司的资本结构。对于上市公司的ß系数，各种投资咨询机构都有公布。对于非上市公司的ß系数，通常是寻找一家或多家与公司经营风险相似的公司间接地估计ß系数。作为替代公司必须至少具备两个条件：一是替代公司与估价公司为相同行业；二是替代公司与估价公司的经营风险相同。经常使用的是依据市场数据的方法，即通过寻找一个经营业务与待评估项目类似且可比的上市公司，以该上市公司的ß值来替代待评估项目的系统风险；或找一系列替代公司，计算一系列的ß值，为项目确定一个平均ß值，但此时要注意这些ß值不可以相差很大。如果公司的财务杠杆水平不同时，应先根据公式将替代公司的ßL调整为无负债时的ßU；其次，根据估价公司的负债权益比率和所得税率，将ßU调整为估价公司的ßL。

其次，权益的市场风险溢价的计算，即投资者投入资金具有平均风险的权益所要求的额外期望回报率，其计算方法同样存在历史性和前瞻性的选择问题。

第三，无风险利率的确定。一般使用国库券利率作为无风险利率,但在计量投资项目成本时,需将国库券期限与所投资项目的期限相匹配。

第四种是用风险调整的方法确定项目的折现率。一般情况下,投资项目的回报率被分为无风险回报率和风险回报率两部分。风险回报系数的确定,可以集中行业的经验和专家的智慧,具有一定的稳健性。这也是它在企业财务管理实践中被普遍应用的原因之一。

净现值法能够较好地将静态分析法中的缺点加以弥补,同时能够反映出不同投资方案的净收益,是一种较为简便和直观的办法。但是,由于净现值是绝对数,很多时候在不同投资方案之间很难有完全的可比性。尽管净现值法在评价互斥项目时优于其他折现方法,但也有一定的局限性,需要加以改进。例如,在净现值计算中需假定将来的现金流量是确定的,但项目投资往往具有风险性,现在的预计不等于将来肯定可以实现,且将来也有可能向更好的方向发展。另外,净现值法的适用范围有限,如果多个项目的计算期不同、项目原始投资额不同、多个项目的投资资金受到限制,则净现值法无法使用。

(二)盈利能力指数法

盈利能力指数法是将项目现金流转换为指数这种相对数指标,以此为据进行项目的取舍。计算时先测算出项目未来各年现金净流量的总现值,再除以初始投资额,就得到该项目在投资起始时点上的获利指数,也即该项目的盈利能力指数。盈利能力指数法的计算公式如下所示。

$$PI = \sum [CF_t / (1+r)^t] / C$$

上面的公式中:PI 为盈利能力指数;CF 为 每年的净现金流量;C 是投资额。

盈利能力指数表示投资项目的相对盈利能力,即反映每一元投资额能够带来未来净现金流入量的现值的多少。盈利能力指数法的抉择原则是投资项目的盈利能力指数必须大于1，即PI>1，可接受该投资方案；PI<1，则拒绝该投资方案。在有多个方案的互斥选择决策中，宜选取盈利能力指数超过1最多的项目进行投资。采用盈利能力指数法最大的优点在于该方法对处理资本配置时的排序问题大有帮助。净现值法采用的是绝对数指标，反映的是投资的效益；而盈利能力指数是相对数指标，是项目未来现金净流量的总现值与初始投资额的比值，反映的是投资的效率。但是，盈利能力指数忽视了互斥项目之间规模上的差异。

（三）内含回报率法

内含回报率（也称内部收益率）也是在净现值的基础上发展起来的，一般认为其是净现值为零时的折现率，这个折现率就叫作内含回报率。为了了解每个投资方案可以达到的具体投资收益率，可以采用内含回报率法来计算。净现值法虽然在一定程度上考虑了资金的时间价值，但难以分别说明每个投资方案的具体投资收益率，而采用内含回报率法则可以弥补这样的缺陷。内含回报率是指在投资方案进行的年限内，当净现值等于零时所对应的贴现率。如果投资方案的原投资额度和未来的现金流入量的数额刚好相等，则说明该项投资方案并未给企业带来实际收益，此时的内含回报率和贴现率相等。如果项目资金投入之后，不仅没有盈利，还发生了损失，此时的内含回报率就大于贴现率。由此可见，我们对于内含回报率的计算，往往需要首先估计一个贴现率。一般认为，项目的内含回报率是在研究期内，将项目的净现金流量按照内含回报率这个折现率进行折算时，会始终存在着未能收回的投资，只有到了项目寿命期末，投资才可以被完全收回的评价方法。值得一提的是，内含回报率是项目本身所固有的，与其他项目毫无关系，也与项目的融资结构无关，它只表明项目本身的盈利能力，也可以认为是当项目的资金全部来源于自有资金时全部自有资金的盈利能力。内含回报率的计算公式如下所示。

$$\sum_{t=0}^{n} (CI-CO)_t \, (1+IRR)^{-t}=0$$

上面的公式中：IRR 是内含回报率；CI 是现金流入；CO 是现金流出；n 是项目计算期。

使用内含回报率法并手工计算时需要预估一个折现率来对方案的净现值进行逐步测试。如果净现值为正数，说明方案本身的回报率超过估计的折现率，应提高折现率后进一步测试；若净现值为负数，说明方案本身的回报率低于估计的折现率，应降低折现率后进一步测试。最后，再基于已有的测试数据，用插值法求解出精确的内含回报率（即能使项目未来现金净流入等于未来现金净流出的投资回报率）。在投资回报率等于项目内含回报率的情况下，项目的总净现值为零。不管是使用净现值法还是使用盈利能力指数法，都没有反映出项目真实的回报率，而内含回报率法则弥补了这一缺陷。在只有一个备选方案的投资决策中，若计算出的内含回报率大于或等于公司的资金成本或公司的必要回报率，则就认为项目具有投资的可行性；反之，则拒绝。在有多个备选方案的互斥投资决策中，宜选用内含回报率超过公司资金成本或必要回报率最多的项目进行投资。

内含回报率能用一个相对数来表示项目自身的盈利能力，与净现值相比，这是其一大亮点。其最大的特点是内含回报率法事先并不需要像净现值那样预先设定一个基准折现率，这对于投资者无法恰当的预测基准折现率的项目提供了极大的方便。但是，如果仅仅按照内含回报率法进行项目投资决策，可能会出现决策失误，因为对于追求利润最大化的企业来讲，内含回报率较高的项目不一定是最优方案。内含回报率最大的不足是其假设项目投资带来的现金流入量仍能按 i=IRR 重复投资，而并不是按资金的必要投资收益率进行再投资,这一假设不太符合实际情况;如果内含回报率过高,项目就失去了实际意义。各投资项目的初始投资不同或者现金流量的数额、发生的时间不一致,从而导致净现值和内含回报率评价指标出现不一致结论的情况。这就需要我们对二者做出选择。由于净现值指标具有计算简单、与企业财务管理目标一致、再投资假设较为合理以及不存在多解或无解问题等优点。因此,当使用净现值指标和内含回报率指标得出不一致结论时,应选择净现值指标评价投资项目的可行性。

第三节 投资决策的实物期权方法

一、实物期权的提出及应用范围

大多数投资决策在不同程度上有3个基本特征：投资是部分或完全不可逆的，来自投资的未来回报是不确定的，在投资时机上有一定的回旋余地。投资的传统理论没有认识到不可逆性、不确定性及时机选择两两之间的相互作用在数量和质量上的重要意义。传统的企业投资决策一般采用净现值法，这种方法暗含如下假设：其一，投资不可延缓，即企业如果现在不进行投资的话，它将永远失去这个投资机会；其二，只要投资一旦发生，经营者对投资结果不予控制，表现为项目在投资期内持续运行，不存在中途改变的可能。对于不确定因素多的投资项目，它没有考虑在投资期内，随着经营条件的改变，随着管理者接受了某些新的信息，公司经营政策会有所改变，因而在评价具有经营灵活性或战略成长性的项目投资决策中，会导致这些项目价值的低估，甚至导致错误的决策。另外，净现值法只能估算公司已经公开的投资机会和现有业务未来的增长所能产生的现金流的价值，而忽略了企业潜在的投资机会可能在未来带来的投资收益，也忽略了企业管理者通过灵活的把握各种投资机会所能给企业带来的增值。传统的投资决策往往是刚性的，即管理者要么放弃投资，要么选择投资，如果按照预定的计划实施则不会存在改变或取消的情况。然而，在实际的运用过程中，管理者可以选择滞后投资，也可以选择在投资后的一段时期内追加投资或取消投资。也就是说，管理者具有项目投资的时机选择权、后继项目的投资选择权以及投资项目的放弃选择权。因此，基于未来收益的净现值法对发掘企业把握不确定环境下的各种投资机会给企业带来的新增价值无能为力。在这种背景下，实物期权理论应运而生。

一个企业拥有投资机会，就相当于它拥有某种金融看涨期权，即它有权利在将来某个时刻投入资金。期权值的大小是依宏观经济形势和投资环境而定的。在经济高速发展时期及良好的投资环境之下，企业投资获利的期望值高，金融看涨期权就大；反之，在经济衰退时期及投资环境恶劣的情况之下，企业投资获利的期望值低，金融看涨期权就小。但是，期权只是一种潜在的价值。期权价值的真正实现则是通过投资行为来完成的。只有正确的投资决策，产生巨大的经济效益，才能体现出金融看涨期权的价值。从另一个方面来说，企业拥有投资机会的时候，终归是要投资的。而当企业进行了非可逆投资之后，它就执行了期权。这就是说，企业放弃了等待对投资决策有重大影响的信息以便进行更佳投资决策的权利。失去投资权利是有价值的，这个失去的价值就称为机会成本。机会成本包括两个方面：一是企业对某一项目的投资而放弃了对另外可能更具有投资效益的项目投资；二是企业在某一时刻的投资而放弃了可能更佳的投资时间。很明显，企业投资决策所造成的机会成本与期权实现值成反比，机会成本越大，所实现的期权价值越小；机会成本越小，所实现的期权价值就越大。可见，企业在制定投资战略、进行投资决策时，选择最具有投资效果的项目和最佳的投资时间使企业投资行为带来的机会成本达到最小是衡量投资方案之关键。

实物期权是金融期权理论在非金融资产领域的扩展。在期权思想方面，实物期权与金融期权具有相同的原理。实物期权与金融期权相对应，是指在确定的期间内选择或放弃某种事物的可能性。实物期权的价值可以应用为金融期权发展起来的相似的理论进行评价。实物期权与金融权的相似性并不是说他们是完全相同的，实物期权与一个组织的战略决策有关。由于实物期权能够帮助管理者计划和管理战略投资，因而具有重要的实际意义。由于体现了管理的灵活性，实物期权是有价值的。应用期权思想可以改变人们的观念和为企业制定灵活的发展战略，可以改变企业面对不确定性的方式，可以帮助企业限制不利的条件带来的损失和增加有利的条件带来的收益，并可以控制自己的风险。因此，应用期权思想将改变人们对于不确定性的认识，从而在不确定性中增加企业的价值。1977年，美国麻省理工的梅耶斯教授首次提出不确定项目潜在的投资机会可视为另一种形式的期权——实物期权。梅耶斯指出：一个投资方案其产生的现金流量所创造的利润，来自于目前所拥有资产的使用，再加上一个对未来投资机会的选择。也就是说，企业可以获得一个权利，在未来以一定价格获得或出售一项实物资产或投资计划。所以，实物资产的投资可以应用类似评估一般期权的方式来进行评估；同时，又因为其标的物为实物资产，故将此性质的期权称为实物期权。

实物期权方法并不是对净现值法的简单否定,而是在其基础上的进一步发展和完善。实物期权理论认为,传统的净现值法仅考虑了投资项目的预期现金流即当前可预见的现金流,忽略了投资项目中的期权价值。因而,应当对净现值法进行修正。实物期权理论之所以能够引起国内外学界和实务界的强烈关注,在于其相对于传统投资决策方法的3大优势:考虑了投资的不可逆(部分不可逆)性、管理的灵活性以及等待的时间价值。投资决策中主要应当考虑的实物期权内容如下所述。

1. 延期期权。如果投资机会可以推迟一段时间,那么,企业就可以在投资的时间上进行选择。如果未来市场出现有利情况,则进行投资;如果不利情况出现,投资机会就可放弃,以避免因立即投资带来的损失。延期期权主要应用于自然资源与油田开发、不动产与闲置土地开发、新产品市场化等领域。

2. 放弃期权。放弃期权指企业在投资项目进行过程中,当项目继续发展下去有可能导致更多的损失时,投资者可以放弃对该项目的投资。根据净现值法的分析假设,即使条件发生变化,公司仍然会按计划继续埋头苦干;而期权定价方法认识到,只要发现产品开发出来之后没有足够竞争力,管理者有随时终止项目的权利。在这种情况下,就可以节省不必要的后续成本损耗。

3. 修正期权。在企业的生产过程中,管理者可根据市场景气的变化(如产品需求的改变或产品价格的变动)来改变企业的运营规模。当产品需求增加时,企业便可以扩张生产规模来适应市场需求;反之,则缩减规模,甚至暂停生产。

二、实物期权方法与净现值方法的区别与联系

期权是一种可选择权,是其持有人享有的在规定的时间内按照约定的价格买进或卖出某种实物资产的权利。投资产生的价值这一

阶段为实物期权的价值创造期,企业面临的外部不确定性风险需要在这个阶段来识别。企业产品价格、客户状况、利率、技术和政府政策等交织在一起,会影响到企业所面临的外部市场的不确定性。当风险事先被确定在一个范围时,企业所面临的外部不确定性越高,企业可能的获利水平和获利机会也会相应提高和增大,实物期权的价值也就越大。实物期权投资思想通过分析项目所具有的不确定性问题的方式,关注现金流概率分布的特点和变化范围,将现金流的概率分布和未来预期市场信息有效结合,从而在不确定因素较多的情况下确定项目的投资价值。

投资决策期权方法是以传统的净现值方法为基础的,主体思路为:投资项目总价值=经营性现金流量净现值+投资项目实物期权价值。投资项目实物期权价值的定价主要采用布莱克—斯科尔斯定价模型,该模型假设期权中的资产收益率服从正态分布,同时假设:期权为欧式期权,即期权只有在合约到期日才执行;不存在交易成本和税收;在期权生效期内无风险,利率水平保持固定不变;期权所指向的标的资产(如股票),不发放现金股利;资产收益率服从随机分布,方差在期权有效期内保持不变,并且可以运用过去的数据进行估计。投资决策期权方法并不是对传统投资决策方法的全盘否定,它秉承了传统投资决策方法中货币具有时间价值的核心,是对传统投资决策方法局限性的突破,增加了投资决策的合理性。

第一,从决策角度来看,净现值法是从静止的角度来考虑问题,投资产生的现金流量是固定的,只对是否立即进行投资做出决策;而实物期权法着眼于描述实际投资中的真实情况,从动态的角度来考虑问题,管理者不但需要对是否进行投资做出决策,且需要在项目投资后进行管理,根据变化的具体情况趋利避害。不同的管理行为会有不同的现金流量。因此,实际产生的现金流量往往不等于现金流量的期望值。实物期权法得到的是扩展的净现值,即期望净现值与实物期权价值之和，能较好地反映投资的真正价值，且与实际情况较好地吻合。传统投资评价方法能够估算企业现有业务未来的增长所能产生的现金流的价值和公开的投资机会，却忽略了企业潜在的投资机会可能在未来带来的投资收益，也忽略了企业管理者通过灵活的把握各种投资机会所能给企业带来的增值。实物期权法对具有高风险、不确定性环境下的项目投资决策提供了一种切实可行的评价工具。实物期权法对不确定性的处理优势，其他方法难以取代。一方面，有助于充分把握实物期权的行权时机。另一方面，有助于更为准确的评价投资项目的价值，有利于提高投资决策的科学性与准确性。

第二，净现值法假设投资是可逆的，而现实中大多数投资具有不可逆性。在净现值法中内含了这样的假设：投资是可以逆转的，如果市场条件没有预料的好，可以很容易地撤出，收回初始投资。因此，计算净现值时无须考虑撤离时的损失。但实际上，大多数投资不符合这种假设，即具有不可逆性，一旦投入就不容易撤出。另外，国家政策法规的变化和企业文化差异等也可能加大资产交易的费用，使其不可逆性上升，如资本控制使公司不能随意处置资产或重新安排其资本。同时，新的投资项目往往因为高昂的雇佣、训练、解雇员工成本和高额的开办费用而不可逆转。以上种种说明，在市场经济中，由于信息不完全等因素使市场不可能是完全竞争市场，试图无代价或以很低代价收回投资是很难的。

第三，净现值法忽视了企业未来成长机会的价值，而实物期权法则予以充分考虑。净现值法只强调净现值大于零的项目作为投资决策准则。在实际经营中，企业进行的投资活动并非都能立即获益。而且，投资目的也不一定单纯是为了获得财务上的利益，尤其是短期性的利益。从长远来看，企业当前投入的资本是为了占有更多的市场份额、拥有某种专利权，或者保持进入某个新市场的潜力等。

对于目光长远并且有着良好的市场扩张理念和产品发展规划的企业来说，未来的机会可能比眼前的收益更有价值，它们多是企业战略目标实现的重要组成部分。

第四，净现值法忽视了投资项目中的柔性价值，而实物期权法则对其予以充分考虑。净现值法假设未来的变化总是按决策之初既定环境发生，不论是对未来的现金流，还是所需采用的贴现率，都未考虑管理者对未来变化的适时调整。实际上，在长期性的投资中，面对不确定性较大的市场环境，管理者可以在现在或将来根据市场条件的变化对投资项目的运营进行调整。

第五，净现值法害怕不确定性，不确定性越高，其折现率也就越高，从而降低了投资项目的价值。相反，实物期权法却认为，不确定性是实物期权价值之所在。不确定性越高，其投资机会的价值也就越高。不确定性有良性与恶性之分，一旦环境恶化，就不执行期权；而环境变好时，就执行期权，进行投资。因此，对不确定性要辩证地对待。期权需要不确定性提高其价值，但期权的执行则需要确定的环境。实物期权法与传统的投资决策方法相比，在于它不仅能为项目的选择提供支持，更重要的是它还能为项目的管理提供积极的风险管理，即企业管理人员能利用他们的技能在期权到期之前，改变那些影响其价值的因素来主动提高价值，使它实际上比购进它或创造它时的价值更高。

三、应用实物期权法的注意事项

投资决策中实物期权价值确定应当考虑的因素有以下 5 个。第一，所需的投资量、投资额越高，期权的价值就越低。第二，该投资未来回报的净现值、投资回报越高，期权的价值越高。第三，市场越不稳定，对市场发展趋势的预知越少，期权的价值就越高。原则上，投资实物期权为的就是降低不可知因素对未来公司的发展造成的战略风险。那么，风险越大就越能体现实物期权的价值。第四，允许试探性投资的时间越长，所投资的期权的价值也越高。第五，实物期权投资也有机会成本。机会成本越高，期权价值便越低。实物期权是把非金融资产当作根本资产的一类期权，实质上是对投资项目所拥有的灵活性的选择的权利。

第十章
资本结构与投资决策

本章导读

第一节　投资决策与企业资本结构的关系
第二节　投资决策与融资决策、股利政策的关系
第三节　企业投资对财务风险产生的影响

第一节 投资决策与企业资本结构的关系

在企业决策过程中，确定目标是投资决策过程中最为重要的，同时也是最为困难的一个环节。确定投资目标，企业所依据的是现实中的各种各样的条件，要根据多个方案来进行选择。其中，企业的决策在相当大程度上受资本结构的影响。企业的资本结构至少通过3个途径影响企业的投资行为：一是企业资本结构可以影响企业的经营成本，二是企业资本结构可以影响公司治理结构，三是企业资本结构可以影响企业的股票（如果是上市公司的话）资本市场的运行情况。因此，合理的资本结构可以增强企业的持续融资和投资能力，从而有利于提高企业的投资效率。此外，企业投资决策必然要受到项目可用资源的客观限制，主要体现在项目建设所需的资金、技术、人力、设备和原材料供应、土地、能源和水源供应的方面。这种限制不仅仅表现为时间和空间方面的限制，还表现为总量和结构方面的限制。可见，企业投资与融资决策是一项在环境条件多变和信息不完全情况下的具有高度风险性的复合决策，必须高度重视项目的风险特性，必须充分考虑到项目的市场风险、技术风险、管理风险、财务风险等各方面的风险因素的影响及其影响危害程度，在经过科学的风险评价后再做出决策。基于此，企业立足于改善企业的资本结构和经营的安全性，在对融资效率、融资成本和融资风险进行充分可靠的分析和评价的基础上，明确项目的财务清偿能力、财务风险程度和风险承受能力后做出决策。决策时要将投资与融资决策的本质联系起来，既重视投资决策方法的研究，也要加强融资决策方法的研究，重视投资和融资决策在投资实践中内在的本质联系。战略在融资选择中也起着关键作用，那些旨在创造竞争优势并指导资本投资过程的战略，也指导了融资计划的编制。

在企业的资本结构中，股东组合与债务的比例对企业投资决策具有很大的影响。企业固定财务费用支出的存在是导致财务杠杆效应出现的根本原因，而不同方面支出数额的变化对于其他变量乃至整个企业财务状况的影响程度是不同的，反映在企业中就表现为：企业的负债筹资会引起企业普通股收益以及息税前利润的变化，进而有可能会产生负效应。管理者通过财务杠杆理论对企业的融资进行一系列的调整而引起的企业资产情况的变化就是财务杠杆效应最为直接的体现。财务杠杆效应会因企业管理者不同的操作而产生不同的影响，利用得当就会促进企业利润的增长和经营的发展；但利用不当也会导致财务风险增大，影响企业的健康发展。

财务杠杆的正效应会对企业经营产生积极的影响。企业通过提高自身的负债率进行融资，一般情况下，普通股每股收益的变动率会比息税前利润的变动率要大。一般来说，企业的债务利息会小于权益资本的成本，且负债利息具有抵税效应。因而，通过财务杠杆的应用可以促进股东利润的提高，从而提高股东的投资热情，使企业融资的效率得以提高,促进企业规模的扩大。财务杠杆负效应也就是其存在阻碍了企业的发展,对企业产生了消极的影响。一般来说,财务杠杆负效应的体现在息税前的利润变动率高于了企业普通股单股收益的变动率。当这种情况出现时,企业的净利润往往会有所下降,直接影响企业未来的发展。经济繁荣期,国内一些企业为了弥补规模扩张和多元化投资的资金缺口,除了大量银行贷款外,不惜高利向民间借贷,导致企业陷入高负债陷阱,加剧了企业流动性风险集聚。高杠杆投资偏好蕴含的冒险精神和高度逐利性诱导企业资本投向房地产、矿产、造船、光伏等高风险行业,导致投资热钱化和产业空心化,一些企业甚至已沦为融资平台,从而加剧了信用链的脆弱性。对于企业来说,企业的经营受到多种因素的影响,这些因素处在不断地变化中,企业的经营以及项目的投资很容易受到影响从而导致收益的减少。企业的可持续发展会受到企业投资成效的直接影响。以市场作用为主导的金融市场波动性较大,投资的风险也会有所增加。企业的投资风险主要包括项目规划不合理、市场调研与产品开发信息不对称、负债率过高以及实际收益过低等。因此,有钱不能任性。

现代企业经营模式下,企业存在破产的可能性,即企业的债权人当企业破产时可以代替股东进行企业的管理控制。所以,负债水平决定了企业的治理结构,从而又影响了不同财务杠杆水平的选择。企业要在竞争中活得下去,或比别人活得更好,管理者们的眼光就必须随时觅寻和盯住新的经济增长点,适时调整投资方向,把企业有限资金投向能为资金带来丰厚回报的优势产品开发方面。

企业要想开展各类活动,前提是要有适量的资金,企业在投资时也是需要资金来进行支持的。但是,企业自身所拥有的资金毕竟是有限的,就算是通过外部进行筹集所得到的资金也是有限的。管理者过度自信的认为未来能获得巨大的收益,他们更愿意通过债务筹资来解决企业的资金需要，而不是发新股。在企业投资过程中，是一个动态的过程，企业要想实现自身价值的最大化，除了把投资的决策做正确之后，还要根据市场中信息以及自身的情况来做出正确的投资策略。企业的投资策略主要是有两个方面：一是企业融资，二是资本结构。企业在做出投资决策前，必须通过有效融资解决自身的资金问题，来实现企业盈利的目的。融资渠道和融资方法的不同，会使企业的生产成本及面临的风险不一样。另一方面，企业的融资行为也受股东和债权人的影响而变化。所以，企业在融资决策时，要用最好的融资方案来争取企业利益的最大化。企业必须综合考虑多方面的影响，将企业负债降到最低的情况下，做出最合适的融资策略和投资决策。企业在融资过程中的融资渠道不同的话，则会面临着风险以及成本方面的差异。所以，企业必须建立合理的融资策略：在对投资收益以及风险投资等因素慎重考虑的前提下，把企业的负债比例控制到一个合理的范围，以此来帮助企业做出一个适合的投资决策。

第二节 投资决策与融资决策、股利政策的关系

一、融资结构制约投资能力

企业正确的投资决策是减少投资活动失误的前提。投、融资决策与企业负债的水平密切相关。衡量企业负债水平一般采用资产负债率指标。如果按照国际通用的标准认为资产负债率介于45%~60%之间是一个合适的水平，我国大多企业已普遍出现了过度负债的现象。企业过度负债的形成原因是多方面的。在产量竞争中，采用债务融资的企业与未进行债务融资的企业相比会增加产量。在价格竞争中，如果企业的需求具有不确定性，债务融资对于产品竞争各方具有战略互补作用。短期债务会让经营者提高企业资产的收益，通过偿债行为挤出企业用于低效率扩张的自由现金流量，在一定程度上避免企业非理性投资行为的发生。长期债务对生

产经营的约束作用则主要表现在对新资本流入的管制上。长期债务一般都附有资产或收益抵押、限制现金股利支付、禁止举借新债等限制性条款，能够降低企业经营者依赖现有资产为低效率项目筹措资本的可能性。在现代有限责任的企业制度下，债务融资的增加必然会要求企业扩大偿债期间的利润。否则，将因不能偿债而破产。除了企业负债行为无约束、盲目举债和其他客观历史原因以外，融资渠道单一、企业资本筹措难度大、高成本筹资也是导致企业债务成本成倍增长、负债总额过高的主要原因。同时，这也说明当前和今后相当长一段时期内项目投、融资决策的一个中心问题是如何在投资、融资决策中改善和优化企业现有的资本和负债结构，加强企业的偿债能力，从而在根本上提高企业的投资效益和经营效益。

  投资决策是理财中的关键和核心环节，企业能否将筹集到的资金投放到收益高、回收快、风险小的项目上去，直接影响着企业的生存和发展。因此，投资决策属于战略性决策。投资决策一旦做出，如何满足现金流出的资金需要就涉及融资决策问题，即明确融资规模、融资方式、融资成本、融资时机等。在任何投资项目中，投资决策与融资决策都是密切关联的。任何投资项目的筹资成本都构成该项目的财务成本，在其他条件不变的情况下，筹资成本不同，项目的财务成本和财务效益也不同。资金成本是指企业筹集资金和使用资金必须付出的代价，它包括用资费用和筹资费用两部分内容。其中，用资费用是资金成本的主要内容，如向债权人支付的利息、向股东支付的股利等；筹资费用与用资费用不同，通常是在筹措资金时一次支付的、在用资过程中不再发生的费用，如因发行股票、债券而支付的发行费、因向银行借款而支付的手续费等。资金成本是企业进行融资、投资决策的主要依据，只有当企业投资项目的回报率高于资金成本时，才有利于提高企业的价值。融资决策的基本原则是，在设计企业债务性的融资时，尽量使企业各种类型的债务现金流与企业资产产生的预期现金流相匹配,以降低企业的违约风险和债务融资成本,优化企业资本结构,有效利用财务杠杆增加企业价值。另一方面,投资决策中所作出的关于项目投资规模、投资用途和投资使用的方向、结构和期限的决定,直接影响着融资决策中融资规模、融资成本和融资方式等决策的行为及其结果。反过来,这又进一步影响着投资决策的行为及其经济后果。

企业投资资产的特性(如专用性、依赖性、可塑性等)影响企业对融资方式的选择。资产专用性越强,越倾向于权益融资;反之,则倾向于负债融资。

投资决策会影响企业未来的经营现金流,投资项目的选择与优化有助于企业提高期望的营业收入并控制其波动幅度,从而决定未来的破产概率以及期望破产成本,并透过这种方式对企业负债能力以及最优负债水平施加影响。选择正确的投资决策可以帮助企业增加未来的营业收入,扩大企业的授信空间,从而促进负债融资的增加。增加负债融资,有利于减少股东与经理人之间的代理冲突,缓解股权融资下经理人的过度投资现象。投资决策影响企业的盈利能力和风险水平。企业做出投资决策,将资金投放于不同资产会产生不同的盈利能力和风险水平。一般而言,资产的流动性越大,风险水平越低,相应的盈利能力也越低;资产的流动性越高,风险水平越高,相应的盈利能力也越高。当然,这是建立在长期资产均能得到充分运用的基础之上的。企业对待投资结构的态度有稳健和激进之分。稳健的态度要求企业资产保持足够的流动性,以回避任何可能出现的风险;激进的态度则要求企业减少资产的流动性,将资产投放于可能产生最大收益的领域以获取最大的收益。当然,除了极端的两种态度之外,在两个极端之间存在着众多形式的风险与收益的组合,这些组合的目的在于既能控制风险又能获得满意的收益。

投资决策要求考虑企业的筹资、融资能力。公司投资决策可分为公司投资总量的决策和公司投资结构的决策两个方面。公司投资总量的决策离不开对公司筹资能力的分析，它是在平衡收益和筹资成本的基础上决定的。公司投资结构的决策则离不开对不同投资结构的收益与风险的平衡分析和不同筹资结构的成本与风险的平衡分析；从而，减少企业资金融入偏好，降低产生委托理财、资金投向变更等低效率行为发生的概率。企业的融资约束是存在的，这造成了外部融资成本上升，内部现金流便成为企业投资资金来源的最优渠道。因此，企业的投资也会受到现金流比率的影响。一般而言，企业的现金流比率越高，则企业的自由资金越充沛，企业的投资能力就越强。投资机会和现金流比率两个指标会对固定资产投资造成影响，得出融资约束与投资现金流敏感性正相关的观点。根据现代公司金融理论，在公司投资模型中引进融资因素，研究了不同规模公司投资与现金流量的关系，并探讨了不同公司规模投资决策行为的差异。实证研究发现：大规模公司投资对现金流量的敏感性要高于小规模公司。动因检验的结果表明：大规模公司投资依赖于现金流量源于信息不对称理论，小规模公司投资依赖于现金流量源于自由现金流量的代理成本理论。

二、投资决策影响股利政策

投资决策、融资决策和股利政策是公司治理过程中最为重要的三大决策。其中，投资与融资是相辅相成的，融资是为投资做准备，而投资是为了盈利，扩充内源融资、方便外源融资。融资是企业投资的前提，只有保证充足的资金供应才能顺利实施投资计划。融资来源大体分两类，一是内源融资，包括企业当年利润以及以前的留存收益等；二是外源融资，包括股市融资、债市融资以及银行融资。一般来说，内源融资的成本是最低的。因此，企业融资时也会优先考虑内源融资。企业在融资决策中，应确定最佳资金结构，并在以后追加融资中继续保持最佳结构。公司用来投资的资金主要来自3个方面：股权资本，债权资本和公司自有资金。由于我国债券市场并不发达，国内上市公司具有普遍的股权融资偏好，折射出一种财务保守的行为特征。

剩余股利政策主张，公司的盈余首先满足营利性投资项目的资本需求（即进行积累），在此基础上，若还有剩余，则公司可将剩余部分作为股利支付给股东。剩余股利政策意味着投资者对于盈利的留存或发放无偏好，在盈利水平不变的情况下，股利发放额与投资机会的多寡呈反向变动；在投资机会不变的情况下，股利发放额与盈利呈同向变动。股利支付率固定的股利政策将每年盈利的某一固定比率作为股利支付给股东。主张实施这种政策的理由是：只有维持固定的股利支付率才算真正做到公平对待每一个股东。但是，这一政策的问题在于如果公司的盈利各年不定，则股利也会随之波动。在盈利和现金流量背离较大时，强求按盈利的一定比率支付股利会恶化公司的财务状况。而且，股利常被认为是反映公司未来前景的重要信息，这种做法对股价的稳定也有不利影响。一般而言，剩余股利政策这种方法仅在公司盈利和现金流量较为稳定的情况下使用。

稳定增长的股利政策采取每股股利支付额固定的形式，表现为：不论经济情况如何，也不论公司经营好坏，都不降低每股支付额而应将其固定在某一水平上，只有公司管理层认为公司的盈利确已增加，而且未来的盈利足以支付更多的股利时，公司才会提高每股股利额。

许多事实表明，绝大多数企业和股东理性地喜欢稳定性股利政策。因此，一般而言，稳定股利政策可以吸引更多的稳定投资者。在其他因素相同的情况下，采用稳定增长股利政策的公司股价会较高，这有利于公司的融资；但如果预期盈利波动较大时，不宜采用。

低正常股利加额外股利政策是指：在一般情况下，公司每年仅支付数额较低的正常股利。只有在公司盈利较大时，在正常股利之外，再加付额外股利给股东。其优点在于：每年向股东支付正常股利，有利于增加股东对公司的信心，给公司经营以较大的弹性。这种政策应注意的一点是额外股利的支付，不能使股东将其视为正常股利的一部分。

非股份制企业的资本积累和分配决策应本着分配的增长速度不能高于效益的增长速度的原则来进行。对于超过基本生活需要的资本增值应进行积累。积累的方式可以进行企业内部的扩大再生产或者进行对外投资，其决策的标准为：以所有者要求的回报率为折现率时，净现值大于0的投资机会是可行的。

投资决策在很大程度上影响股利政策的制定。当企业决定增加投资且投资机会较好时，往往会偏向采用低股利支付率的股利政策。当企业减小投资，企业资金又较为充裕时，往往会提高股利支付率，减少利润留存，以避免资金闲置增加机会成本。股利政策是企业价值的重要决定因素之一，股东可预见的股利是企业可创造利润的象征，某种股票的实际价值亦可据股利概况予以核算。企业应在综合考虑财务及法令等各种影响股利政策的因素的基础上，结合自身的实际情况，确定最适当的股利政策。实证研究发现，成长性公司不发放现金股利有助于缓解投资不足，成熟型公司支付现金股利则约束了过度投资，这表明处于不同生命周期阶段的企业采取差异化的股利政策有助于提高投资效率。

投资决策的重大改变通常会通过影响企业盈利的稳定性来影响股利政策。如果企业在可预测的时期盈利比较稳定，比起盈利起伏大的企业，其股利支付的比率通常可能较高；相反，盈利不稳定的企业，对于未来的状况难以确定，为保证盈利下降的情况下仍然能够继续派发股利，通常保留较多的盈利，采用低股利政策。

第三节 企业投资对财务风险产生的影响

一、现金流分布的影响

财务风险作用于企业投资的同时,企业投资行为也会对财务风险产生重要的作用。基于财务风险本身而言,企业进行的一系列的投资行为是为了增加企业的经营收入。企业的投资支出越多,则企业的经营收入就会越高,而此时的企业则具有更低的财务风险。企业可以通过投资行为对其现金流量以及企业的资金波动状况相机进行管理。也就是说,加大企业的投资则会影响和降低其财务亏空的风险。企业进行颇有成效的投资,也将有助于控制好企业的现金流波动,从而降低企业的财务风险,强化企业的负债能力。

二、收入效应的影响

对众多以杠杆经营的投资企业来说,只要企业通过投资决策进行投资支出就会产生财务杠杆效应,给企业带来收入。因此,企业通过投资决策带来的投资支出充分发挥财务杠杆作用,通过不断的收入效应,从而降低企业的财务风险。要做到降低企业财务风险,需要从以下3个方面着手。首先,要做好企业财务风险和收益相统一。因为财务风险和投资收益是呈正比的,企业的投资决策要权衡好收益和风险的依存关系。其次,作为杠杆类投资企业,其自身的负债要与金融市场的完善程度相适应。只有健全完善的金融市场机制下,才能使企业的投资行为更具灵活性。再次,投资企业应做好负债与资产结构以及债权人的相互配合。也就是说,企业在进行投资过程中出现的负债情况、比例,以及要不断对其自身资本结构以及债权人抵偿债务的能力进行分析。总之,企业进行投资支出要结合企业实际决策,唯此才能更好地运用财务杠杆,保障企业良好的投资收益。

企业的投资决策会不断加大对其现金流的均值以及方差带来后续的影响,从而改变企业的财务风险能力。企业富有成效的投资决策对投资项目的选择与优化有助于提高企业期望的经营收入,并能控制好企业现金流量波动的幅度,从而改变企业未来的破产概率以及降低企业可能带来的财务亏空风险,进而影响企业的投资收益。

多元化投资能够起到控制公司整体收入波动的作用,从而降低公司的财务风险。企业投资决策过程中,进行多元化投资的最重要的一个理由就是分散财务风险。另外,对于投资大、回收期长、风险高的投资项目,投资企业可以寻找共同投资的合作企业,以实现收益共享、风险共担的目的,分散投资风险,避免独家承担投资风险而产生一定的财务风险。

三、企业财务风险抑制投资支出的作用

财务风险与投资决策以及企业投资对财务风险相互作用机制,

表明企业投资决策与财务风险会存在一定的动态作用关系。第一，企业的财务风险会对企业的投资支出产生一定的抑制作用。第二，基于高成长的现代投资企业，财务风险的发生会导致股东投资不足现象；反之，财务风险的增大对企业投资支出产生的抑制作用就越明显。在低成长企业中，由于出现过度投资问题的影响，企业财务风险抑制投资支出的作用则会相对减弱，而由相机治理效应的影响，企业的财务风险抑制投资支出的作用又会增强。第三，企业投资支出会通过收益效应降低其财务风险。

企业过度投资与投资不足问题的存在，将会对投资债权人以及企业股东收益造成损失。同时，企业投资决策对股东收益和企业债务价值产生不同影响时，就会发生利益冲突，最直接就是使得企业陷入财务困境，加剧财务风险。因而，要规避过度投资现象的发生，企业的财务风险抑制企业投资支出的作用就会提升。

第十一章
投资决策的困境与风险管理

本章导读

第一节　投资决策与投资风险
第二节　企业投资决策的困境和约束
第三节　投资风险的管理流程与策略

第一节　投资决策与投资风险

一、产生投资决策风险的原因

由于投资的最终目的是为了在未来获取满意的回报，而未来收益的获得受到众多不确定因素的影响，因此，一项投资能否顺利地收回投资、获得预期的收益在很大程度上取决于对这些不确定因素（风险）的分析和控制。从投资的全过程来看，这些不确定因素时时刻刻发生着作用，而投资决策作为整个投资过程的始点起着根本性的作用，大量失败的投资项目是由投资决策的失误造成的。从项目的决策阶段入手，积极地识别风险、驾驭风险才能有效地从根源上降低投资风险，为投资决策提供科学的依据，提高投资的成功率。企业在进行投资评估时，一般会面临诸多的困难和不确定因素。这些困难和因素中，既有企业内部原因造成的，也有企业的外部原因造成的。这些因素错综复杂，往往会造成企业投资的实际收益与预期情况不符,进而造成投资失误,从而给企业造成重大损失。

　　企业使命揭示了企业长期发展的前景,企业目标指明了企业在完成使命过程中所追求的最终结果。企业使命和目标的实现都要通过投资来完成。企业投资战略风险管理是对企业投资战略的形成与实施全过程进行风险分析与控制,以保证企业投资战略的有效实现。其实质是如何运用风险管理的思想和方法来研究企业投资战略管理过程,以有效地实现企业的投资战略,实现企业的任务和目标。对企业使命和目标的认真审视是投资战略风险管理的第一步,也是贯穿整个风险管理过程的工作。企业内部投资条件风险分析与控制指对企业内部的各种要素(如企业组织结构、文化、资源等)分析以发现企业自身的优势与弱点,做到知己,为整个投资战略风险管理打下基础。对于从事投资的企业来说,更需要组织结构保持灵活性、应变性,因为企业做出一项投资决策并付诸实施,需要有新的组织结构来管理。然而,组织结构往往具有滞后性,因此,组织结构的惰性、滞后性对投资战略的实现是一种风险。企业文化形成后很难改变,具有一定的连续性,在发展过程中还有强化的趋势。趋向于保守的企业文化对投资的态度往往是过分谨慎,会失去一些高收益的投资机会,造成投资的短期行为。企业具有很强的市场营销力量就可以降低投资风险;反之,就会增大风险。企业是否具有高素质的人才队伍以及他们与其岗位的匹配程度也决定了企业内部各投资要素的风险高低,企业为制订与实施投资战略配置高素质的关键人才,可以降低投资战略实现的风险。

　　企业投资方案的实施结果,未必与投资初期所设定的目标相符,有时候甚至是远远偏离。如果企业的决策者在投资决策过程中忽视对各种不确定因素的预防、预警和补救机制,极易给企业带来不可

第十一章 投资决策的困境与风险管理

挽回的损失。

投资环境风险指存在于企业外部投资环境之中的诸要素对企业投资活动产生的不确定影响。企业投资环境的风险分析与控制就是对构成企业投资环境的诸要素进行分析，以发现存在着哪些投资机会，有哪些对企业投资会产生不利影响的风险要素，做到知彼，为企业制定与实施投资战略提供风险分析与防范控制的基础。

具体而言，投资风险就是企业长期投资项目未来的不确定性所带来的损失，比如建立新的生产线、设立新的经营机构、研发新技术或项目、并购或资产重组、股权投资等，不仅不能给股东带来预期收益，还可能产生亏损。由此可见，投资风险是企业经营活动中的最大风险，它直接关系到企业的生存和发展。从这个意义上说，投资的有效与无效、高效与低效，在相当大程度上取决于企业对风险的认识、估计和防范。按照投资项目形成的不同阶段，产生投资风险的原因参见表11-1。

对企业投资决策者来说，投资前必须对市场的需求情况和拟投资的产业和产品情况及未来的发展趋势作深入了解和调查，审慎选择投资项目。一哄而上的项目失败率最高，风险最大。

企业总是在这种权衡中进行决策，或是为了降低风险而牺牲期望的回报，或是为了得到更多的期望回报而承担更大的风险。一项投资能否顺利地收回投资、取得预期收益在很大程度上取决于决策者对风险的分析和控制。

表 11-1　　　　　　　　　　　　　　　　　　投资风险的产生原因

项目阶段	产生根源
项目前期阶段	情况不明，仓促决策
	方法不当，估算有误
	考虑不周，缺项漏数
	弄虚作假，不负责任
	审查不细，把关不严
项目建设阶段	施工工期拖延，不能按计划投产
	工程及生产设备有质量问题
	由于建设质量或施工管理带来的返工
	项目建设管理失控，资源错配
项目投产阶段	市场环境发生变化
	产品价格出现意外下跌
	原材料或燃料等采购渠道不畅或价格攀升
	人员培训不到位或员工素质不能满足需求
	企业内部的管理跟不上项目投产的需求

二、投资决策面临的主要风险及防范措施

在科林斯的企业生命周期理论中，决定企业成功的在于投资的成功，而导致企业走向衰败的同样是投资——只不过是投资的失败。投资失败最重要的原因在于过往的成功经验使得企业管理层滋生盲目自信的心理，驱使其不考虑外部环境的变化而继续实施先前的投资决策，最终导致企业走向衰败。由于项目投资特有的时间长、金额大、决策复杂、影响投资效果的因素多等特点，决定了投资项目

第十一章 投资决策的困境与风险管理

风险较大。制定防范和化解风险的措施，是避免决策失误，不断提高投资效益及实现投资项目科学化的根本保证。

各种风险会对企业的投资决策产生或多或少的影响，并且在投资的活动的不同阶段的产生不同影响。为了保证企业经济活动的连续性、稳定性、高效性和安全性，企业必须正确选择投资项目和投资方式，尽量规避风险，建立起完善、有效的企业投资风险管理机制。要完善企业投资风险管理机制，关键问题就是要树立起风险意识，提高对风险的预测、分析能力，把握投资机会；要注重市场调查，降低投资的决策风险；要形成企业持续的自主创新能力，规避对外投资风险。投资风险既有来自市场变化的风险，包括各种资源市场和产品市场的变化，如供求关系和价格的变化；也有来自体制变革、政策变化的风险；还有来自技术进步、自然因素等诸多方面的风险。下面，我们从市场风险、技术创新风险、资源及动力供应风险、资金风险、投资建设风险等方面一一阐述。

（一）市场风险

如果不了解市场和变化趋势，项目建设就成了无源之水。巨大的市场空间并不代表投资项目所占的市场份额，只有通过市场营销战略研究和组织实施，并对行业竞争状况及潜在竞争对手进行深入研究，才能准确发现适合于项目产品的市场机会。市场是连接生产和消费的桥梁和纽带，在项目能否获得成功的问题上，市场拥有最终的发言权和裁判权。一项投资的产品竞争力直接对项目的收益产生影响。没有竞争力就没有市场份额，产品也就失去了存在的理由，收回投资也就成为泡影。

竞争因素可以从两方面来加以区分，首先是产品自身所能体现的竞争能力，它是产品在竞争中所必须修炼好的"内功"，主要包括产品独特性、产品质量、售后服务等方面；其次是外部竞争因素所产生的作用，包括替代产品、竞争对手实力及其战略等方面。社会平均需求能够对整个社会的需求状况做出粗略的反映，而消费者偏好作为社会平均需求基础上的个性化因素则侧重于满足某些特定消费者的特殊需求。因此，研究消费者偏好对于投资决策具有重要的意义。

2018年4月18日，方直科技发布的年报显示：2018年，该公司有一笔约8000万元的投资款正待收回。该笔投资款目前约有1471万元到账，后续能否收回仍存风险。由于主营业务盈利能力较弱，该笔投资款能否顺利回收，对方直科技今年业绩和分红可能都有着重要影响。

2017年1月18日，方直科技以1.01亿元自有资金取得千锋互联12%的出资比例，千锋互联的整体估值达到8.42亿元。

成立于2011年的千锋互联是一家致力于IT人才培养的职业培训机构，总部设在北京。方直科技表示，公司将借本次投资切入非学历教育细分市场。

2016年前三季度，千锋互联营业收入和净利润分别为2.41亿元、3217万元。而在2017年前三季度，千锋互联的营业收入已经下滑到1.27亿元，亏损高达4303万元。与此同时，受困于行业低迷，千锋互联优秀教师大量流失，公司面临严重的经营困境。千锋互联业绩不佳，方直科技也急于回收这笔投资款。

2017年5月25日，方直科技宣布，向千锋互联及其原股东合计收取2047万元退款。同年12月28日，方直科技再次发布公告，要求千锋互联及其原股东退还剩余8100万元及利息。

（二）技术创新风险

谁掌握最先进的技术，谁就在市场竞争中占有优势，掌握先机。技术的生命周期决定产品的功能特性。它包含两层含义：一是指技术的市场生命的时间长短；二是指技术在整个生存期内所处的具体阶段。把技术水平加以萌芽、成长、成熟、衰退阶段的归类，有助于了解技术的"性能价格比"。具体地说，技术生命周期因素主要包括所采用的技术是否先进,技术是否具有实用性,是否有知识产权等方面。与替代产品的作用类似,替代技术的产生和广泛应用对投资收益也具有负面影响。在现代经济生活中,新技术层出不穷,替代技术出现的广度不断扩大,深度不断加深,力度不断加强,频率不断加快,从而使技术因素对投资收益的影响越来越大。

重庆啤酒于1997年上市,首次发行股票4000万股,总股本为4.8397亿股。1998年重庆啤酒董事会会议通过决议,将以1435.20万元收购重庆啤酒集团有限责任公司持有的重庆佳辰生物工程有限公司52%的股权。当时,佳辰生物声称,依托第三军医大学的科研平台,自20世纪90年代初就已经开始研发治疗乙肝的新药。

直至2001年1月19日,重庆啤酒将其持有的佳辰生物股权陆续增至93.15%。由此,这家啤酒公司被视作乙肝疫苗概念股,被反复炒作,股价逐年飙升。从1998年宣布收购佳辰生物股权前一交易日的4.46元的收盘价,到2011年11月25日的81.06元的收盘价,13年间股价涨了16.9倍,而2011年年内曾一度创下近50%的涨幅。2012年4月17日晚,重庆啤酒发布了一份迟到11天的公告。这是一份乙肝疫苗的临床试验总结报告,长达四千多字,里面还有大量图表、数据和晦涩的医学术语。不过,这份报告的结论,用两个字就可以概括:无效。备受追捧、历时十多年的乙肝疫苗研制,一夜间成为一出闹剧。于是,各方人士落荒而逃,纷纷挂跌停板甩卖重庆啤酒。在当时阐述收购目的与意义时,重庆啤酒称通过收购佳辰生物将使本公司直接进入这一高新技术产业,目前该公司正加紧研制具有完全独立知识产权的生物制药产品,成为本公司新的利润增长点,本公司为可持续发展奠定坚实的基础,为股东带来丰厚的回报。实际上,重庆啤酒投资决策时的预期太高了。生物医药领域的进步不是孤注一掷,需要长期积累。

投资活动作为企业不断提高自主创新能力的重要途径之一,应该在投资项目可行性研究中,既要处理好技术的先进性、适用性问题,又要充分考虑技术可行性基础上的自主创新空间。通过投资项目采用国内外的先进技术并在实际生产过程中消化吸收,有可能产生自主和创新的跨越式发展机会,并在市场需求的推动下,集合一定时间内的人力资源和资金,切实提高自主创新能力,会较快产生经济效益。

对于技术创新风险的防范而言,首先,成熟的先进技术可积极采用,如果是初次采用的技术工艺,首先应对使用中可能遇到的风险和困难进行细致调查,分析利弊,减少冒险使用的损失。其次,要充分考虑技术的可行性。如果建设项目采用的是国内科研成果,必须经过工业试验和技术鉴定;引用专利技术必须注重其实效性,避免将已失效或非专利技术作为专利技术引进,造成对建设项目的安全性和可靠性的威胁。

(三)资源及动力供应风险

自然资源一般具有有限性和分布不均衡性两方面的特点。由于自然资源分布具有非均衡性,不同地区的同种资源在可得性、可靠性、可用性和可获得效益方面都会有所不同。项目生产所需的基本原材料的来源、成本及供应的稳定性是决定项目规模和经济效益的关键因素之一。可行性研究对投资地区资源条件予以客观评价,为确定项目建设规模、开发方案的设计和效益奠定基础。特别是资源开发项目,在进行项目的决策时,必须充分考虑到不同地区的优势,从而在投资后能充分地利用这种竞争优势,提高产品的竞争能力。

一个项目若要生产出产品,必须要有原材料的供应,即便是提供服务的投资项目,也不可或缺地需要这样或那样的物质资源。物资资源是生产的起点,能源则是生产的基本动力,及时、充足的物质资源和能源供应能使企业开足马力,以最大的生产能力向社会提供产品,从而更快地收回投资、取得回报。

企业的投资活动需要统筹资源和投资的关系。首先,要从项目建设和运营的客观要求出发，研究资源的约束和产业链上下游的制约。其次，也要从履行企业的社会责任角度，投资有利于建设资源节约型、环境友好型社会的投资项目，减少各种浪费，走内涵式的发展道路。因此，在项目可行性研究阶段，企业需对原材料，尤其是资源性原材料的储藏量、开采量或生产量、消耗量及供应量予以高度重视。而且，企业还要对项目所需原燃料、动力的供应条件、供应方式能否既满足项目生产的需要又能经济合理地加以利用予以落实。

（四）资金风险

对投资项目而言，资金筹措是先落实投资项目资本金后，根据投资项目的具体情况，筹集银行信贷资金、非银行金融机构资金、外商资金等。加强投资项目筹资风险防范，需重点分析筹资渠道的稳定性，并严格遵循合理性、效益性、科学性的原则，尽量选择资金成本低的筹资途径，减少筹资风险。

（五）投资建设风险

投资设施布置应符合国家的现行防火、安全、卫生、交通运输及环保生态等有关标准、规范的规定，通过客观、公正、科学地进行多厂址比选，以取得良好的经济效益。投资项目厂址选择必须符合工业布局及城市规划要求，并靠近原料、燃料或产品主要销售地，靠近水源、电源，交通运输条件及协作配套条件要方便经济；工程地质和水文条件要满足项目厂址选择需要，总体布置要紧凑合理，尽量提高土地利用效率。

（六）其他风险

不可抗力、人力资源风险、环境风险等，众多风险存在于整个投资项目的始终。对于这些投资风险而言，应在风险尚未出现时充分利用现有的资源和条件监视风险，采取相应的措施使风险尽可能地不发生；在风险初见端倪时把它消灭在萌芽阶段；在风险确实出现时对它加以控制和管理，以减小它所带来的不利影响以获得盈利。

第二节　企业投资决策的困境和约束

一、国有企业投资决策的困境和约束

（一）国有企业投资决策者的投资风险意识淡薄

企业投资一般要求对其经营战略构成支持，为企业的长期发展奠定基础。既定战略的理性程度往往直接影响到企业投资方向选择的合理性，从而影响投资效益。一些国有企业决策者由于受长期的计划经济体制影响，在投资理念方面缺乏市场意识，对投资的风险缺乏预见性，甚至凭借"长官意志"随意决策、随意拍板，对市场的变化缺乏准确的预测和判断，特别是当市场发生重大变化时，不能及时做出反应和调整，致使投资失误。如前些年一些地方政府和国有企业为了追求高速度，盲目上项目、铺摊子，不惜从银行大量贷款，造成大量的重复建设，有的刚投资就不得不停业，留下许多半截子工程，有的建成后刚一投产就被迫停产或转产，不仅使国有

资源大量浪费，而且给企业带来了重大经济损失。根据审计署 2014 年发布的 11 家央企审计公告显示，上百亿元投资损失中，不少看上去十分"任性"：有的国有企业借给民营企业 20 亿元买矿、次年再花 40 亿元高价回购；近几年，国有企业走出去步伐加快，大手笔买买买，但不少项目转眼成亏损黑洞，几十亿元甚至上百亿元投资打了水漂；还有一些国有企业负责人只关心其任期的营收数字好不好看，不切实际追求规模，加剧产能过剩，最后滋生一批僵尸企业。

（二）对市场缺乏科学分析和可行性论证

有些国有企业决策过于盲目轻率，缺乏科学、可行性研究分析论证。可行性研究是对拟投资项目在资金、技术、人员、工程条件、投资环境及预期市场效益等多个方面进行项目可行性和合理性的分析论证，全方位考察资源配置能力与资源配置效率的协调性及实现程度，在经济和社会双重利益的基点上决策最佳方案，是投资项目决策的依据。但是，不少企业在可行性研究阶段工作粗糙，不够重视，没有对项目的必要性、经济性、可行性和风险性进行充分论证，没有经过严格的实地勘察、科学的分析，没有对施工图设计方案进行优化，没有深化项目前期各项论证，各项评估流于形式。还有一些受托单位或咨询机构往往站在自身利益的角度，投审批者所好，掩盖矛盾和风险，为"可行"而研究，报喜不报忧，缺乏公正性和客观性，造成投资较大的损失浪费，不能发挥项目的预期效益。

（三）缺乏科学有效的决策机制

有些国有企业投资决策机制不健全，决策程序、议事规则不规范，投资决策几乎都是由企业高管或董事会特别是董事长、总经理决定的，长期以来，一些国有企业投资出现巨亏，国有企业的高管却可全身而退，这种权责不对等的局面，让国有企业的高管们在投资决策时多了几分"任性"。2016 年，国务院办公厅印发《关于建立国有企业违规经营投资责任追究制度的意见》（以下简称《意见》），在国有企业发展历程中第一次提出"实行重大决策终身责任追究制度"，是完善国有资产监管、落实国有资本保值增值责任、防止国有资产流失的重要制度安排。要按照完善现代企业制度的要求，以提高国有企业运行质量和经济效益为目标，以强化对权力集中、资金密集、资源富集、资产聚集部门和岗位的监督为重点，严格问责、完善机制，构建权责清晰、约束有效的经营投资责任体系。《意见》的出台，第一次对国有企业投资决策提出了"终身追责"制度，意味着国有企业的负责人无论是否离开企业都要对其所做的重大投资决策承担责任，给国有企业投资决策戴上"紧箍咒"，过去国有企业投资决策约束失之于宽的情形将得到遏制。

（四）缺乏有效的投资风险控制机制

有些国有企业缺乏有效的投资风险控制机制，风险控制分析和市场应急措施也不完善，激励约束机制和责任追究机制缺失，这就导致投资失误、投资重复、投资浪费、投资亏损等问题频频出现。再者，国有企业没有建立科学、规范、有效的对外投资内控制度和完善的监督体系，对内控的重要性缺乏认识，内控的监管工作不到位，使得企业内部缺乏必要的制衡机制，易给企业的对外投资工作带来较大的决策失误与舞弊风险。

（五）轻视项目中后期管理

有些国有企业投资管理体系并不完整，存在头重脚轻问题，即将投资管理工作的重心几乎都放在项目前期决策上面，而忽视项目决策后的监管工作，轻视中后期管理，没有形成对投资项目的事前、事中、事后的全过程控制，只是把大额资金投出后，坐等投资回报。实践中，忽视投资项目中后期的监控与管理，造成项目的实际效益与预期目标相差甚远的例子随处可见。另外，由于投资项目实施过程中缺乏相应的过程评估机制与预警机制，实施过程中的相关信息没有对决策部门及时有效反馈，造成投资项目管理的灵活性不足，建设项目对环境应变能力较差，最终影响投资目标的顺利实现。还有的国有企业缺乏有效后评估环节，未实现闭环管理，在项目竣工投产之后规定时间内没有对项目目标实现情况进行的重新评价。因此，无法将项目的信息反馈给企业决策层——为今后的投资决策提供依据。

二、民营企业投资决策的困境和约束

（一）缺乏理性思考，盲目投资

我国现阶段的民营企业在投资方面比较注重眼前利益，缺乏长远发展眼光。很多民营企业经营业绩低迷，经营模式从一开始就注重短期效益，多有急功近利的表现。民营企业的高层管理人员管理水平较低，缺乏长期投资理念，不分析市场运行情况，也不考虑自身生产情况，对于市场上刚刚出现的新产品，只要能够获得利润，自己拥有充足的投资成本，就不假思索加入其中，并未考虑到这种产品的市场是否处于完全竞争市场的形态，更不去研究该产品的生命周期阶段，从而导致一些民营企业的产品刚刚投放市场时就被动地陷入价格战，导致不可挽回的损失。

（二）缺乏系统理论知识学习，凭借经验决策

很多民营企业在决策时只依靠一个人做决定，而决策者往往没有接受过企业管理、投资理论的系统培训。巨人的前董事长史玉柱曾坦言，巨人公司的董事会是空的，决策是一个人说了算。决策权过度集中在少数高层决策人手中，一人失误，集团整体利益就会蒙受巨大的损失。这也恰好说明，权力必须有制约。一些民营企业决策者认为：与管理知识相比，经验更有价值，自己以前没有学习管理知识，企业照样发展。所以，他们对于管理理论的学习不够重视，不会自主自觉地进行管理理论的学习与研究。还有很多民营高管缺乏市场调查意识，不懂市场调研方法，在决策前缺乏细致的市场调

研，更没有清晰的产品定位，简单地以自己的生产经营经验和风险偏好作为决策依据，简单地以是否获得利润作为衡量决策好坏的依据。

（三）家族式管理模式制约了投资决策的科学性

我国的民营企业，大多是家族式企业不断发展起来的，均采用家族式管理模式，企业的高层管理人员既是所有者（股东），又是经营者，既当运动员，又当裁判员。民营企业掌门人的经营管理素质和能力往往不能适应企业的快速发展，而且，其决策水平还受到精力和时间的制约。

企业的关键权力都由家族的核心成员掌握，这就导致了民营企业的组织结构是一种传统的直线制或直线职能制的结构，"家长"的观念、素质、性格、知识直接关系到企业的生存与发展。民营企业大多缺乏科学的决策程序，更没有有效的监督和权力制约，没有规则或者规则界定很模糊，权责不对等，朝令夕改，责任分散，个人主义盛行。民营企业这种管理模式，势必制约着投资决策的科学性。

第三节　投资风险的管理流程与策略

一、投资风险的管理流程

风险识别、风险评估、风险控制和风险管理效果评价等各个环节是风险管理的基本程序。风险识别是为了揭示潜在的风险及其性质，对所面临的尚不明确的各种不确定性进行系统的归类和分析的过程。风险评估是在进行风险识别的基础上，对风险所可能导致的后果进行定量的、充分的估计和衡量，而这也是进行风险管理的一项重要而复杂的内容。风险控制以降低损失频率和损失程度为目的，改变可能引起风险发生和扩大风险损失的各种条件是其重点内容。风险管理效果评价是通过分析、比较已经采取的风险管理措施的结果与预期目标的契合程度，并在此基础上来评价风险管理方案的科学性、适应性和收益性。

以最小的成本赢得最大的保障是风险管理中的一条基本原则。

合理的投资风险评估需要充分考虑系统需求满足情况，并且要考虑以下几个方面：① 战略计划时所设置的需求与目标如何；② 失败概率，即不能达到所预设的目标的概率如何；③ 不能达到预设目标时所可能造成的结果如何。如果投资决策面临的不确定性和风险比较小，可以忽略它们的影响；如果面临的不确定性和风险较大，且足以影响方案的选择，那就必须对它们进行测量并在决策中加以考虑。否则，一旦决策失误，其损失将是巨大的。总之，很多企业在投资时往往只考虑日后如何经营，却很少想过如何适时兑现投资，更少想过如何收拾亏损残局。

投资决策体系至少要分3个层次。第一个层次是级别比较低的管理部门，主要负责投资项目前期的尽职调查、项目评估和可行性研究。在立项前要严格履行职责，对投资项目的可行性进行深入调查、认真分析，为经理层提供详尽的论证报告。第二个层次是经理层，主要负责对下属提交的项目论证结果进行审查。经理层需站在综合管理的角度对项目未来的销售状况、人力资源、成本控制及风险水平等进行综合评定。第三个层次就是决策层，拥有投资项目的最终决策权，主要把握企业的发展战略，对经理层提交的项目综合评定并结合企业发展战略进行讨论研究，最终做出决策。3层决策体系每一层都有意见反馈，必然会提高项目的成功率。因此，研究企业投资风险应对投资目标、投资地点、投资方向、投资领域、投资方式、投资时机、融资策略和投资规模等要素进行风险分析，以便企业结合自身的实际情况制订出切实可行的投资战略方案，做到在制订战略方案时既对有关风险进行防范和回避，又对拟实施的投资战略方案的风险有所认识，为实施过程的风险管理提供依据。另外，还需要详细分析企业投资目标与企业任务、目标之间的关系是否相容；企业投资目标体系是否合理、具有一致性；企业投资目标是否具有动态应变性；企业投资目标体系的定量化指标是否经过了充分的论证,资料是否完全;企业投资目标中所定的时间限制是否合理;企业投资目标表述是否明确、具体,易于所有员工理解,是否具有挑战性和激励性,能否调动各方面的积极性。

企业通过对投资战略方案综合风险评价与决策后,选定一个或几个方案付诸实施。企业投资战略方案一经选定,其风险就要靠在实施中来加以控制,研究战略方案实施过程是对实施过程进行风险管理的基础。在投资风险管理上,应同时关注"黑天鹅"和"灰犀牛"之类的风险。

"灰犀牛"并非新词,早在2013年1月的达沃斯论坛上,学者米歇尔·渥克便提出了这一概念。

2015年,伦敦商学院知名教授迈克尔·雅可比基于渥克的提法,首次发表了系统阐释"黑天鹅"到"灰犀牛"趋势演变的论文。

2016年,米歇尔·渥克经过整理和研究,出版了《灰犀牛:如何应对大概率危机》一书,提出"灰犀牛"主要指明显的、高概率的却又屡屡被人忽视、最终有可能酿成大危机的事件。

2017年7月17日,《人民日报》首次引用"灰犀牛"概念,发表了系列评论员文章,提出:既防"黑天鹅",也防"灰犀牛"。"灰犀牛"一词随即一炮走红,引起财经界对其的关注和热议。

"黑天鹅"主要是指没有预料到的突发事件或问题。"灰犀牛"一般指问题很大、早有预兆,但人们视而不见、没有给予足够的重视,结果导致了后果严重的问题或事件。"黑天鹅"和"灰犀牛"是两类不同性质的事件,在应对和防范这两类事件的办法和思路上是有所不同的。对于"黑天鹅"事件,因为是没有预料到的突发事件,应对这类事件主要是保持清醒的头脑和高度的敏感性,一定要增强忧患意识和风险意识;要加强跟踪监测分析,加强预测,及时发现一些经济运行中的趋势性和苗头性问题,未雨绸缪,制定好预案,防患于未然，不打无准备之仗。对于"灰犀牛"事件，因为问题已经存在了，也有征兆，应对这类问题要增加危机意识，要坚持问题导向。对存在的"灰犀牛"风险隐患要摸清情况，区分轻重缓急和影响程度，突出重点，采取有效措施，妥善加以解决。

二、投资风险管理的若干策略

（一）强化约束机制，避免投资盲目性

实际上，企业的投资决策总是在多重因素制约下进行的。这些因素，既有企业内部的，也有企业外部的，既包括经济方面的，也包括非经济方面的。如资金约束，成本约束，时间约束，风险约束，技术水平和管理水平的约束，市场约束，政策约束，法律约束，资信评估约束，舆论约束等。总之，投资决策一定要强化约束机制。不受约束的权力，无论对投资者，还是决策者，或者是企业，都可能带来灾难性的后果。

企业要防止盲目投资，在决定投资方向时，首先应从国民经济发展的战略目标出发，以增加国民经济后劲为目的，以培育新的经济增长点入手，选择市场急需而未饱和的产品进行生产，从而达到优化增量，启动存量，提高效益的目的。其次，还要结合企业自身业务发展的优势与长处，综合分析企业投资的发展方向，做好业务规划，提高投资项目的效率与整合效应。最后，企业要结合自身实际，量人力物力安排项目时序，对项目的筛选要审慎、科学，避免对外投资的盲目性，从源头防范企业投资风险。

（二）建立一个严格的投资项目可行性论证体系

投资决策要增强投资风险意识，要充分预测和估计到市场供求关系、商品价格、利率及相关指数的变化给投资者带来的各种风险，特别是要建立一套严格的科学投资论证体系，对投资项目进行科学严密的可行性论证。为避免主观性和盲目性，要组成专门的专业人

第十一章 投资决策的困境与风险管理

才队伍或委托专门的投资决策咨询机构去进行投资项目可行性论证，运用科学的测定风险方法和手段，增强投资决策的科学性。在进行可行性论证和预测风险时，关键是要对市场风险进行准确判断和分析，要深入分析投资的产品目前市场的供需情况和市场前景；在同一产业的竞争对手情况；内外部经营环境，企业自身的优势、劣势；能否形成稳健的核心能力；能否达到预期的市场占有率；贷款利率、汇率的变化可能带来哪些影响。通过对市场进行分析，真正对市场及风险性有本质的认识，使企业投资建立在可靠的、可保障的基础上。

做好项目的可行性研究。在投资决策之前，要对拟投资项目进行专项专业技术、市场、财务、经济和社会等方面的调查研究、分析比较、效益测算，尤其要注重对投资项目的经济可行性分析，坚持实事求是的原则，采用宏观与微观相结合、远期与近期相结合、实物与价值相结合、动态与静态相结合、定量与定性分析相结合的方法进行认真的调研、预测、分析、论证、评价，摸清市场有效需求规模、潜在需求规模和主要竞争对手及其竞争手段，切实做好市场调研与市场预测工作。如发现投资项目产能超出市场容量，产品结构不合理，或是政府限、禁的项目就应该自觉地调整投资方向，避免决策失误。另外，涉及外汇的还要考虑汇率风险及风险规避措施，力求从多角度、多维度地分析利弊得失，得出更切合实际的决策结论。

"维维豆奶，欢乐开怀"这句广告语曾经家喻户晓，但目前的维维股份，却无法欢乐开怀，处境反倒有些尴尬。维维股份发布的2017年年报中，在营收微增的基础上，公司扣除非经常性损益后的净利润却为亏损，且下降幅度高达589.18%。年报数据显示，2017年公司实现营业收入46.67亿元，同比增长4.1%；归属上市公司股东的净利润为9151.17万元，同比增长30.5%。归属于上市公司股东的扣除非经常性损益的净利润为-8591.58万元，比上年同期减少了589.18%。维维目前主要的问题是主业不强，副业太弱。从主业来看，产品的创新、升级都缺乏，包括市场覆盖率、企业机制等都存在问题。资料显示，维维股份于2000年6月份在上海证券交易所上市，其主打的品牌——维维豆奶曾占据很大的市场份额，彼时其也是中国食品饮料行业为数不多的上市公司之一。上市后的维维股份进行了多元化布局，在房地产、白酒、煤炭、茶叶、生物制药等行业都有所涉足。不过，维维股份的房地产、煤炭、生物制药等业务都以失败告终。2007年，维维股份曾计划与中粮地产共同成立中粮维维联合置业有限公司，参与徐州新城区的开发建设，不过没过多久，就以失败收场。2008年，维维股份曾出资1000万元与同济大学教授合作成立生物技术公司，最后也不了了之。2011年，维维股份收购了一家煤化工企业，但也惨淡收场。

维维股份2017年年报显示，除了固体饮料比2016年微增0.22%之外，酒类、动植物蛋白饮料、茶类的营收都比2016年有不同程度的减少。其中，酒类营收减少幅度最大，比上年减少了33.93%。在主业不强的情况下，维维股份进行多元化的布局，导致了现在整体运营状况不佳、业务无法聚焦的局面。维维股份开始跨行做酒水还得从2006年说起。2006年11月，维维股份以8000万元的价格收购了江苏双沟酒业38.27%的股权，收购完成后，维维股份成了双沟酒业第一大股东。2008年3月份，维维又再次增资双沟酒业，持有股份增加至40.59%。虽然在2009年，双沟酒业被宿迁市国锋资产经营有限公司收回，但维维股份并未放弃进军酒业，在2009年和2012年，维维股份分别花费3.48亿元和3.57亿元收购了湖北枝江酒业有限公司和贵州醇酒厂。不过，枝江酒业和贵州醇并没有延续双沟酒业的成功，两家酒企发展都并不太顺利。枝江酒业的营收从2012年开始便开启了下滑之路。相较于枝江酒业，贵州醇的境遇要显得更加不乐观。贵州醇主打浓香型白酒，但目前浓香型白酒市场中五粮液占据着大部分的份额，贵州醇想要抢占大的市场份额比较难。

（三）强化制度建设，规范项目决策行为

不断完善企业制度及其治理结构是我国企业管理的一项非常重要的组织基础。目前，我国的企业随着市场经济的不断发展，大多采取的是现代企业制，但企业贯彻现代企业制度并不彻底。绝大部分公司决策还是"一把手"说了算，存在决策权力太过集中，投资项目过度，缺乏论证，往往造成决策失败。所以，应该充分适应国际市场经济的发展趋势，全面建立起管理清晰、权责明晰的现代企业管理制度，不断完善股权结构，企业法人治理结构能够在程序上保证决策有效、合理、科学，能够在实施过程当中完成有效监督。影响企业投资决策的因素很多，为了降低企业投资风险，应对企业投资决策的行为规范之。在投资的决策上，如果建立起一定的程序对决策的有效、合理以及科学性进行评价，可以大大地提高制定出正确的投资策略的可能性，降低投资失败的风险。

（四）强化风险管理，防控投资项目风险

企业要重视投资项目的风险管理工作，提高投资项目风险管理的意识。"黑天鹅"事件是我们无法预知的事件。"灰犀牛"事件是本来应该看到却没有看到的危险，其发出的信号不是太模糊，而是接受者决心忽略这些信号。这两类风险都必须做好防范，首先，要让企业员工充分了解风险管理工作对企业投资行为的重要性，在进行可行性研究财务评价时，必须对各种可能的风险因素对财务评价指标的影响进行分析，找出敏感性因素，揭示项目的市场风险和主要因素的风险等级程度，并有针对性地提出防范和降低风险的对策措施。其次，企业要加强企业内控管理制度的建设与完善。最后，要加强对企业对外投资项目内控管理的监管工作，充分发挥内部审计、纪检监查等企业内部监督部门的重要作用，认真检查分析企业投资期间的经营决策行为及内控管理工作是否规范、完善，并对企业内部控制的有效性进行稽查与考核，将考核结果作为管理人员工

作评价的内容之一，促使企业的对外投资内控工作执行到位，责任到位。

（五）强化问责制，责任与利益要统一

企业的投资管理活动是企业经营活动中的重要组成部分，也是企业未来发展战略中的关键所在。因此，企业的投资管理活动需要在企业科学规划和指导下进行。企业的投资指导思想必须在以企业的总体发展战略指导为基础，结合企业的资金现状和企业未来的发展目标，在对投资方案综合评价的基础上做出最优的投资决策。然而，我国某些企业的投资指导思想只关注眼前的利益，而忽视了长远的发展，没有去科学研究投资中的关键问题，最后做出的投资决策严重的阻碍了企业未来的发展。企业投资失误，都与投资决策者及支持决策的机构的责任不明、管控不利有关。因此，企业在投资决策上要强化问责制，要做到利益与责任相统一。企业要建立健全投资项目的内控管理制度，完善投资决策责任制，明确投资管理的责任，使权、责、利相统一，并定期考核。对重大项目工作实行考评和奖惩制度，通过实施合理奖惩办法和必要的责任追究机制，双管齐下，使得每项投资都能在设计高起点化、运行高标准化、管理高效能化的保障下实施。投资项目实行谁决策、谁负责的原则，项目建设过程中若出现投资不足，投产后出现产品滞销、产品积压等问题时应由投资决策者负责解决。对因违反决策程序，使项目投产后造成严重经济损失的项目负责人，要依法追究其经济法律责任。目前承担决策支持的机构主要是工程咨询公司，但其质和量往往差强人意。因此，在委托合同上要明确咨询机构由于项目可行性研究的广度和深度未能满足决策的要求而导致失误者，必须负经济和法律责任。这样一来，奖惩分明，投资决策的结果就能真正实现权、责、利统一。

（六）强化全过程管控，提升投资管理水平

项目实施环节运作的好坏是影响投资效益或目标实现的重要环

第十一章 投资决策的困境与风险管理

节,所以,加强对该环节的控制、监督以及风险防范是改善投资效果、提升投资管理水平的重要内容。因此,企业应对在建项目实施全过程管控,并根据项目管理需要,定期或不定期派人实地监督、检查项目执行情况(包括工程进度、质量和资金使用情况),项目单位应如实提供原始记录和资料。如发现决策问题或不妥之处,应及时纠正,避免更大的损失。同时,企业应加强投资项目的后评估管理,通过项目后评价总结,确定项目预期的目标是否达到,项目是否合理有效,项目主要经济指标是否实现,通过分析评价找出成败的原因、总结经验教训,并通过及时有效的信息反馈,为未来新项目的决策和提高完善投资决策管理水平提出建议;同时,也为后评价项目实施运营中出现的问题提出改进建议,从而达到提高投资效益的目的。

投资项目全过程管控看似与投资决策无关,但有些项目投资决策是正确的,却由于执行过程中产生了问题,导致投资失败。

佐力药业的主营业务为乌灵菌、蝙蝠蛾被毛孢药用真菌系列产品生产销售,主要产品包括乌灵系列、白令片等,公司业务呈现出研发费用低、销售费用高的特点。佐力药业年报显示,2017年公司实现营业收入7.94亿元,同比减少5.49%;实现归属于上市公司股东的净利润4514.03万元,同比减少37.32%。2014年9月22日,佐力药业发布公告,拟通过定增的方式募集4.86亿元,其中2.5亿元用于年产400吨乌灵菌粉生产线建设项目,剩余补充公司流动资金。年产400吨乌灵菌粉生产线建设项目在定增预案中披露的建设周期是36个月。目前,乌灵菌粉生产建设项目的3年之期已过,但上述项目的建设仍未完成。2017年年报显示,该项目的投资进度为46.34%。对于这个迟迟不能上马的项目,佐力药业当年可谓寄予厚望。佐力药业在2014年的定增预案中表示,乌灵系列产品已多年实现复合增长20%以上,随着乌灵系列产品国内市场日益成熟壮大,其需求量将迅速增加,从而大大增加对乌灵菌粉的需求量。年产400吨乌灵菌粉生产线建设项目投产后,公司乌灵菌粉生产线技术水平、生产能力将显著提高,为公司乌灵系列产品所需原料提供保障。

三、企业投资决策的内部控制

现代企业应在企业内部建立完善的决策分析制度和决策流程,推行科学合理的决策分析方法,诸如为企业管理层决策建立专门的决策支持中心,或者建立决策支持系统,这些都能在一定程度上帮助企业管理者运用科学思维方法做出决策。一个成功的企业决不能仅仅依靠企业管理者的自我反思来避免投资失误。完善的内部控制机制是来自企业内部的、独立于管理者而存在的规范,它将从内部环境、风险评估、控制活动、信息与沟通及对控制活动的监督等几方面对企业的投资活动进行监督,在事前、事中对企业的投资活动进行评估与修正,在事后发挥一定的反馈作用。完善的内部控制体系对于企业做出科学合理的投资决策将起到极为重要的作用。

(一)治理层面的控制机制

企业投资过程中所涉及的各种业务环节多且流程复杂,参与人员和参与机构较多,投资管理环节复杂。企业建立完善的董事会投资战略决策机制,有利于减少投资风险;建立和完善剩余索取权及控制权相适应的机制;进一步提高业务流程的控制活动;建立投资风险预警系统及控制机制。治理层面的控制机制是企业内部控制的最高层级,建立和完善以董事会为核心的控制机制是治理层面的中心内容。

1. 控制目标方面,董事会要根据企业发展的整体目标和股东大会确定的投资计划,明确企业的投资目标,并制定相应的投资战略;根据投资业务的性质及投资活动的风险因素,制定与企业风险偏好一致的投资计划;董事会还要加强对投资风险控制系统的关注的重视，对其进行定期监督、检查。一个没有发展战略的企业就像一艘没有舵的轮船，随时有触礁的危险。企业应该摒弃那种靠盲目多元化经营获得过快发展以及跟风投资的短期行为，应立足长远、脚踏实地，制定明确的企业长远战略目标，搞清自己想要做什么、要做多大以及如何去做。企业的战略目标必须与自身实际相结合，且能很好地指导企业的发展与企业投资。因此，企业经营者应该认真分析企业当前所处的发展阶段和经营环境，并较好地洞察未来的环境变化趋势，结合企业的资源实力做出科学的战略规划，并明确企业的长远目标。

2. 对投资风险进行识别与分析。根据投资性质、企业内部及外部条件，发挥董事会的监督责任，降低企业战略决策的风险。

3. 治理层面的控制方法。针对治理层面的投资目标及风险，建立完善的控制方法：董事会内部建立专门的投资战略决策机构和投资风险管理机构；根据法定程序建立程序化的投资决策机制；建立多元化的决策人员体系；拓展决策结果的空间范围，广泛听取投资管理、评估部门成员的意见，选择最佳的投资方案；实施决策失误追究制度。

（二）管理层面的控制机制

管理层面的控制机制是指以总经理为首的各层经理对组织内的人员进行影响，落实董事会关于投资风险和控制政策的职责。

1. 在控制目标方面，管理层面、治理层面及作业层面的中间层级人员，必须根据董事会的投资战略和内外部环境，制定科学合理的投资战略方案，并及时地对投资业务进行跟踪管理，了解投资实施情况。发现异常，及时采取控制措施并向董事会报告。

2. 管理层面根据企业的总体情况和管理投资风险，对投资风险进行识别与评估，根据评估结果制定不同的策略，分散投资风险。

3. 针对管理层面的投资目标及风险，建立完善的控制方法：根据战略决策结果对投资项目进行科学的评估；根据投资活动的复杂性及风险性，加强管理层对投资活动的实施情况进行比较分析和跟踪管理；管理层根据企业内部控制的分工原理，实施岗位责任制，最大程度减少投资战略决策执行阶段出现的漏洞和风险。

（三）作业层面的控制机制

作业层面的控制机制是以员工为主体，通过相关程序及方法对企业内部或外部人员进行控制。

1. 在控制目标方面，理解上级下达指令，明确自身岗位职责，保证投资活动的高效完成。

2. 作业层面的员工要主动对投资活动中的风险进行识别，对投资风险发生的可能性及后果进行分析与评估，并及时地采取措施化解风险。

3. 针对作业层面的投资目标及风险，建立完善的控制方法：根据企业的投资性质和投资方式，制定不同的控制程序；严格遵守企业固定资产的管理制度，保障资产安全；根据投入和取得资产的记录控制、取得投资收益的记录控制、投资处置资产的记录控制，制定严格的资产记录控制机制。

为了捕捉有效投资信息，确保投资活动的顺利进行，企业需建立以下机制：建立良好的组织和业务流程的沟通机制，保证企业的投资计划和指令能够及时地传达至各部门与各人员之间，使每个企业员工清楚自身在投资控制中的地位和角色，承担自身的工作职责；建立常规报告机制和突发事件报告机制。投资战略过程中，投资业务部门的负责人员应按照常规报告机制，定期制定投资业务管理报告，向高级业务管理层汇报投资业务的开展情况，为高级管理层投资决策和控制管理提供信息资源；对于突发或意外事件，则需启动突发事件报告机制,如实时向高级管理层汇报,及时对投资决策及实施方案进行修正;建立企业外部信息获取及沟通机制,企业应随时关注外部投资环境的变化,定期与投资咨询单位、证券交易公司、监督管理部门、股东等进行沟通,以便及时调整投资决策和实施方案,有效地进行投资风险的控制。

参考文献

［1］斯蒂芬 A 罗斯，伦道夫 W 威斯特菲尔德，杰弗利 F 杰富，等.公司理财（原书第 11 版）[M].吴世农，沈艺峰，王志强，等译.北京：机械工业出版社,2017.

［2］滋维·博迪，亚力克斯·凯恩，艾伦 J 马库斯.投资学（原书第 10 版）[M].汪昌云，张永骥，译.北京：机械工业出版社,2017.

［3］Paul Tiffany，Steven D Peterson.商务计划的制定与实施 [M].张巧枝，译.北京：电子工业出版社,1998.

［4］巴瑞·P 博斯沃斯.税收刺激与经济增长 [M].王铁军，译.北京：中国财政经济出版社,1998.

［5］R·梅雷迪斯·贝尔滨.未来的组织形式 [M].郑海涛，王瑾瑜，译.北京：机械工业出版社,2001.

［6］保罗·克鲁格曼.汇率的不稳定性 [M].张兆杰，译.北京：北京大学出版社,2002.

［7］马克·史库森.投资一堂课 [M].黛岗，译.上海：上海译文出版社,2010.

［8］罗德·内皮尔，克林特·塞德尔，帕特里克·沙南汉.战略规划的高效工具与方法 [M].屈云波，武魏巍，杨凤妍，译.北京：企业管理出版社,2007.

［9］尼尔·赛茨，米奇·埃莉森.资本预算与长期融资决策 [M].3 版.刘力，袁燕，计茜，等译.北京：北京大学出版社,2007.

［10］米歇尔·渥克.灰犀牛：如何应对大概率危机 [M].王丽云,译.北京：中信出版集团,2017.

［11］理查德·派克,比尔·尼尔.公司财务与投资——决策与战略 [M].4 版.孔宁宁,译.北京：中国人民大学出版社,2007.

［12］斯密特,特里杰奥吉斯.战略投资学——实物期权和博弈论 [M].狄瑞鹏,译.北京：高等教育出版社,2006.

［13］伊利奇·考夫.专利制度经济学 [M].柯瑞豪,译.北京：北京大学出版社,2005.

［14］J 布莱思.消费者行为学 [M].丁亚斌,等译.北京：中信出版社,1999.

［15］阿维纳什·迪克西特,罗伯特·平迪克.不确定条件下的投资 [M].朱勇,黄立虎,丁新娅,朱静,译.北京：中国人民大学出版社,2002.

［16］戴安安大等.投资预算：投资项目的财务评价 [M].戚安邦,等译.天津：南开大学出版社,2007.

［17］W 钱·金,勒妮·莫博涅.蓝海战略——超越产业竞争,开创全新市场 [M].吉宓,译.北京：商务印书馆出版,2008.

［18］罗纳德 W 希尔顿.管理会计学：在动态商业环境中创造价值（原书第 7 版）[M].杜美杰,陈宋生,译.北京：机械工业出版社,2009.

［19］本德,沃德.公司财务战略 [M].3 版.扬农,邱南南,等译.北京：清华大学出版社,2015.

［20］联合国贸易与发展会议.2002 年世界投资报告 [M].冼国明,译.北京：中国财政经济出版社,2003.

［21］联合国贸易与发展会议.2003 年世界投资报告 [M].冼国明,译.北京：中国财政经济出版社,2004.

［22］联合国贸易与发展会议.2004 年世界投资报告 [M].冼国明,译.北京：中国财政经济出版社,2005.

［23］联合国贸易与发展会议.2005 年世界投资报告 [M].冼国明,译.北京：中国财政经济出版社,2006.

［24］联合国贸易与发展会议.2006年世界投资报告[M].冼国明,译.北京:中国财政经济出版社,2007.

［25］ＶＮ巴拉舒伯拉曼雅姆,桑加亚·拉尔.发展经济学前沿问题[M].梁小民,译.北京:中国税务出版社,2000.

［26］维克托·迈尔-舍恩伯格,肯尼思·库克耶.大数据时代:生活、工作与思维的大变革[M].盛杨燕,周涛,译.杭州:浙江人民出版社,2013.

［27］杰里·贾西诺斯基,罗伯特·哈姆林.美国制造[M].刘勃,译.北京:华夏出版社,2006.

［28］ＬＥ布西.工业投资项目的经济分析[M].陈啟申,等译.北京:机械工业出版社,1985.

［29］ＪＬ里格斯.工程经济学[M].吕薇,等译.北京:中国财政经济出版社,1989.

［30］赫伯特·Ａ西蒙.管理决策新科学[M].李柱流,等译.北京:中国社会科学出版社,1985.

［31］刘小丽.企业投资项目核准与评价[M].北京:中国经济出版社,2010.

［32］张敏.管理者过度自信与企业投资研究[M].北京:中国人民大学出版社,2011.

［33］柳建华.企业投资、代理问题与绩效[M].北京:经济科学出版社,2010.

［34］汤谷良.战略财务的逻辑:我的偏执[M].北京:北京大学出版社,2011.

［35］张士明.固定资产投资利益论[M].北京:中国经济出版社,2002.

［36］史燕平.融资租赁及其宏观经济效应[M].北京:对外经贸大学出版社,2003.

［37］厉无畏,王振.中国产业发展前沿问题[M].上海:上海人民出版社,2003.

［38］汪同三,李雪松.宏观经济效应及前景分析[M].北京:经济管理出版社,2009.

［39］伍柏麟.国有企业核心论[M].上海:复旦大学出版社,2002.

［40］李松森.国有资本运营[M].北京:中国财政经济出版社,2004.

［41］黎继子.集群式供应链管理[M].北京:中国经济出版社,2009.

［42］王德禄.管理创造性——企业技术与创新管理[M].济南:山东教育出版社,1999.

［43］张良财.企业理财案例分析实训[M].北京:中国物资出版社,2007.

［44］刘红梅,王克强.中国企业融资市场研究[M].北京:中国物价出版社,2002.

［45］刘春梅.中国产业投资优化研究[M].上海:上海财经大学出版社,2006.

［46］文章代,舒乡.中国投资问题报告[M].沈阳:沈阳出版社,1998.

［47］李莉,等.中国企业投融资管理案例[M].北京:经济科学出版社,2008.

［48］高立法,虞旭清.企业经营风险管理实务[M].北京:经济管理出版社,2009.

［49］王方剑.中国连锁企业投融资实务[M].北京:中国时代经济出版社,2008.

［50］蔡昌.资本运营涉税处理与案例解析[M].北京:中国法制出版社,2015.

［51］蔡昌.如何掌控企业的第一枚多米诺骨牌——现金流[M].北京:东方出版社,2007.

［52］李站南.史玉柱的投资经[M].北京:人民邮电出版社,2014.

［53］汪丁丁.永远徘徊[M].北京:社科文献出版社,2002.

［54］汪丁丁.风的颜色[M].北京:社科文献出版社,2002.

［55］黄渝祥,邢爱芳.工程经济学[M].3版.上海:同济大学出版社,2005.

［56］谢云琪,陈忠杰.项目投资与管理[M].北京:经济科学出版社,2011.

［57］张旭辉,阳霞.项目投资管理学[M].成都:西南财经大学出版社,2010.

［58］吴天.投资与融资[M].大连:东北财经大学出版社,2009.

［59］李东, 宋志平. 战略管理咨询 [M]. 北京：华夏出版社, 2003.

［60］指南编写组. 投资项目可行性研究指南（试用版）[M]. 北京：中国电力出版社, 2002.

［61］何学林. 中国企业战略批判 [M]. 北京：中国工人出版社, 2006.

［62］简德三. 投资项目评估 [M].3 版. 上海：上海财经大学出版社, 2016.

［63］郎荣燊, 裘国根. 投资学 [M].3 版. 北京：中国人民大学出版社, 2011.

［64］张铁男. 企业投资决策与资本运营 [M]. 哈尔滨：哈尔滨工程大学出版社, 2002.

［65］李怀祖. 决策理论导引 [M]. 北京：机械工业出版社, 1992.

［66］汪应洛. 系统工程 [M].2 版. 北京：机械工业出版社, 1999.

［67］姜圣阶, 曲格平, 张顺江, 等. 决策学基础（上下册）[M]. 北京：中国社会科学出版社, 1986.

［68］吴亚平等. 中国投资 30 年 [M]. 北京：经济管理出版社, 2009.

［69］杨杜. 现代管理理论 [M]. 北京：中国人民大学出版社, 2001.

［70］张崇康. 国有企业市场定位的理性思考 [M]. 北京：经济管理出版社, 2001.

［71］曾宏. 企业债务融资决策与产品竞争决策的互动关系研究 [M]. 北京：经济科学出版社, 2011.

［72］罗殿军. 现代企业制度创新 [M]. 太原：山西经济出版社, 1998.

［73］陈伟. 创新管理 [M]. 北京：科学出版社, 1996.

［74］李孟刚, 蒋志敏. 产业经济学 [M]. 北京：高等教育出版社, 2008.

［75］杨治. 产业经济学导论 [M]. 北京：中国人民大学出版社, 1995.

［76］庄日新. 冯仑谈商录 [M]. 西安：陕西师范大学出版社, 2011.

［77］夏乐书, 等. 资本运营理论与实务 [M].5 版. 大连：东北财经大学出版社, 2016.

[78] 张中华.投资学 [M].3 版.北京:高等教育出版社,2014.

[79] 邢天才,王玉霞.证券投资学 [M].4 版.大连:东北财经大学出版社,2017.

[80] 吴晓波.全球化制造与二次创新:赢得后发优势 [M].北京:机械工业出版社,2006.

[81] 邱苑华.管理决策与应用熵学 [M].北京:机械工业出版社,2002.

[82] 杜丽群.投资与经济增长关系的历史和现实考察 [M].北京:中国经济出版社,2008.

[83] 乔卫国.中国高投资率低消费率研究 [M].北京:社会科学文献出版社,2007.

[84] 石章强.企业过冬 [M].北京:华文出版社,2009.

[85] 财政部企业司.企业财务风险管理 [M].北京:经济科学出版社,2004.

[86] 万解秋,贝政新.现代投资学原理 [M].上海:复旦大学出版社,2003.

[87] 陈春花.冬天的作为:金融危机下的企业如何逆势增长 [M].北京:机械工业出版社,2009.

[88] 杨文轩.审视中国民营企业 [M].北京:中国三峡出版社,2000.

[89] 程承坪.企业理论新论——兼论国有企业改革 [M].北京:人民出版社,2004.

[90] 陈在维.资本支出预算 [M].北京:经济科学出版社,2006.

[91] 祝波.投资项目管理 [M].上海:复旦大学出版社,2011.

[92] 梁美健.集团公司对内投资管理体制与决策方法研究 [M].北京:中国经济出版社,2004.

[93] 覃家琦.企业投资与融资的互动机制理论研究 [M].北京:经济科学出版社,2007.

[94] 谢科范,魏珊,桂萍.竞争大战略 [M].北京:经济管理出版社,2003.

[95] 张小利.创造价值的投资决策 [M].北京:中国财政经济出版社,2006.

[96] 肖德云, 付智慧. 投资决策战略绩效评价 [M]. 北京: 经济管理出版社, 2006.

[97] 曾爱民. 财务柔性与企业投融资行为研究 [M]. 北京: 中国财政经济出版社, 2011.

[98] 蔡岩松. 基于生命周期的现金流量预测研究 [M]. 哈尔滨: 黑龙江大学出版社, 2011.

[99] 张凤. 上市公司现金持有动机与投融资行为研究 [M]. 成都: 四川大学出版社, 2010.

[100] 文岗. 破解中国企业投资之谜 [M]. 北京: 民主与建设出版社, 2000.

[101] 张维迎. 企业理论与中国企业改革 [M]. 北京: 北京大学出版社, 2000.

[102] 卢剑峰, 张晓飞. CEO、权力、投资决策与民营企业价值 [J]. 山西财经大学学报. 2016（10）: 102-112.

[103] 李宝华, 李文阳. 财务杠杆在投资决策中的有效性探析——以吉利收购沃尔沃为例 [J]. 商业经济. 2016（04）: 96-98.

[104] 靳庆鲁, 侯青川, 李刚, 等. 放松卖空管制、公司投资决策与期权价值 [J]. 经济研究. 2015（10）: 76-88.

[105] 吴凌菲. 非理性投资决策的背后——行为公司财务理论对公司投资行为的阐释 [J]. 中共南昌市委党校学报. 2004（12）: 24-27.

[106] 卞江, 李鑫. 非理性状态下的企业投资决策——行为公司金融对非效率投资行为的解释 [J]. 中国工业经济. 2009（07）: 152-160.

[107] 张金宝. 风险报酬与风险投资决策中折现率的确定 [J]. 投资研究. 2013（05）: 149-156.

[108] 燕夏敏, 林军, 崔文田, 等. 风险规避企业新产品投资时机、规模与定价决策 [J]. 软科学. 2016（01）: 50-55.

[109] 张敏, 李延喜, 冯宝军. 管理者层级差异、过度自信与公司投资决策 [J]. 当代经济管理. 2012（12）: 19-25.

[110] 刘柏, 梁超. 管理者层级差异的过度自信对企业投资决策的影响研究 [J]. 管理学报 .2016（11）: 1614-1623.

[111] 马逸斐. 管理者非理性行为与企业投资决策 [J]. 开发研究 .2015（02）: 122-125.

[112] 周卉, 谭跃. 管理者在投资决策中会倾听市场的声音吗 ?[J]. 财经论丛 .2016（01）: 38-46.

[113] 赵民伟, 晏艳阳. 管理者早期生活经历与公司投资决策 [J]. 社会科学家 .2016（04）:88-92.

[114] 陈信元, 靳庆鲁, 肖土盛, 等. 行业竞争、管理层投资决策与公司增长 / 清算期权价值 [J]. 经济学（季刊）.2013（10）:305-332.

[115] 邓丽. 基于价值链的企业投资决策研究 [J]. 会计之友 2011（03）: 44-45.

[116] 尹锦霞, 高凌云, 胡春艳. 基于市场竞争优势差异的不对称双头垄断投资决策模型——对中小微企业发展路径的一种理论解释 [J]. 科技管理研究 .2016（12）:226-239.

[117] 郑开元, 李灯强. 经理人过度乐观下的企业投资决策 [J]. 统计与决策 .2015（12）:175-177.

[118] 叶蓓, 袁建国. 经理人过度自信、不对称信息与企业投资决策 [J]. 财会月刊 .2008（11）:6-9.

[119] 刘慧龙, 王成方, 吴联生. 决策权配置、盈余管理与投资效率 [J]. 经济研究 .2014（08）:93-106.

[120] 杨华. 决策树分析法在企业投资决策风险分析中的运用 [J]. 福建教育学院学报 .2009（05）:47-50.

[121] 曹启龙, 周晶, 盛昭瀚, 等. 考虑债务容量的企业最优投资决策模型 [J]. 运筹与管理 .2016（10）:147-154.

[122] 徐虹, 林钟高, 芮晨. 客户关系与企业研发投资决策 [J]. 财经论丛 .2016（01）: 47-56.

[123] 赵雪飞.论资本成本在项目投资决策中的运用 [J].湖北农村金融研究.2010（08）:33-37.

[124] 汪晓春.企业创新投资决策的资本结构条件 [J].中国工业经济.2002（10）:89-95.

[125] 周远祺,严良.企业核心竞争力价值实现的投资决策风险预警措施研究 [J].商场现代化.2007（06）:155-156.

[126] 罗琦,李辉.企业生命周期、股利决策与投资效率 [J].经济评论.2015（02）:115-125.

[127] 徐飞.企业投资决策及其选择行为分析 [J].浙江学刊.2009（04）:160-167.

[128] 王武平,杜纲云.企业投资项目比选决策方法研究 [J].经济问题.2008（04）:65-67.

[129] 彭程,王榆,刘怡.企业投资与融资决策的互动关系研究 [J].统计与决策.2007（19）:141-143.

[130] 吴海兵.上市公司负债融资与投资决策的关系研究 [J].统计与决策.2009（11）:140-142.

[131] 陈收,段媛,刘端.上市公司管理者非理性对投资决策的影响 [J].统计与决策.2009（20）:116-118.

[132] 何金耿,丁加华.上市公司投资决策行为的实证分析 [J].证券市场导报.2001（09）:44-47.

[133] 张琦生.上市企业所得税、负债融资与投资决策影响关系研究 [J].统计与决策.2012（08）:186-188.

[134] 丁鑫.所有权结构与融投资决策研究综述 [J].中国农业会计.2015（01）:24-26.

[135] 孟超,胡健,陈希敏.投资、融资、股利决策对公司绩效的影响研究 [J].财政监督.2015（09）:37-42.

[136] 邹香.周期性因素对企业固定资产投资决策的影响研究 [J].经济问题.2008（10）:62-65.

[137] 王伟玲. 大数据产业的战略价值研究与思考 [J]. 技术经济与管理. 2015(01): 117-120.

[138] 许正中. "大数据"时代下的战略突围构想——重新审视中国经济社会独特性 [J]. 学术前沿. 2012(11):13-18.

[139] 杨其静. 财富、企业家才能与最优融资契约安排 [J]. 经济研究. 2003（04）:41-50.

[140] 冯芷艳，郭迅华，曾大军，等. 大数据背景下商务管理研究若干前沿课题 [J]. 管理科学学报. 2013(01):1-9.

[141] 庄子银. 创新、企业家活动配置与长期经济增长 [J]. 经济研究. 2007（08）:82-94.

[142] 刘红, 胡新和. 数据革命：从数到大数据的历史考察 [J]. 自然辩证法通讯. 2013(12):33-42.

[143] 陈颖. 大数据发展历程综述 [J]. 当代经济. 2015(08): 13-15.

[144] 许益锋，胡炎艳. 创业家视角下的创业者素质及培养策略 [J]. 经济与管理. 2014（05）:131-134.

[145] 李国杰，程学旗. 大数据研究：未来科技及经济社会发展的重大战略领域——大数据的研究现状与科学思考 [J]. 中国科学院院刊. 2012(06): 647-657.

[146] 孙中东. 大数据技术应用与银行信用评级体系创新之探 [J]. 金融电子化. 2013(10): 40-41.

[147] 邬贺铨. 大数据思维 [J]. 科学与社会. 2014(01):1-13.

[148] 彭超然. 大数据时代下会计信息化的风险因素及防范措施 [J]. 财政研究. 2014(04):73-76.

[149] 池莲. 谈大数据产业形成路径及其产业集群发展动力机制 [J]. 商业经济研究. 2015(17): 66-68.

[150] 王伟玲. 大数据产业的战略价值研究与思考 [J]. 技术经济与管理. 2015(01): 117-120.

[151] 翌晨. 安彩高科从旗帜到 ST[J]. 企业管理 .2007(09):43-45.

[152] 林林, 杨林生, 刘春朝. 从乐视之殇看中小企业的多元化经营 [J]. 经营与管理 .2017(12):30-33.

[153] 张俊杰, 杨利. 大数据背景下企业决策管理的现实困境与应对策略 [J]. 商业经济研究 .2015(07): 106-107.

[154] 邵华清, 戴宇彤. 大数据对企业战略决策的影响研究 [J]. 商场现代化 .2014(07):116-117.

[155] 刘薇, 陈英, 高佳凤. 大数据分析及其对企业管理的挑战和机遇 [J]. 吉林建筑大学学报 . 2015(06): 89-92.

[156] 李艳玲. 大数据分析驱动企业商业模式的创新研究 [J]. 哈尔滨师范大学社会科学学报 . 2014(01):55-59.

[157] 李艳玲. 大数据环境下的技术变革与管理创新 [J]. 控制工程 .2015(04): 142-146.

[158] 张俊杰, 杨利. 大数据背景下企业决策管理的现实困境与应对策略 [J]. 商业经济研究 .2015(07): 106-107.

[159] 彭超然. 大数据时代下会计信息化的风险因素及防范措施 [J]. 财政研究 .2014(04):73-76.

[160] 郭锐. 基于大数据和云计算的企业财务管理研究 [J]. 知识经济 .2014(18): 109-110.

[161] 范惠玲. 战略管理于资金配置的重要性——基于乐视的分析 [J]. 时代经贸 .2017(33): 6-7.

[162] 黄维干, 冯颖. 民企投资决策失误的原因与防范——行为财务学的视角 [J]. 法制与经济 .2008（08）:109-109.

[163] 李景芳, 张雪娇, 高鸣. 项目投资与融资决策的问题与对策研究 [J]. 工业技术经济 .2010（03）:34-36.

[164] 李志伟. 风险型决策的蒙特卡罗模拟——风险项目投资决策案例分析 [J]. 第五届会计与财务问题国际研讨会——当代管理会计新发展论文集 :631-640.

［165］杨雷,田笑丹.复星集团战略投资模式案例研究[J].战略管理.2010(07):96-103.

［166］李焰,陈才东,黄磊.集团化运作、融资约束与财务风险——基于上海复星集团案例研究[J].管理世界,2007（12）:117-135.

［167］任泽朋.高新技术企业研发投资战略分析——基于诺基亚案例研究[J].企业导报.2013（20）:29-30.

［168］权睿学,王红霞.中国国有资本在澳投资案例[J].国际经济合作.2011(08):75-77.

［169］和文娜,张帆.新能源产业投资与经营问题研究——基于尚德光伏案例分析[J].中国证券期货.2013（07）:204-205.

［170］李露.大中型企业投资战略研究[J].现代管理科学.2009(07):89-90.

［171］汤谷良.归核化还是多元化——民企投资战略绕不开的结[J].财务与会计（理财版）.2008（05）:37-39.

［172］魏明海,施鲲翔.基于商业周期的企业投资战略研究[J].当代财经.2000（06）:65-70.

［173］肖栋.集团公司多元化投资战略探讨[J].会计师.2015（01）:39-40.

［174］朱晓晶.技术资本创新背景下公司财务投资战略研究[J].财会通讯.2015（23）:6-7.

［175］刘阳.论产品生命周期各阶段企业的投资战略[J].企业经济.2001(02):16-18.

［176］王亚军.论民营企业的多元化投资战略[J].商场现代化.2012（02）:84-86.

［177］刘阳.略论产品成熟期企业的投资战略[J].经济师.2001（06）:103-104.

［178］高丽娜,王棣华.民营企业不同生命周期阶段的投资战略[J].改革与探索.2006（04）:13-15.

[179]石善冲.期权思想在企业投资战略中的应用[J].北京理工大学学报(社会科学版).2003(08):63-65.

[180]武文辉.企业投资战略论[J].管理世界.1988(06):113-126.

[181]石善冲,张维.实物期权博弈投资战略分析理论框架研究[J].技术经济.2004(07):49-51.

[182]逄咏梅,李贝贝,刘佳绮.通化东宝多元化投资战略的绩效分析[J].财务与会计.2013(02):30-32.

[183]王斌.投资战略与中国企业集团成长路径[J].财务与会计(理财版).2011(10):69-72.

[184]刘婷.云南白药多元化投资战略的剖析及启示[J].商.2015(12):115-116.

[185]于洋,卜穆峰.中小企业投资战略的制定与选择[J].经济研究导刊.2009(14):30-31.

[186]张贵阳.产业发展现状、研发投资决策与企业业绩波动研究——基于中兴通讯2012年度财务巨亏案例分析[J].会计师.2015(06):20-21.

[187]叶茜茜.民间资本的投资偏好及风险治理——基于温州的案例[J].中国流通经济.2016(03):108-115.

[188]范贵德.市场营销在多元化市场情况下的渠道管理思考[J].中国市场.2018(02):120-121.

[189]牛玉林.乐视资金链危机:过程、问题与反思[J].当代会计.2017(09):28-29.

[190]方夏.关于市场营销渠道的冲突与管理分析[J].中国市场.2017(12):109-110.

[191]牛秀芳.中国企业对外直接投资动因研究综述及华为公司的案例分析[J].对外经贸.2015(08):61-62.

[192]方士浩,赵真.代理问题和不完全理性对企业投资决策的扭曲[J].现代商业.2014(18):201-202.

[193] 孙鑫. 分歧与整合:NPV 和 IRR 方法在投资决策中的运用 [J]. 现代商业 .2014（06）:56-57.

[194] 史苏婷. 公司治理与投资决策研究 [J]. 中国集体经济 .2014（28）: 79-80.

[195] 李宏洁. 关于企业管理中投资决策的问题研究 [J]. 时代金融 .2014（08 下）: 105-106.

[196] 王世璋. 关于投资决策若干问题的探讨 [J]. 新会计 .2012（11）:32-35.

[197] 张春颖, 贾丽莹. 关于投资决策中现金流量问题探讨 [J]. 企业经济 . 2012（10）:79-81.

[198] 于迪. 关于资本投资决策及企业投资建议分析研究 [J]. 商业经济 . 2013（07）:80-81.

[199] 俞楚珩, 任翠玉. 企业实体投资决策的三大考量 [J]. 中国物价 .2013（06）: 83-85.

[200] 胡新闻. 企业投资决策分析方法 [J]. 中外企业家 .2016（12）:15-17.

[201] 白如冰. 企业投资决策科层结构优化路径研究 [J]. 财经界 .2017（02）: 30-31.

[202] 江国华. 浅谈财务分析与评价在项目投资决策中的作用研究 [J]. 时代金融 .2016（07 下旬刊）:184-185.

[203] 陆斌. 浅谈国有企业投资决策风险控制 [J]. 中国总会计师 .2013（03）: 129-130.

[204] 陈志才. 浅谈国有企业投资决策过程中存在的问题及对策 [J]. 广西电业 .2015（06）:47-49.

[205] 李震坤. 浅谈企业的投资决策 [J]. 企业导报 . 2013（15）:65-66.

[206] 稽成亮. 投资决策方法的比较分析 [J]. 企业导报 .2012（20）:114-115.

[207] 夏兴国. 投资项目决策的分析 [J]. 经济研究导刊 .2015（26）:156-157.

[208] 白洋. 家电市场与营销渠道变革趋势 [J]. 现代家电 .2016（11）:42-43.

[209] 党立军. 项目投资决策中折现指标的应用——以净现值和内含报酬率为例[J]. 经济研究参考.2012（29）:95-96.

[210] 邓伊姗. 浅析企业投资决策的问题和对策[J]. 管理观察.2014（05中旬）:111-112.

[211] 陈珂. 投资决策中影响现金流量确认的要素探讨[J]. 现代商业.2013（04）:243-244.

[212] 冯锦军,白秀林. 探究企业家风险偏好对企业投资决策行为的影响[J]. 山西经济管理干部学院学报.2015（03）:19-21.

[213] 孟华,孟豫,秦思. 新形势下国有企业投资决策体系的构建[J]. 审计月刊.2014（11）:50-51.

[214] 杨静,刘卫京,张宁,等. 投资决策中对实物期权的应用分析[J]. 中国总会计师.2013（02）:89-91.

[215] 史琪. 项目投资决策评价指标应用思考[J]. 财会月刊.2014（08上）:36-38.

[216] 邵希娟,罗钰. 投资决策中回收期指标的综合应用[J]. 财会月刊.2013（08上）:41-42.

[217] 张丽丽,申玲. 项目投资决策评估中折现率的应用分析[J]. 财会研究.2013（02）:40-42.

[218] 卢占凤. 项目投资决策净现值法探讨[J]. 湖北社会科学.2013（11）:86-88.

[219] 钱建伟. 投资决策方法比较研究[J]. 商业经济.2007（01）:74-75.

[220] 何向华. 企业投资决策中折现率的确定[J]. 财经问题研究.1999(05):51-52.

[221] 周远祺,严良. 浅谈企业核心竞争力价值实现的投资决策方法[J]. 财会通讯（综合）.2008（02）:47-48.

[222] 卢占凤. 项目投资决策评价分析方法[J]. 统计与决策.2008（15）:160-161.

[223] 王宗军,肖德云,蒋元涛,等.投资决策战略绩效协商评价[J].工业技术经济.2004（08）:117-118.

[224] 周渊.我国企业多元化投资决策的反思[J].渝州大学学报（社会科学版·双月刊）.2002（02）:41-43.

[225] 李景芳,张雪娇,高鸣.项目投资与融资决策的问题与对策研究[J].工业技术经济.2010（03）:34-36.

[226] 续飞.基于公司治理结构的企业投资决策机制研究[J].科技情报开发与经济.2007（05）:180-181.

[227] 韩文秀,秦峰,王静.融资差异对企业投资决策的影响分析[J].天津大学学报（社会科学版）.2007（05）:208-210.

[228] 薛凤阁.中西方企业投资决策的比较[J].渝州大学学报（社会科学版·双月刊）.2002（02）:37-40.

[229] 卢长利,唐元虎.企业投资决策影响因素的嬗变[J].河南大学学报（社会科学版）.2003（03）:14-17.

[230] 陈亚玲.企业投资项目决策及方法研究[J].重庆工学院学报（社会科学）.2008（11）:56-59.

[231] 陈宏立,南召凤,蒋叶华.试论净现值法在投资决策中的缺陷及改进[J].商业经济.2006（04）:17-19.

[232] 顾天辉,吕超,张光宝,等.基于企业生命周期的投资决策研究[J].技术与创新管理.2008（11）:604-606.

[233] 陈云华,张秋生.并购与新建投资决策影响因素分析[J].北京交通大学学报（社会科学版）.2006（12）:39-44.

[234] 邓金堂.论企业投资决策思维[J].建材高教理论与实践.1996（03）:99-100.

[235] 汪克夷,董连胜.项目投资决策风险的分析与评价[J].软科学.2003（01）:141-144.

[236] 张小利.企业投资决策应有助于提升核心竞争力[J].中国投资.2006（08）:64-65.

［237］何大安.公司治理结构与投资决策安排[J].浙江社会科学.2009（05）：2-7.

［238］全林,姜秀珍,陈俊芳.不同公司规模下现金流量对投资决策影响的实证研究[J].上海交通大学学报.2004（02）：355-358.

［239］李越恒.不完善市场环境下民营企业高管投资决策能力提升刍议[J].鄂州大学学报.2014（11）：48-49.

［240］程蕾.从行为财务角度分析公司投资决策失误原因[J].消费导刊.2009（05）：83.

［241］程博,李秉祥,熊婷.董事会行为：企业投资决策研究的新视角[J].管理学家学术版.2011（06）:57-65.

［242］陈敏,高斯,丰琼英.基于现金流敏感性特征对公司投资决策的影响研究[J].统计与决策.2011（09）：137-139.

［243］曹沂.*ST天威投资决策中的"跟风"行为研究[D].呼和浩特：内蒙古大学,2014.

［244］刘新朝.A公司生产线风险评估及投资决策研究[D].上海：华东理工大学,2012.

［245］齐超.产品市场竞争、股价波动与公司投资决策[D].大连：东北财经大学,2014.

［246］周毅.从投资决策角度分析企业内在价值——以乐普医疗为例[D].合肥：安徽工业大学,2015.

［247］伍惠.从投资决策看我国上市公司募集资金投向的变更[D].长沙：中南大学,2003.

［248］马悦.高管过度自信对企业投资决策的影响及对策——基于中小板块上市公司数据的实证检验[D].北京：中国石油大学,2014.

［249］伍如昕.高管过度自信对企业投资决策的影响研究[D].长沙：中南大学,2011.

［250］陈荣川.公司投资决策研究[D].成都：西南财经大学,2004.

[251] 吴继红. 公司治理与企业投资决策效率——基于东瑞制药 (控股) 有限公司的案例分析 [D]. 上海: 复旦大学,2010.

[252] 王莹莹. 关于长期投资决策指标的探讨——对回收期法的再审视 [D]. 上海: 上海交通大学, 2011.

[253] 潘博. 管理者过度自信对投资决策的影响研究 [D]. 长春: 吉林大学,2012.

[254] 王婉. 管理者过度自信对投资决策影响研究——基于创业板上市公司的实证检验 [D]. 广州: 广东财经大学,2015.

[255] 胡占琪. 国有控股企业集团（公司）投资与股权治理决策研究 [D]. 天津: 天津大学,2007.

[256] 查国波. 基于价值链分析的企业投资决策应用研究——新疆环宇有限公司实践研究 [D]. 成都: 西南财经大学,2007.

[257] 杨秀云. 基于价值链分析的投资决策方法研究 [D]. 沈阳: 东北大学, 2010.

[258] 苏羿宇. 基于前景理论的企业投资决策分析方法及应用 [D]. 北京: 华北电力大学,2015.

[259] 江志斌. 价值链企业投资决策中的应用研究 [D]. 天津: 天津财经大学,2008.

[260] 戴寿华. 企业固定资产投资决策及管理研究——以中航国际顺义产业园为例 [D]. 北京: 财政部财政科学研究所,2014.

[261] 李伟. 企业家风险偏好对企业投资决策行为的影响研究 [D]. 北京: 首都经济贸易大学, 2013.

[262] 庞博. 企业快速成长阶段的投资决策研究——以创业板上市公司为例 [D]. 成都: 电子科技大学,2015.

[263] 张天. 企业投资决策: 基于代理理论和行为理论的比较研究 [D]. 长春: 吉林大学,2015.

[264] 徐江伟. 基于现代金融理论的净现值方法研究 [D]. 重庆: 重庆大学, 2004.

［265］刘立娟.企业投资决策模型设计与研究[D].北京：华北电力大学,2006.

［266］杨国忠.企业自主技术创新模式选择与投资决策研究[D].长沙：中南大学,2007.

［267］寇丽娜.东方电气过度投资案例分析[D].石家庄：河北经贸大学,2016.

［268］李童.中国民营企业如何"走出去"——逆向并购与绿地投资的理论与案例分析[D].南京：南京大学,2016.

［269］周蔚起.中国平安（集团）投资富通集团失败案例研究[D].广州：广东财经大学,2013.